古月齋叢刊 1

中國大學名師講義 李正中輯編

中國大學名師講義【第四冊】

心理學 倫理學 政治學

艾華 著／丘景尼 著／劉彥 著

蘭臺出版社

作者簡介

（二〇一一年秋 攝影師 駱金彪 攝于古月齋）

李正中

著名中國古瓷與歷史文化學家、教育家。

祖籍山東諸城，一九三〇年出生於吉林省長春市。

北平中國大學史學系肄業，畢業於華北大學。

歷任：天津教師進修學院教務長。
天津大學冶金分校教務處長、教授。
天津社會科學院中國文化研究中心主任、研究員。

現任：天津理工大學經濟與文化研究所特聘教授。
天津文史研究館館員。
天津市商業文化協會榮譽會長。
香港世界華文文學家協會顧問。
天津市語言文字培訓測試中心、專家學術委員會主任。

（《不敢逾矩文集》匯編組供稿）

序言　學術傳承與教學導師

一九一二年十月十日中華民國建立，孫中山先生為了培養國家棟樑人才以樹百年大計，決定創辦第一所國立大學；於民國二年（1913）成立「中國大學」並親任董事長。中山先生對辦此大學非常重視，草創初期以國家要員擔任該校長並以「中國」為其校名，第一任校長是宋教仁、第二任是黃興，這在近代教育史上是絕無僅有。

大學校址設在北平鄭親王府舊址，其正廳改名為「逸仙堂」，作為學校集會的禮堂。一九三六年何其鞏為當時校長，他原為北平市長，是位愛國者，他在大廳親書楹聯：「讀古今中外之書志其大者，以國家民族之任勉我學人」，作為校訓。學校當時設立文理法三個學院、九個系、一個研究院，又附設一所中學（今北京中山中學）。「九一八」日寇侵入東北，東三省淪陷，許多學生流亡北平都插班入中國大學就讀，在校生最多時曾達三千多人。

該校知名學者教授林立，如李大釗、藍公武、吳承仕、呂復、李達、黃松齡、曹靖華、呂振羽等。特別是抗日戰爭爆發後，學校受國民政府令留在北平繼續辦學，政府資援因戰爭中斷，學校需自籌辦學經費，於是改為私立大學。

這一時期，全校教職員待遇微薄，忍饑耐寒，但始終拒絕敵偽資助，堅持「我們是中國人的中國大學」，不受奴化教育，斥離日偽份子，優待忠貞之士。該校此舉獲得淪陷區愛國知識界的支持，皆爭以教授中國大學為榮，青年更以就讀中國大學為目標；一時留居在平津大學院校的教師，堅持民族氣節，不與日偽合作，紛紛到中國大學任教。如俞平伯、溫公頤、張東蓀、袁賢能、翁獨健等先生，寧可以微薄工資應聘任教，拒絕到有豐厚待遇的偽北大等日偽主辦的學校任職，體現出中國知識份子的高尚氣節。

中國大學是具有光榮愛國傳統的學校。「五．四運動」時，中大學生率先參加愛國反帝遊行，很多學生雖被捕、被打依然堅持抗爭，終於取得勝利，在中國近代史上留下光輝的一頁。「九．一八事變」後，學生自發投入積極的抗日運動，遼寧籍學生組織了抗日救國團，開赴東北，其中中大學生李兆麟、白乙化等後來都成了抗日名將。在一九三五年「一二．九」運動時，中大學生會主席董毓華率先領導學生到北洋政府新華門前請願，這次請願活動學生付出了血的代價。為了紀念和發揚抗日愛國精神，學校於十二月廿二日在「逸仙堂」舉辦「一二．九」運動中各校受傷學生數百血衣展覽，激發了廣大青年的熱情。一九四九年北平解放後，當時號召一切向蘇聯學習，取消私立學校，於是將燕京大學併入北京大學，輔仁大學併入北京師範大學，中國大學理科併入師範大學、文科併入解放區華北大學（今中國人民大學）。中國大學校址也被徵用作為國家教育部。

李正中先生是中國大學最後一屆入學學生，現年八十三歲高齡。正中先生熱愛自己的母校中國大學，讀書時期，精心搜集學校教授前賢的講義，當時有的教授述而不作，先生認真記錄課堂筆記，共整理十餘部。遺憾的是，在毛澤東主席親自發動史無前例的無產階級文化大革命時，先生不僅被押入「牛棚」接受暗無天日的批鬥，其住所也由紅衛兵打、砸、搶、抄家，先生的藏書、用品被洗劫一空。

上天有眼，正如陳毅元帥所說「善有善報惡有惡報，不是不報時間未到」。林副統帥飛機失事死無葬身之處，唐山大地震後不久，被全國人民尊稱的「四個偉大」和被祝禱萬壽無疆的毛澤東主席也已棄世。十年浩劫終於結束。而隨著偉大領袖的逝世，「史無前例」的年代也隨之結束。先生恢復了「四書生活」，即「讀書、藏書、寫書、教書」。這部「古月齋珍藏：《中國大學名師講義》」就是劫後餘存並經過「文革」後四十年來由先生搜集珍藏的選本。

該講義是十位名師對文法哲和經濟學的撰述，這些講義當時不僅對本學科進行系統的闡述，同時在學術上也有新的突破，均為不易之作。我們從中可以看到民國時期高校的學術研究水準和當時百花盛開的學術生態。這些講義對當前的學術研究具有重要的參考價值，實屬值得出版的高校教材文獻。

正中先生是著名學者、歷史學家、教育家，著作等身，至今仍致力於學術研究及文獻傳承，承先啟後為己任戮力教育工作，有這樣的師長，當世者皆得受其福惠，實屬時代之幸。

臺北蘭臺出版社能出版先生古月齋珍藏系列叢書之《中國大學名師講義》，實屬出版社之幸運。先生不棄命我寫序，深知先生用心良苦，故不自量力，以粗淺學識作上述文以為序。

蘭臺出版社盧瑞琴謹識

癸巳年陽春，中國大學建校百周年紀念

倫理學

政治學

心理學述義

編者艾　華

第一編　總論

第一章　心理學及其效用

第一節　心理學之意義

何謂心理學，其對象爲何？對此質問，吾人遽難答復。凡百科學，欲得其精詳之意義，必羅致其全般之智識，不獨心理學然也。茫茫六合，森羅萬象，其根本的「實在」(Reality)，不外物質的與精神的之二種。風，雲，雷，雨，山，川，動，植，………等，凡吾人身邊一切可看，可聽，可接觸者，物質的實在也。天文，地理，物理，化學，動物，植物，………等研究物質之科學恃爲材料　注意，本能　習慣，感覺，知覺，觀念，記憶，想像，思考，感情，意志，………等，凡吾人自身一切視不見，聽不聞，不可接觸者，精神的現在也。心理，論理，倫理，………等研究精神之科學依爲對象。心理學尤其是直接研究精神的實在之科學。而注意，本能，習慣，感覺，………等爲心之總和；則心理學者，以心爲對像而研究之之科學也。

英語稱心理學爲 Psychology，案爲希臘之 Psyche（Mind心或精神）及 Logos（Word語言或文字）二者合成。若就原意直譯之，則 Psychology 爲以心爲題之談論或文詞。但西方學者每以 Psychology 後半之 Ology 字爲與 Science（科學）字同意，於 Psychology 字恒以 Mental science 或 Science of mind 訓之。故曰，心理學者，以心爲對象而研究之之科學也。力言科學，非談論文詞可知，其必注重方法與系統亦可見。

上述定義極簡括，讀者若以爲不足，請爲述傑孟斯（W.James）之定義。傑孟斯曰：『心理學者，精神生活之科學也，所研究者爲精神現象及其條件』（Psychology is the Science of mental life, both of its phenomena and their conditions.）。此足爲一簡潔精當之定義矣。

參考資料

The Meaning of Psychology

The word 'psychology' comes from the two Greek words psyche, 'mind', and logos,

艾華

藥石，即令就醫，亦無從醫治。三數十年前，醫者對於患歇斯的里（hysteria）之人，每謂不可救藥。自弗雷得（Freud）創究精神分析法以來，知此種病症多原因於『壓抑觀念』，若能探察病人之『壓抑觀念』，幷設法使此種觀念得所發洩，其病自能解除。弗氏實用此法療治病人，效果甚著，由是而醫學與心理學益加接近，致形成精神治療學一科。此心理的研究有益於醫術最著之例。

（三）法律上之效用　近世以來，法庭處理人民之訴訟，每以證人之證言或供述爲根據而宣告判決。此等辦法，實建築於「知覺記憶均可信賴」之假定之上。然吾人之知知覺記憶並非絕無錯誤。輓近心理學上盛行知覺與記憶之錯誤之研究，法律學者對於供述之心理，遂致力反省。一面更利用心理學上聯想之研究發見犯罪之有無。即此一例以觀，亦足見法律學之發達實以心理學之發達爲轉移。學者欲使心理學完全應用於法律，最近更有審判心理之研究。心理學於法之律，其益可勝言哉？

（四）政治之效用　政治者，支配民衆，指導社會之事業也。支配民衆與指導社會，須理會暗示，模倣，流行，輿論，習俗，照例等之意義及重要。而闡明此等問題之意義及重要者爲心理學。猶其是社會心理學及政治心理學。心有理學益於政治，其事顯而易見。

(五)實業上之效用　更由實業方面言之，亦足以見斯學之效果。近人所稱之新式廣告術，新式販賣術，乃至職工之運動與器械之裝置等，無不以心理學之法則爲根據。就中，如廣告術，如販賣術之應用心理。更爲人所熟知。無他，蓋利用廣大新奇等注意之法則以惹起常人之注意耳。

(六)教育上之效用　教育之大別有三。曰體育，曰智育，曰德育。此事盡人而知。三育之理論及實際，教育學上恒以養護，教授，訓練三作用促其實行。而養護，教授。訓練之研究，又必得心理學之補助而後能奏其功。自赫爾巴爾特(Herbart)以心理學倫理學爲教育學之二大補助科學以來，教育學與心理學關係之切，言教育者類能知之。蓋欲收教育之效果，必先知悉學童之精神，否則無論欲施行何種教育，均不免有措施不合，徒勞無功之弊。而學童之精神如何，又屬心理學討論之問題也。更爲一言以明之，如教師欲令學童學習教材記憶教材，須知悉學習之方法與記憶之法則。否則必致浪費兒童之心力。學記固貴反復，而反復又有反復之法則。此等心力活動之法則，皆心理學所闡明。教師而無心理之智識，則教育事業危矣。心理學者，規定教育方法之唯一科學也。赫氏之言，於今尤信。

據以上所言觀之，足知心理之所研究，可以俾益修養，醫術，法律，政治，實業，教育。而應用最廣，收效最大者，尤在教育方面。

第二章　心及身心之關係

第一節　心

注意，本能，習慣　感覺，知覺，觀念，記憶，想像，感情，意志……等爲心之總合。是卽所謂精神的實在，亦卽謂心，然心究爲何物？其狀態如何？其性質如何？不得不一申其義　心爲感覺，知覺，觀念，記憶，想像，注意，感情意志等所構成。此等現象以外無所謂心。其爲物也，目不能視，耳不能聽，四肢不能接觸，無味無臭，不即不離，渾然存正，俄然變遷。惟吾人自身能辨之，是靜觀自得之物。他人之心的過程，吾人不得而身受之：吾人之心的狀態，他人不得而經驗之、心之程態從屬於各個人，能感得而身受之者厥惟其各個人。雖處愛克司光線（X—ray）發明之今日吾人亦決不能感他人之情而心他人之心也。觀此可以悟心物之不同矣。試閉目凝思或注視一物，不及數秒而吾人之心意即變。始則念乎甲，繼則思及乙。曇花泡影，忽去忽來，此中有智，情，意種種作用。吾人意中，吾人自身外無人能辨之。其能直接經驗此種種精神之過程者，厥惟『自我』（ego）此變幻不常之精神作用之連鎖是即謂心。自我者，經驗精神作用之主體。若物則不然。日，月，山，河，花，草，木，石，乃至一几，一席，一書，一晝，自始至終，無時或渝。以形骸雖易而心意無存，其爲物自若。決不忽動心思，情馳意浮也。

第二節　身心之相關

心之爲物，如是離奇不可捕捉。然吾人以有身而後有心。身爲心之所寄，兩者關係至爲緊密。酒後之興奮，病時之心虛，非吾人日常經驗者乎？身體之發達可以促進內心之發達，身體之損害多爲內心之損害，亦常人習於見聞之事。西諺云：『健全之精神寄托于健全之身體（mens sana in oorpore sano）身心相關之切，前人言者多矣。往者，歐西西學者創究骨相，人相，筆勢諸學，以身體之形狀運動等推斷內心之作用，一時頗爲學界所注意。澳人加爾（F. Gall）及意人龍布羅卓（Lombroso）之主張爲較有名。加氏於一千七百九十六年在維也納發表其意見云：一人之頭蓋骨之形狀如何，於其心意頗有攸關。如友誼，虛榮，盜心，語言，敬虔，技術，等之心力，均各於腦中占有一定部位。某心力發達，則此心力所占腦之一部必致發達：腦之一部發達，則該部之頭蓋骨亦因以發達。故觀察一人之頭蓋骨之形狀，可以推斷其人之心意。又據龍氏之意見，則云：吾人之中，有具退步的特徵者。此種人物，自其全性質上觀之，每每爲非作歹，易於犯罪。如腦量輕少，前額後斜，髮密鬍稀，感觸遲鈍等，所謂退步的特徵也。加龍二氏以爲身心極關係，故欲以外形推定內心。其主張固難憑信。然已開研究身心關係之之風。近世生理學，解剖學，醫學發達以來，身心相關之說益爲學者所證明（如腦量與智力之相關等）；而心理學之發展更進一步矣。

參考資：

It follows therefore that only you can ever know you and only I can ever know I in any firsι-hand and immediate way. Between your consciousness and mrne there exists a wide gap that can not be bə bridged Each of us lives apart. We are like ships that pass and hail each other in passing but do not touch. We may work together, live together. come to love or hate each other. and yet our inmost selves forevr stand alone, They must live their own lives. think their own thought, and arrive at their own destiny. ——Betts——

第三章　神經系統及大腦之分業

第一節　神經系統

身心相關之切，前章已具言之。此種相關，究係何物司其維繫乎？此本章所欲討論之問題也。

人之身體爲八個系統（System）所組成，維繫身心之相關者，即此八個系統中之一系統之神經系統（Nervous system）也。神經系統係指腦髓（Brain），延髓（Meduilla oblongata），脊髓（Spinal Cord）及由腦髓，延髓與脊髓發出之一切神經（nerve）而言。此中腦髓與脊髓又居樞要位置，故特稱爲神經中樞（nerve centru）。神經系統之中，腦髓要爲最大。腦髓分爲二部：其一爲大腦（Celebrum），其一爲小腦（Cerebellum）。大腦又兩部中著大之部分也。就兩者之位置言，大腦據其上；小腦居大腦下面後方。小腦之下有延髓，與延髓相連向背部下行者爲脊髓。腦髓藏於頭蓋骨內；脊髓存於脊柱骨中，蓋示受有保護之意。腦髓，延髓與脊髓均有神經發出。神經延長綫爲神經纖維，其延長至感官，皮膚，筋肉等處之端爲神經末稍。

大腦爲神經系統之主腦，吾人一切高等感覺與運動悉爲彼所經營。詳細情形，下節另行申論。

小腦以調節運動爲機能。小腦若受損傷，運動即失調和。此由實驗而知，時至今日，已無懷疑餘地。

延髓之重要機能可分兩項言之：（1）營眼睫合閉，嚥下，噴嚏及咳嗽，咀嚼及吸啜，嘔吐，唾液分泌等之反射作用，（2）爲呼吸，心臟抑制及鼓舞，血管運動，發汗等之自動中樞。

脊髓之機能亦可分爲兩項；（1）營瞳孔放大，脫糞排尿之反射作用及爲血管運動，發汗節之中樞，（2）爲刺激與腦髓往來之傳達路。

神經系統之結構極其複雜。但其大體及中樞均可以最簡畧之圖表示如下：

神經系統

神經中樞

感覺神經（求心神經）
運動神經（遠心神經）

神經全部俱由中樞發出。自腦髓發源者爲腦神經，爲數十二對。由腦蜿蜒而達於顏面及內臟之一部。自脊髓發端者爲脊髓神經，其數三十一對，由脊髓蜿蜒而出，延至四肢及體內各部。神經有兩種：自外界傳達刺激而歸於中樞以引起種種感覺神經，自中樞傳達刺激而散於末稍以引起筋肉運動者爲運動神經。神經傳達刺激之原動力爲何？對此問題數十年前或以電氣說明之，以傳達刺激者爲身體含有之電氣。爾後學術昌明，神經生理之研究日新月異，今不以爲電氣而以爲身體特有之化學作用矣。

神經系統之根本構造單位爲神經原（Neurone），神經原合神經細胞（細胞本部）與神經纖維二者而成。胞中有原形質，中央更有核。纖維由細胞周圍突出，爲數自多，此中之一軸索纖維，其他爲樹狀纖維，軸索纖維細長；樹狀纖維較短。神經原有司感覺者，有司運動者。兩種神經原之樹狀纖維互相接觸。能令吾人以感覺發起運動。彼等既有傳達刺激使吾發生感覺與運動之作用，其聯結形狀髣髴成一個弧形，故稱此結合爲感覺運動弧。神經原之數約達三十萬萬（It is compnted that the brain and cord contain some 3.000 millions of them） 其纖維之長約達一米達。所謂神經系統，亦不過多數神經

原之總集合體耳

就腦髓，延髓，脊髓三者之位置言，腦髓據其上；延髓繼其中；脊髓居其下。彼等位置之高低各有不同。經由彼等發生之感覺與運動—尤其是運動—之性質亦異。更以畧圖表示如左：

神經通路之階段及運動之性質

然則何種刺激經過何種階段而成何種運動，此亦應究之一問題。孩童近火，感其灼（

（感覺）即縮其手（運動），是刺激經過最低之階級（脊髓）而爲最低之運動。此爲原始的，生得的運動：保生保種所必要。塵砂入眼（感覺），吾人預以眼睫防之（運動），是刺激經過中級之階段（延髓）而爲中級之運動。此爲遺傳的，生得的運動，亦保生保種所必需。此外一切高等感覺及運動，俱依腦髓之神經爲出入。其性質爲模倣的，學習的，思慮的，此其不同之點也。

第二節　大腦之分業

腦髓爲大腦，小腦兩部組成。就兩者之位置言，大腦據其上，小腦隱其下（在大腦後方）就兩者之大小言，大腦大而小腦小。大腦形類圓球，其於神經系統，所占分量頗大，中央有一溝將全腦劃爲左右兩半球，故有大腦半球（Cerebral hemisphere）之名。兩半球之間有神經纖維爲之連結，是爲胼胝體（Corpus Collosum）。大腦表面稱爲皮質部（Cotex），此部溝繝（Convolution）頗多。吾人之精神作用愈發達，則此項溝繝亦愈複雜。所謂腦紋，即指此項溝繝而言。大腦實神經系統之總關鍵，而其溝繝之多少則智力之分野也。近來學者實驗種種動物，以電氣或器械刺激腦之一部，足以引起身體某部之運動；又或解剖尸體，又或實驗病人；效果昭著。腦髓分業之說遂爲學者—尤其是生理學者與解剖學者—研究之中心。據近時研究之結果，大腦各部均有其特殊之機能。或司感覺或司運動，或司感覺與運動之聯合，詳細言之，聽覺有聽覺之中樞；視覺有視覺之中樞。其他感覺運動均有其特殊之地位。常人以爲一個大腦攡總經營一切感覺與運動，其實不然。故曰腦髓有分業之作用也。大腦之分業頗多，茲就其重要者畧爲圖表如次：

（一）軀幹運動
（二）下肢運動
（三）上肢運動
（四）視覺
（五）眼球運動
（六）顏面運動
（七）言語
（八）聽覺

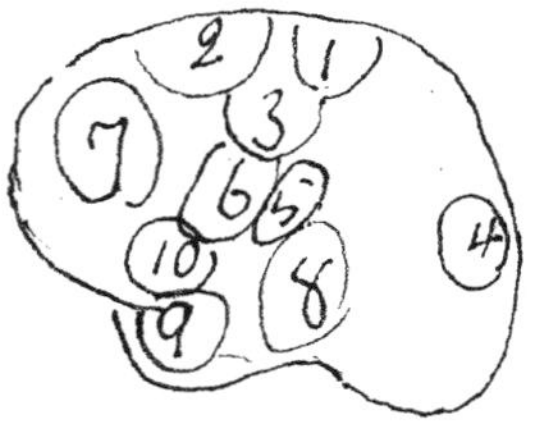

（九）味覺

（十）舌部運動

分業作用何以成立乎？人類自有歷史以來，日積月累，不知歷若千年。其間世代相承，腦髓漸生分業作用，以便職司。此生理學者與心理學者所同承認之說明也。

第四章　心理之研究法及與他科學之關係

第一節　心理學之研究法

心理學之研究法甚多。普通認為重要者有下列三法：

（一）內省　吾人以吾人之精神作用直接省察自己之精神現象，辨其起結，歷其過程，以明其性質；是為內省法（Introrpection）。

（二）外觀　內省省己；外觀觀人。吾人以吾人之精神作用觀察他人之精神現象，綜其表現，窺其內容，以推想其心致，是為外觀法（Observatiom）。

（三）實驗　吾人預定條件，以外界之刺激（實驗器械等）故意惹起他人之精神現象，以檢驗其經過及結果；是為實驗法（Experiment）。如用觸覺計（Tachistascope）研究觸覺，用速露機（Estheriometre）考察注意，即實驗之一例也。

以上三法，內省爲直接的方法，足以直接經驗吾人之精神現象，其結果較爲確實。自古及今，學者恒用之。希臘之瑣隆（Solon）瑣格拉底（Soerates）每以『自知』二字垂訓於人。自知者，內省也。足以見其價値矣。歐美日本心理學者亦嘗重視此法。日本心理學泰斗元良氏力說斯法之效果，曾於其著述中大聲叫絕，以爲：若無內省之法，斯學萬難成立。氏之言曰：心理學者之於內省法，猶之醫學家生物學家之顯微鏡。治醫學者與治生物學者如不先治顯微鏡學。必不能治黴菌學，而醫學生物學將無從下手。心理學者如不習內省法，則自己之精神現象無以明。而斯學將無以發軔。故治心理學者宜即養成內省之習慣。言之盡矣。惟『人同此心，心同此理』之之說之外又有『人心不同猶如其面』之言。內省雖爲基本法則，然有獨斷之弊，不可不愼也。

外觀法以他人之語言，表情，習慣等爲媒介觀察他人之精神現象，能以所得結果與內省法之結果相較，實發現心理的眞相之好方法。教育家以幼穉兒童及青年男女爲其事業及研究之對象，以言養護，以言教授，以言訓練，均應注意於被教育者之心理的性質。

政治家法律家以指導民衆支配社會爲其職志，以言行政，以言司法，均應注意於民衆之心理的特性。故於外觀法咸宜三復斯意。一切社會事業均以社會民衆爲對手，欲從事社會事業者於此均應加以努力。所謂「觀人術」。蓋即經驗的外觀法也。

實驗法爲近今心理學者所倡導。歐洲各國悉心研究，不遺餘力，至形成實驗心理學一科。其法多用器械，器械中有構造密緻，裝置精巧者，亦有自由考案性質簡單者。利用器械，能使吾人依所定條件發生精神現象。現象既生，乃從事研究其經過及結果。誠比較精密的研究方法。惜吾國尚未足以言此。心理學之研究法其實不只上述三端，而三端爲尤重要。又內省法又稱爲主觀的方法，外觀法與實驗法又稱爲客觀的方法，並附記於此。

第二節　心理學與他科學之關係

科學之起源，以實際的要求爲條件，科學之成立，以他科學之智識爲補助。數學之於理化，理化之於博物，其補助科學者也。故理化與數學相關，博物與理化相繫。心理學以心爲對象研究心之作用；而心之作用悉與外物有關。外物之刺激必借神經傳達；吾人始能得其印象。心附於身；身外有物。心物間並有密切關係。此義前章既已言之。心理學固以精神現象爲其直接的材料，然與他精神科學及關於身體與外物之種種科學相關。茲擇彙述如次：

（一）生理學　羞慚之事，足以使人赧顏；酩酊之後，言行爲之興奮。身心相關之切，吾人曾於第二章言之。生理學以研究身體各機能之發達，作用及各機能彼此之關係爲目的，於心理學自有密切之因緣。近來生理學者研究神經系統之組織及作用極其詳細，腦之作用尤漸明晰，致形成生理的心理學一科。身心相關，於今尤信。故欲研究精神現象，必先具有生理智識。

（二）物理學　光覺，色覺，音覺來自物體；而光線，色彩，音響之研究悉爲物理學之範圍。近代注重實驗之心理學，其方法與說明根據於物理學者頗多，足以瞻其關係矣。

（三）言語學　語言者，所以達個人之意，通彼此之情，而精神現象之表現也。據歐美言語學者之研究，原始之人，語言不足，繼以指示，其後社會進步，精神現象亦漸發展；而語言文字之形式及內容亦益發達。語言文字之起源變遷，即一種族一國民之思想之起源變遷也。今欲觀察他人—包含古人—之思想，豈可不一研究發表思想之語言之學問乎？

（四）人類學　人類學爲近年發達之一科學。欲知人爲何物，人類身心發達之變遷及差異如何，非依據斯學之指示不爲功。項地立天，圓顱方趾之民考其生存狀態，俱有一種共通的思想。各民族中復有一種特殊的思想加以擬人法想像自然，其種類之共通的思想，如印度古代人民富於宗教心；希臘古代人民富於學藝心；羅馬古代人富於愛國心；其各民族間特殊的思想也。吾人欲治普通心理，須考察變遷態心理，欲知現代人之心理，須考究古代人之心理，欲知甲種人之心理，須一究乙種人之心理。人類學者，全人類身心狀態變遷發達之說明書也，其價值之於心理學：至今日而益盛。上述四者而外，如社會學，歷史，文學，美術，戲曲，書簡等均是補助心理學之學術。學者一就上例加以考察，必能有所理會；本稿不及備述。

第二編　論意識及注意

第一章　意識及向來心理學上對於意識之區分

第一節　何謂意識

何謂意識？意識者，精神現象之總稱也。意識之反對爲無意識。意識與無意識之間爲半意識。今欲明意識之意義，須想像無意識之狀態。吾人覺醒時是有意識狀態，熟睡時是無意識狀態，生存時是有意識狀態，死去後是無意識狀態，將覺未覺，欲睡未唾氣息奄奄，命猶未絕時是半意識狀態，。佛家言「覺」，言「悟」是意識狀態最明瞭時。『意識』本爲譯語，日本心理大家元良氏嘗欲以『覺』字改譯意識，嗣以慣用仍之。英語稱意識爲 Consciouoness 提契那（Titchener）曰：『意識者現在之心瞬間之心也。』吾人自朝至暮，起居飲食。各有時間，即各有意識。鄉村老農，雞鳴而起，栽種耕耘，無不有其意識猶。通都市儈，日出而作，較貨量金，無不有其意識。人世實現在之心之連鎖，古今瞬間之意識之集合耳！試閉目精察吾人之精神現象，吾人之想念。由此至彼，如電飛馳，時遡過去之喜憂，時煩未來之幻想：一剎那間起伏更新，千變萬化，川流不息。故曰

：『意識之流』也

第二節　向來心理學上對於意識之之區分

精神現象，變幻莫測。第就其根本的質異而言，究不出乎智，情，意三者之外。換言之，吾人之精神可以別為智，情，意三大部門也。是為向來心理學上對於意識之區分。三分之說，由來頗久，考其區劃，缺點存焉。然以其便於研究宜於說明也，學者沿用，迄於近世，最近斯學大為進步，以吾人之精神碍難納之於二三部門，原有區分，始為放棄。今姑為述原說，以明向之所謂識之根本區別。

神經末稍所受外界之刺激（刺激經過感覺機關輸入體內）經過神經通路傳之神經中樞，再以身體特有之化學作用發生精神現象，而一切外因遂變為吾人之智識。白者吾知其為白；黑者吾知其為黑；紅，黃，赤，緣，吾知其為紅，黃，赤，綠（知色彩）。『角者吾知其為牛；鬣者吾知其為馬；犬，豕，豺，狼，麋，鹿，吾知其為犬，豕。豺，狼，麋，鹿』（知形狀）。是為意識作用之智識方面。

凡智識作用之發生，吾人必現一種態度。好惡之情。快不快之情，却吾人對於智識作用之態度也。是爲意識作用之感情方面。感情者，直言之，快不快之謂也。吾人對於黑，白，赤，緣等之色，與夫角之牛，鬣之馬等之固有之形狀，豈不附帶好惡快否之感情乎？

吾人除以受動態感度受刺激之外，有以自動態度選擇刺激之動能。神經中樞所起之刺激（命令）以神經通路傳之運動神經，於是發爲運動。如衝動運動，反射運動，本能運動，有意運動等，名固不一，作用亦殊。然實意識作用之意志方面。而其根本作用則爲動能。

以上所述爲向之所謂意識作用之智、情，意之三大方面。然三者決不單獨活動。如以判斷作用言，判斷雖屬於智識方面，但非被判斷之事物足以引起吾人之感情（情）而使吾人傾向（意）之，則判斷作用決不能成立。又意志作用之起，觀念，思慮與快不快之情必居其先。是智中必有情意；意中必有智情情中必有智意。即不三者並存，亦有二者結合。惟智，情，意三要素活動時必有其一爲之主者，因以此決其作用之屬於何方面耳。此意識作用之三分說也而今多不採用矣？

"The concentration of the mind's energy upon one object is attention." — Betts

第二節 注意 Attention 之意義及範圍

意識有意識之範圍。意識範圍內最明瞭處即注意作用所在處，換言之，傾注一處之意識即是注意。如入運塲觀覽競技，吾人之意識常傾注於競技者之身，然塲內之設備，裝飾、音樂，以及一般觀者之情形無不隱為吾人之意識內容、是吾人於競技者有較大之意識，而於塲內之設備、裝飾等有較小之意識也。凡對於某一事物之七情明瞭時，此事物之意識內容為意識之中心，而其他之意識內容則漠然而為其周邊。際此時分，吾人之注意在某一事物，即吾人注意於某一事物也。與注意相對者為閑却。吾人注意一事物之一方面，必閑却該事物之他方面。然則注意云者，即閑却一意識內容而他之意識內容明瞭活動時之精神過程也。

茲更就視野與視點之關係及識野與注意之關係一論注意之性質。吾人觀察外物時，目力能達之範圍稱為視野（Field of Vision）視野內特別明瞭之部分稱為視點，視點與眼之黃點（Yellow Spot，亦稱中央小窩）連接之線稱為視線。視點云者，可得明瞭知覺點之，直接視之領域也。視野環繞視點周圍，由彼所得之知覺較不明瞭，故為間接視之領而視點視野同爲知覺之範圍。注意與意識之範圍亦有與此相類之關係。翕德（Wundt）以注意之範圍爲意識之視點。以注意以外之意識範圍爲意識之視野；其以意識範圍比諸知覺範圍者也。此類主張，實由直觀與注意之連帶關係而發，決非抽象的譬喻。吾人觀察外物，注意所向之處必屬於直視點，豈非明證乎？若注意於間接視野，則非一般之情形矣。自空間上言之，注意之範圍能廣能狹，注意於稍寬之範圍容易看過其細微：注意於較狹之範圍，則細微之點均能一一注視。約言之，注意之範圍與其強度互爲反比例者也。

第三章　注意之條件

注意有注意之對象，吾人周圍之事物均足爲注意之對象者也，然注意之能力有限，人世之事物無窮：故能入於注意範圍而使吾人注意之物，自必有其相當之條件。詳言之。注意作用之發生，其原因於主體者如何，其原因於對象者如何，均各有其所以然。茲就客觀主觀二面述注意之條件如左。

第一　注意之客觀的條件

客觀的（在物）
Objective conditions
① Intensity 強大
② Change 變化
③ Novelty 新奇

（一）刺激之强大

刺激之强者容易引起吾人之注意，刺激之弱者則難引起吾人之注意。雷光雷鳴之引人注意，其以其强度激烈所致 惟强度過激則注意不確，雖屬曾經注意之物，亦有不能得到明瞭之印象時，又空間上寬廣之物與時間上連續之物，均容易引人注意 如不注意於溪流而注意於大河，即是一例，車船之汽笛嗚嗚長鳴時，吾人必傾心聽之，亦即此理。

（二）刺激之變化

刺激變化迅速時，足以引起吾人之注意。風雲急起，是預告驟雨之來。無人不仰天觀之。運動之物較靜止之物容易引人注意，此位置之變化使然。然消極的變化亦能惹人注意。水車囂囂，看守之人竟能旁之熟睡，一旦停止 反足令之覺醒。火車中熟睡之人。一至車停，輒由夢中覺來，消極的變化使然耳！

（三）刺激之新奇

日常習於見聞之事物，「見慣司空」，不以爲意，若事務新奇，則吾人必以注意態度觀察之。換言之，新奇之事物足以惹起吾人注意也。講堂內之桌凡變換，黑板更新，以

主觀的（在人一條

Subjective condition
① Idea in mind. 先入為主
② Exercise
③ Earlier education
④ Sense of (Interest) duty (Social pre
⑤ Heredity

艾華

及室內之陳設變更時，必能引起吾人之注意，豈非原因於刺激之新奇乎？

第二　注意之主觀的條件

（一）與注意內之感覺或觀念相關之刺激

使吾人心中想念曾經經驗之事物，而該事物適出現於吾人之前，則吾人之注意必為所奪，多人合唱詩歌，友人聲音必先識得，入圖書館尋書，若於所需之書之顏色形狀等都胸有成竹，則易於尋著，俱屬此理　更舉他例以明之，試將種種色紙切成種種形狀，用厚紙全部掩盡，然後作為問題試驗他人，令被試者於披露後將所有色彩指出，則關於色彩之問題或可得完全之答復，而於紙之形狀則無人過問。吾人所用之鐘表，每日必數視之。而於磁面上之數字如 I II III ：：：：等恒不注意。蓋所欲注意者在時間，而不在字形也。入動物園則注意動物而不注意植物，入植物園則注意植物而不意意動物；被盜之後，入夜總覺不安：皆先入為主之觀念有以致之也。故注意之方向，能以吾人之目的或態度決定之。

（二）練習　續

習練足以敏銳觀察，左右注意。嗜酒之人巧於識別酒之善惡，非其嗅官味官特別發達，練習之力有以致之耳。漁夫得魚，以手試之：便能注意及其輕重，其一例也。

（三）致育

教育之力亦足 以左右注意。如入他人之室，嗜好書畫古玩之人必注意其書畫古玩；熱心讀書之人必注其書籍，書架，書箱；建築家則注意其材木形式；此蓋以其所受之教育不同，所從事之職業不同之故。此類左右注意之原動力，亦能以興味之關係說明之。

（四）義務之感

「義務」二字足以喚起吾人之注意。今以一例明之，遊戲進行中，興高采烈，常人之情，概不至興盡不止。而吾人有棄遊戲而就課業時：人情好逸而惡勞，人之所以放棄快樂傾心學課者，蓋幼小之時即聞課業之爲重而遊戲之爲輕，所以犧牲現在而希望將來。將來之善之心理。社會實養成之。故此種義務之感，亦可視爲社會的壓迫。

（五）遺傳之勢力

艾華

遺傳足以左右吾人之注意。遺傳分爲兩種；其一爲一般人類共通之性質之遺傳；其一爲一家或一人之特性之遺傳。戰爭冒險之談話，美麗之繪畫等之引人注意，其原因於人類之遺傳者、音樂之趣味發達之人 關於音樂之事容易發生注意，此固於其教育境遇有關，然得一家一人之遺傳者常亦不少。

上述八條件中，前三項爲注意之客觀的條件，後五項爲注意之主觀的條件。比爾斯百里（pillsbury）於所著心理學要義（Fudamentals of psychology）中所列舉者，即上述各項之條件也

第四章 注意之種類

據前章各條件所述，知注意作用之生，必有相當之條件。注意之對象固爲外物，而外物之中，有以其固有之性質爲條件以引起吾人之注意者，又有於其自身外更加以吾人之精神之精神狀態之關係始能成爲條件以引起吾人之注意者。此客觀的與主觀的各條件之所由生也。由客觀與主觀之八條件引起之注意可別爲有意注意，無意注意，反意注意之三種 茲爲一一述之：

（一）有意注意（Vountary attention）

有意注意者，以前章所述「義務之感」為條件所發生之注意也。「義務之感」足以發生努力，故此類注意必以努力為特質。學童於興高采烈時放棄遊戲而傾心課業，固父母先生之教訓及强迫使然，其欲學成後出身社會，立己立人之希望及努力亦其原因。而其棄逸樂而就課業者，究之，是其心中必有義務觀念使之然也。此種注意發生時，身體各部之筋肉稍有伸縮，緊張之感亦伴之而生，而所謂努力者，即此種身心之變化之結果。

（二）無意注意（Non-voluntar yattention）

無意注意者，由義務之感以外之主觀的條件（觀念，練習，教育，遺傳）所發生之注意也。此種注意，以興味為其特質。故其發生之時，愉快之情亦相伴而生。如忘却課業而專心遊戲，即此類注意活動時也。

（三）反意注意（Involnutary-attention）

反意注意者，以客觀的條件引起之注意之謂，如强大之刺激足以引起吾人之注意，其引人注意有强制之性質，所謂反意注意也。吾人伏案讀書，若聞鄰室喧嘩之聲，則心焉向之，欲不以爲意而不可得，然無興味之可言也。苟欲繼續讀書，且必有相當之努力；否則注意爲之所奪，心中必覺不快。若鄰室之聲非喧嘩之聲而爲唱歌之聲。則當初爲其妨礙時之不快必至漸次失卻，讀書之味興一失，而吾人於不知不識之間遂轉以有興味之態度注意於唱歌矣。

以上所術爲注意之種類與注意之種類間之差異。今更就各種注意之價值畧爲述之。有意注意於吾人養成良善習慣上頗有價值。然不過爲無意注意之一階段，不可以爲教育之目的也。習慣未成立前，自宜使有意注意活動，借以習於吾人應注意之事物。若一經熟習。則不能不以此類事物寄托於無意注意之範圍，而更以有意注意傾注他物。以師父之監督及社會之壓迫而從事課業，蓋若不以自己之興味用力讀書之爲愈矣。反意注意能使吾人知悉外物之變化。順應外圍之變化，爲日常生活所必要。

第五章　注意之繼續及其發達

吾人有繼續讀書或從事其他之事務至二三小時時，故常人以爲注意之繼續頗長，顧案之學理則又不然。讀書聽講固能繼續至二三小時，而此二三小時中，吾人之意識不知幾經變遷，即不離却所讀之書與所聽之講，而書籍與講義之內容變化，注意之方向及程度亦隨之變化。對於某一事物，吾人之注意決不能恒久繼續也。試以手錶置於桌上，使吾人恰能辨別其鏘鏘之音，而其音或作或息，終不能繼續聽得，此非刺激中斷，吾人之注意動搖，實以致之。據最近學者之研究，謂注意之繼續不過一二秒鐘，試注視畫中之點一，不過一秒而所注意之點必至逸出注意之範圍矣。今更作二圖以明之；吾人注視第一圖時，大正方形中之小正方形時而凸於上，時而凹於下，不過一二秒，立見其形體變遷。又注視第二圖時，或以爲重複之兩大三角形，或以爲連接之六小三角形，又或以爲六角形之各角向各方突出；剎

第一圖

第二圖

那間迭變其形狀，是注意之繼續不過一二秒之明證。而此一二秒之時間　即注意繼續之最大時限也。

注意之發達，必經種種階級。兒童時代，其注意概爲外物之刺激及遺傳之勢力所左右。如注意強烈之光線，音響，或其他物體之運動，其一例也，此爲年齡幼稚，經驗空乏時之情形。及其智識日新，經驗日富，社會生活之影響遂使其義務之觀感發生，欲犧牲一時之愉快以得社會之嘉許，雖無興味之物，亦每以努力之態度注意之。要之，兒童之注意，以刺激之強大，變化，新奇等引起之反意注意之發達爲最早；以教育，練習等過去之經驗引起之無意注意次之：若以義務之感所引起之有意注意，則最遲也。

有意注意既爲注意發達之最後階級，故兒童之注意每易爲外物之條件所移易。換言之，即其注意容易轉換也。注意轉換不適於學習，故教育家之於兒童，必斟酌引導，使其注意固定。然則兒童之注意須至何時始能固定乎。此爲程度問題，頗難斷定。莫逸滿（Meumann）謂六七歲時即能見其固定，然所謂固定者，亦不過比較上之差異，且謂非至十一二歲不能固定者亦尙有人也。

第六章　興味（Interest）

第一節　注意與興味

吾人對於外界之事物，往往不能漠然置之，一若有所關係。務必以一種傾向之態度或測度之態度經驗該事物。此時之心理作用即所謂興味之作用也。興味爲含有智，情，意各方面之要素之一複雜心理作用，故學者論此作用不一其說。有所謂主智說者，以興味中智識之要素爲多；有所謂主情說者，以興味中感情之要素爲多；而傾向之態度又爲意欲表現。故謂興味爲含有各方面之要素之一精神作用也。興味與注意相關而發。注意集中之事物常能引起吾人之興味，興味所在之事物常能集中吾人之注意。生於注意而又能使注意繼續活動，且富有感情之要素，而足以爲意志之源泉者，興味也。果達德（Goddard）於所著普通心理與低能心理（Drycholopy of the Normal and abnormal）中謂注意與興味爲同一精神作用之兩面，無注意即無興味，無興味，亦無注意（Attenti n and Interest ore but two phases of the same mental experiense,One does not exist without the other.），所言甚爲簡當。

第二節　赫爾巴爾特（Herbart）之興味說

興味之意義已如上述，今請言興味之種類。在心理學發達史上詳論興味之性質及其種類者首推德國大教育家赫爾巴爾特。赫氏之說，在心理學教育學上極為有名，今為畧述如次。氏分興味為六種：

（一）經驗的興味（Imperical interest）

（二）窮理的興味（speculative interest）

（三）審美的興味（Aesthetic interest）

（四）同情的興味（Sympathetic interest）

（五）社交的興味（Social interest）

（六）宗教的興味（Religious interest）

經驗的興味者，吾人見聞事物時所發生之興味也。吾人遇於新事物時，必欲知其究為何物，以便取得該事物之表象於心中。清夜仰望天空，見羣星羅列，使諸星中有一特別之星足以引吾人之興味，吾人必欲知其究為何星，而What？之疑問於是乎起。是為經驗的興味。

吾人遇一新事物、必欲知該事物與他事物之關係如何，見一新現象●必欲知該現象之如何而起。清夜仰觀天空，見羣星羅列，光耀滿目，則必欲究其光輝之如何而來，而Why? 之疑問於是乎起。是爲窮理的興味。

吾人對於一切事物，無論其爲天然的抑爲人工的，見其優美整齊，必覺清心悅目，見其雜亂惡劣，必覺心情不快。是爲審美的興味。

吾人對於他人之境遇，其苦樂如何，必爲之發生同情。人樂亦樂，人憂亦憂。是爲同情的興味。

人不能獨立於世界，而社會生活之必要生焉。社會者，身心之所寄托，而吾人生存之背景也。吾人對於羣體之利害。不能漠然置之，社會之利益引爲自己之利益，社會之害惡即爲自己之害惡。直言之。樂人之樂，憂人之憂之推及於社會國家者，社會的興味也。

吾人對於支配宇宙之至高無上之神。每覺其威力廣大，足爲身必之寄托。神意所在，

無不虔誠奉命是爲宗教的興味。教育上所稱赫爾巴爾特之「多方面之興味」者，蓋指此六種興味而言也，

第三節　那給（Nagy）之興味說

前述赫威巴威特之興味說固爲心理學上教育學上之有名之學說，然所說未免偏於理論。近今之心理學家教育家之研究興味，則注重觀察兒童之行爲，視兒童對於事物之態度之變遷，以定興味之發達及其種類。有那給者，亦研究興味作用有名之人，其論興味之種類有五，茲列舉之，並述其說明如下；

（一）感覺的興味
（二）主觀的興味
（三）客觀的興味
（四）永久的興味
（五）理論的興味

感覺興味者，感覺機關活動時所發生之興味也，此種興味，其發生最早。諸感覺中，

尤以視覺爲最。兒童生後約二十五日，於其身邊之事物，已畧有注意之徵兆，約六閱月時，對於外物能伸動其手，約七閱月，能示其捕捉外物之運動，約兩歲時則知考察外物，欲使自己於外物上發生其關係。所謂好奇心者，即此時所發生之心理作用也。兒童之興味之對象，其初爲光綫色彩，約五個月時能注意於有運動之物，約二歲時，至有對於動物之趣味，漸及於種種自然現象。聽覺上之興味，其發動較遲，約六閱月始能傾意於自己或他人之發音與外物之音響，表示其興味之態度，約兩歲時，能注意他人之聲音言笑咳嗽，約三歲時漸有對於音調之趣味。由觸覺上之興味言之，約五個月時能撫摩自已之頭及兩肩兩耳等；八個月時能撫玩他人之鬚髮。至十個月時則喜撫弄柔軟物體。若味覺上之興味，則須二十個二月前後始能有其徵兆。嗅覺方面之興味最遲，孩童喜聞花香，已是三歲前後矣。

主觀的興味者，令外物與主觀之態狀發生關係之興味，直言之，以主觀之態度決定事物之興味也。至事物之特性如何，則非所計。此種興味，約自二歲至七歲日見發達。兒童對於外物之興味之與大人不同，夫人而知之，如隨父兄赴廟宇劇場，其目的不在禮拜與觀劇也、其欲赴廟宇劇場，或爲可以購買玩具，或爲可以購買食物。廟宇劇場內之石階，輒以爲可供彼等之遊戲。廟宇劇場內之樹木，輒以爲足供彼等之攀緣。其所以有對於石階與樹木之興味者，非以石階之足供實用與樹木之足供賞玩也，以石階樹木足之滿足自己活動（Self-activity）也。此時期中，兒童之想像力逐漸發達，遇一事物，輒以想像之力賦與該事物以特殊之意味，故其興味之表出，恒與常人不同。如見蟻之行列，輒以爲蟻之遊戲，如聞雷之音響，輒以爲鬼怪擊鼓之聲，如見雨之降下，輒以爲空中傾覆之水，即其例也。要之，此時之興味，概以主觀之必要而發，故稱爲主觀的興味。其興味類能自由變此，殊無固定之性質。

客觀的興味者，認識事物所有之特質時所發生之興味也，此種興味，約以七歲至十歲爲較顯著。主觀的興味發達時，輒以竹杖爲馬，今則竹馬已失其馬之價值；前此之玩具鐵砲，知其不能實用，故視玩具鐵砲之價值不似前此爲重，其興味之所寄托，不在於玩具鐵砲而移於空氣鎗矣。此時期中，兒童之活動概由個人的而漸變爲社會的，見羣兒之遊戲，其欲協同共事之意益切。事物之眞相如何，知以自己之動作探究之。故此類興味之發達，至有裨於實際之生活。

永久的興味者，要爲一種客觀的興味，唯就其狀態之永續者言，特稱爲永久的興味耳，此種興味，吾人於十歲至十五歲之兒童生活中見之。此期間中，兒童之活動日益確實，能以忍耐之精神從事一定之事務。如蒐集花草，蒐集郵票等事，覺得趣味津津，其興味有繼續至數月年者。此時期之活動，內外漸能一致，其欲知悉一物時，能以自己之經驗規定其行爲。換言之，即此種興味能令其行動與目的符合一致也。兒童能抑制草率之舉動而觀察事物繼續至數十分鐘，即永久的興味發達之表現。

論理的興味，十五歲後始形發達。對於他人及事物現象等，其興感所及，不但以表面之印象爲重，而必以思考作用考察其結果。如目睹他人之行動，必究其是非善惡之影響於社會者如何，如遇見一新現象，必欲考察其優美利益之點如何。其興味之活動，無不論理爲根據。故曰論理的興味也。

艾華

要之　注意與興味相關而發　注意集中之定物容易喚起興味之作用，興味所在之事物容易集中注意之心理。注意與興味二者。俱爲學習之必要條件，而教師之宜致意研究者也。

第三編　論本能及習慣

第一章　本能及其特質

人之運動，可以別爲衝動運動，反射運動，本能運動，有意運動，自動運動等幾種。本決運動之動力（原動力）即本章所欲敘述之本能（instinct）。本能之意義，吾國學者曾明言之。告子曰：「生之謂性。」又曰「性無分於善不善也。」觀此兩語，上句頗能作本之解釋，下句並暗示本能之種類。本能爲人類生有之心理，亦生物最重要最顯明之心理。所謂「不教而知」，『不學而能』者，便是本能。西洋學者向來亦極注意於本能之解釋。康德（Kant）以本能爲人類實行未有概念之事物或欲得未當概念之事物之一種感覺。達爾文（Darwin）以爲本能是遺傳的習慣。此前人對於本能所下之解釋也。近今美國心理學者桑戴克（Thorndike）稱本能爲「天賦的性質」或「自然的傾向」，此與「生之謂性」之說至爲吻合。本能的活動，又稱爲「不學而能的活動」在人類之活動中，有多數之活動，其性質爲先天的，必然的。此類活動即本能之活動也。蜜蜂築巢，大雁移居；此爲不學而能的活動，亦卽本能的活動。嬰兒吸奶；男女相悅；此爲不學而能的活動，亦即本能的活動。故謂本能爲動物自然之心理作用也。本能之科學的定義如何？柏稚（Betts）曰：「本能是無須教育之啓發，無自覺之成見，而照某某一定方式活動的傾向」（Instincts are the tendency to act incertain definite ways without Previous education and without aconscious end in view）。此足爲一簡明的定義。博爾通（Bolton）曰：個人受某某刺激（或處某某境遇），對於應得達到的目的，並無何等先見，亦無教育啓發，而能依一定之方法發生相當行爲之自然傾向，是爲本能（Instinct is an inborn tendency on the part of a givenindividual to act in a certain way under given stimuli without anyforesight of the end to be accomplished and without any previous education on the part of the indivldnal）。此項定義與柏稚之定義大致相同，但將刺激或境遇作爲本能活動發生之條件，司謂較爲完善。蓋本能的活動往往需要外物的條件也。如雁之移居，其中實有氣候之關係。

以上所述爲本能的意義，茲更爲述本能之特性。本能之特性有三：

（一）一時性　本能發生時，若不給以相當之刺激，則本能日就衰弱，甚或逐漸消失

艾華

。是爲本能之一時性。申言之，一時性者，在一定時間內發現之性質也。兒童一歲到三歲時，語言本能日見發達。假使中途發生障碍，此期間中無學習語言之機會，此項本能便須微弱下去，七歲以後，恐益微弱而無用矣。

（二）定期性　本能雖爲天賦的傾向，但非全數於降生時同時發現。某項本能某時發現，某項本能某時發達，所謂定期性也。初生嬰兒，僅有維持嬰兒生活所必要之本能。啼哭，吸乳，運動等所謂嬰兒生活所必要之本能也。將滿一歲時，步行，語言之本能相繼發生，對於二三月之嬰兒而欲强使學步，勢不可能，即以本能有定期性之故。

（三）特化性　特化性其實應稱爲早期特化性。本能依環境之關係變易其對象之謂。雛雞之追踪物體爲其本能。普通所追者爲其母雞。但當初若見人或其他之動物之運動，彼亦追踪而至；此種運動，並可繼續至雛鷄能獨立生活爲止。足見誘發本能之刺激往往屬於偶然。而一旦與一刺激發生關係，對於應受之刺激反不容易感應。所謂早期特化性者是也。

本能之數極多，然可分爲四類：（一）保存自己之本能，（二）保存種族之本能，（

三）社會的本能，（四）發達本能的。茲更分章詳細述之（參考學藝雜誌第五卷第一號「人類的本能」拙稿）。

第二章　保存自己之本能

保存自己之本能，以個體之利害爲目的之本能也。此種本能，於本能中頗占重要位置，其數亦多。如自利，嫉妬，競爭，恐怖，憤怒等，無一而非保存自己之本能。保存自己之本能，吾人於兒童之戲遊中見之。兒童好與其同儔遊戲，然稍有不合，又輒互相喧嘩，彼此毆打；弟兄姊妹間，輒以細故互鳴不平，皆其表現也。此種本能，於吾人之生活固極有關，然不可無其限制。教育者，實者以修飾本能限制本能之一作用也。更就其重要者彙述如次。

（一）嬰孩之自存本能　吸乳啼哭爲自己保存上所必需，故嬰孩生後卽有表現。此外如咬，如握，如表希望及拒絕之聲音及運動，如站立及步行之運動，均爲幼兒之本能，其發現亦早。本能與習慣攸關。吸乳固爲嬰兒之本能，然使嬰兒當初所吸者爲橡皮之乳頭而非其母親之眞乳，則習慣以後，將不能吸母親之眞乳而但能吸橡皮之乳頭矣。步行

達爾文以競爭為進化之要素，下文克魯泡特金以互助為進化之要素

艾華

之性質固爲本能的，然步行之成立則需相價當之經驗。幼兒之站立運動未完全成立時即頻動其兩足，足見步行爲本能與習慣混合之結果也。

（二）爭鬭　吾人欲於共同生活中維持自己之利益，而爭鬭之事以起。爭鬭者，自己保存上一重要本能也，兒童嬉戲輒互相喧嘩，即此種本能之表現。即有教育之成人，若其權利爲他人侵害時，則赧顏怒目，爭鬭之本能發於不知不覺間矣。國際間之戰爭，自己保存之本能之最顯著之表現也。

（三）競爭　人類恒有「凌駕他人」或「不居人下」之心。是即競爭之本能。競爭之本能，和平的形式之爭鬥本能也。其實例吾人於兒童之學校生活及成人之社會生活中往往見之。此種本能，自能以爲敎育之一方便，然亦視利用之方法如何。利用得法，當能獲得莫大之效果，否則弊害叢生，能損傷兒童之品性者亦鉅。如見他人之失敗與自己以成功而喜者，則競爭本能之不良方面也。至以他人之失敗供自己之成功，則又不良方面之尤者矣。

（四）蒐集　生物欲維持其一己之生命，必蒐集食品及其他種種必要物件以爲之資。

動物之中，如峰・如蟻，其最富於蒐集本能者也。人類亦然。人類之蒐集本能，以幼年時代爲最。兒童三四歲時，此種本能卽見發生，此後日益發達，至十三歲時達於極點十四歲後逐漸衰退。至蒐集之物，其初以自然物品爲多，漸進而喜人工之物。在蒐集本能最發達之期間中，四歲至八歲時，其蒐集了無次序，八歲以後，漸知分類之法、蒐集本能，在敎育上極有利用之價值。如令學童蒐集自然之物，並使以適當之方法分類整頓之，足使彼等得與自然接觸之機會。協力共同之精神，亦能借此涵養，誠於知識方面道德方面兩有裨益之事也。恐怖，憤怒，好奇等亦爲自已保存之本能，將於感情作用中述之茲不再述（參看重要之情緒章。）

第三章　保存種族之本能

此種本能爲生物保存其全種族所不可缺之本能，其數至多，且與感情接近。其最顯著之例，吾人於下等動物之生活見之茲請畧述如左。

（一）築巢　鳥之築巢，其行動至爲複雜，然非習得之作用而生得之能也。鳥類中巧有築巢者頗多，黃鶯中之「阿里阿爾」（Oriole）能用種種之法築巢而居，其築巢本能之顯著者矣。

（二）產卵　卵生動物，其產卵之本能至爲顯著。築巢既成。即於其中產卵，以圖種族之保存。即不自營巢窟之動物，亦必選擇產卵之地，以達保存種族之目的。此種實例，吾人於動物學之記述中見之。

（三）移住　順應氣候之變化變易住所之本能稱爲移住本能。燕之移住，吾人熟知之事實也。動物之移住，其例至多。如西伯利亞之馴鹿，夏季居於北方之高地，冬季移於草原，其行動雖屬複雜，然彼等固未嘗自覺其目的也。

（四）生殖本能與養護本能　以上所述爲動物保存種族之本能，人類保存種族之本能與此類似者亦多。其最著者莫如生殖本能與養護本能。生殖之本能，以異性間之愛爲表現，養護之本能，以父母對於子女之愛爲表現。使無生殖之本能，人類必至滅絕，使無養護之本能，人類亦必滅絕。蓋生而不育，必受自然淘汰，終不得保存其種族也

第四章　社會的本能

亞里士多德（Aristotle）曰，「人者，政治的動物也。」政治的動物者，社會的動物

也。人不能獨立於天地，而社會興焉。社會生活，其成立根原於社會的本能。使無社會的本能，將無所謂社會生活矣。社會的本能有四，今述之如下。

（一）羞恥　吾人對於他人每有羞恥之念。幼兒時代，其親近者惟家庭中人，一遇素未識見之人。輒欲隱藏其身，羞與之見。青年期間，此種本能尤爲發達。吾人欲於稠人廣衆之中談話演說，總覺有幾許不安之念。此種情形，不獨青年時代有之，及至壯老亦復難免，苟欲以坦然之態度處之，非久經磨練不足以見其效果也。

（二）羣性　與羞恥之本能反對者爲羣性（或羣居本能）。兒童幼時即欲與人同居。與人同居之意識即能使得滿足之感情，固不必與之同嬉戲共起居也。此種本能，成年後亦不或減。吾人工作遊戲，皆欲與人相共，豈非明證乎？此所謂羣居本能也。羣兒口角，輒互相毆打，痛哭流涕，乃淚痕未乾而新交如故矣。朋友之隔閡，夫婦之反目，乃至國家與國家之衝突，無一不如幼兒之喧嘩毆打，其能重修舊好，蓋自然之過程而自然之所命也。羣居能使吾人易於獲得食物，防禦外侮。卽平居工作，羣居之效果亦大。蓋協同之意識恒能促進吾人之精力也。

艾華

（三）同情。同情亦社會的本能之一，其說明見感情作用中，茲不贅（參看同情的感情）。

（四）犧牲　犧牲亦爲保存種族之本能。蒲尼克之戰（Punic wvar）加爾達基人爲其種族國家，不惜犧牲一切，即此種本能最著之實例也。犧牲之結果，足以招致自己之滅亡，故此種本能似與保存自己之本能相反。然保存種族即所以保存自己，惟其直接目標不在自己而在種族耳。犧牲之本能，動物中猶每見之　羣鹿被狠攻擊時，常自列一圓陣令其牝鹿幼鹿居陣中，雄鹿一任防禦保護之責，不至力絕聲斷不止，可見犧牲爲一般動物之本能。所謂「鞠躬盡瘁死而後已」者，自心理學上觀之，不過犧牲之本能之發達極致者耳。

第五章　發達的本能

發達的本能一名順應本能，蓋自個人生活之生長及發達上發生之必然的傾向也。遊戲與模仿二者即屬於此類本能，茲分述如下

第一節　遊戲本能

（一）遊戲之意義　遊戲者，愉快的活動也。愉快的活動固不限於遊戲，然遊戲之快愉的活動與遊戲以外之愉快的活動自有不同。研究學術，愉快的活動也。從事職務，亦愉快的活動也。然一爲研究，一爲事務：均不得謂爲遊戲。再簡切言之，遊戲者，以自由愉快之態度使吾人之肢體活動之謂也。欲得愉快之自然傾向中又含有其他之本能，故其性質頗爲複雜。男兒之遊戲中多有競爭本能，女子之遊戲中多於養護之本能，其一例也。

（二）遊戲之本質　關於游戲之學說有三：

（1）反復說　主張反復說者之言曰：遊戲者，種族之經驗之反復也。兒童欲其神經筋肉依其年齡之增加而生長，自有反復其祖先之活動之必要。如捉迷藏之遊戲，蓋狩獵時代之活動之反復也。杜霍爾（Hall）即主張此說之一人。

（2）餘力說主張餘力說者之言曰：遊戲者，個人過剩之勢力之表現也。故餘力說又可稱爲勢力過剩說。學者如西拉（Schiller），斯賓塞爾（Speucer）等即主張此說之人

（3）準備說主張準備說者之言曰；遊戲者，兒童未來之生活之準備也。自進化上言

艾華

之，自然淘汰之結果，殘存於今日之人類，皆有遊戲之本能。其無此類本能者，已受天然淘汰，劣敗傷忘矣。吾人之全生活中，必有種種之活動。此種種活動，必有相當之練習。遊戲者，實爲實際活動之練習而爲之準備者也。格羅斯（Groos）即爲此說之代表。

以上三說　各有其理，宜併存不廢。蓋遊戲之形式不一，欲得滿足之說明，非三說併存不可。

第二節　模仿本能

（一）模仿之意義及種類　模仿者覩他人之行爲而效法之反復之之謂也。模仿作用固有時根據於意志，而兒童之模仿直爲本能之表現。模仿之目的如何，兒童自身未嘗意識，惟順應他人之行動而效法之反復之耳，對於約一歲之嬰孩，若以簡單之發音示之，彼即應吾人之發音而爲其模仿；蓋嬰孩時代，禁止運動尚未發達，外來激刺極易引起運動也。模仿之本能，自其發達上言之，可以別爲四種類，今列舉之，並述其說明。

（1）反射的模仿

（2）自發的模仿

（3）演表的模仿

（4）有意的模仿

單純之本能的模仿，如鏡生影，如響斯應。其作用爲反射的，故稱爲反射的模仿。嬰孩生後約一歲時，卽有此種模仿：如以盲目的態度反復他人之言語舉動，卽此種模仿作用使然也。自發的模仿者，反復從前所經驗之動作之謂。幼兒有突然反復某種發音或動作時，卽此種模仿作用活動之表現。此種實例，吾人於一二歲之嬰孩生活中見之。表演的模仿者模仿稍有連續之生活狀態之謂。蓋已不但以模仿單獨之動作爲能事矣。兒童遊戲中，每每模仿常人之生活情狀。如模仿戰爭，模仿教學，卽此種模仿作用活動之結果然其模仿之無目的，仍與反射隨模仿及自發的模仿無異。兒童三歲以後便有此種模仿，尤以至四歲至七歲時爲最。至有意的模仿，則以意志模仿他人之言動之謂。兒童稍有智識，則漸知模仿之價値及其必要，模仿傾向日益發達，有努力經營，不至達到他人之範例不止之勢。成年以後，此種傾向亦不卽衰。蓋優秀之動作，於社會生活上至有裨益，故以多大之努力模仿之。社會之成立以此，教育之可能亦以此也。以上所述爲模仿自身之分類。吾人之生活中，各種模仿自有其階段，然不能謂一期間中僅有一種模仿。是不能不注意者也。

（二）模仿之價値　優秀之動作，於社會生活至有裨益，吾人頃已言及，今更一申其義，以明模仿之價値。模仿作用，惟人類最爲發達。人類以外之動物，其動作之方法恆與其所處之境遇適合，直有固定之性質，自其生存上言之，模仿之必要絕少，故目睹他動物之運動，亦不能發生與之類似之運動。且動物之生活，其兒童期頗短，故其運動概爲遺傳的反射的，無所謂模仿作用也。近今心理學者之言曰：利用模仿以學習事物，殆爲人類特有之作用。火雞善於捕蠅，然此爲火雞之遺傳的行動，雛雞與之同居，亦不能模仿其捕蠅之法。又猿之活動固與人類之行動相似，然不根據於模仿，不過其活動類似人類，故人多謂猿仿人類耳

模仿之價値，可由兩方面言之：可作順應環境之手段爲其一，可作解釋事物之手段爲其二。兒童期經過之長爲人類之特色，吾人一生中約四分之一，常在父母保護之下生活

。「當爲」之事與「不可爲」之事概於此時見聞之，模仿之，以爲成年後實行社會生活之準備。適應環境之方法，悉於此中習得。故曰，模仿可作適應環境之手段也。吾人對於他人之行爲，若不依樣實行，必難了解其眞意。如雄辯，如音樂，如跳舞等之發表運動，若但見之聞之，則其心情如何，勢難獲得眞正之理解；一經模仿，便易理會。故曰：模仿可作解釋事物之手段也。本國之道德，習慣，語言等，無一不以模仿而爲其授受作用。他國之文學，言語，禮節等。無一不以模仿而得其眞意。模仿之於教育，其價値可勝言哉！

第六章　習慣

第一節　習慣之意義

吾人在前數章已詳述本能之作用矣，今請一述習慣。西諺云：『習慣是第二天性。』又云：「人是習慣的集合。」中諺云：「習慣成自然。」凡人皆有習慣。習慣之勢力極其偉大，於此足以見之。

詹姆士（James）心理學論習慣處舉一實例云：有退伍兵某，一日携籃購買食物，

艾華

途中，一人大聲向之致「立正！」之令此兵士聞令立將滿盛食品之籃拋棄而行立正之姿勢。此殆以此退伍軍人在軍隊中聞「立正！」之口號即便發出「立正」之行為，其感覺與運動間已形成一定之聯絡，致聞「立正」之聲音即有「立正」之舉動。習慣之為用亦妙矣哉！

何謂習慣？凡一人常做某事或往往愛做某事吾人謂其人有某習慣。有人食必飲；有人坐必談；某人晨必早起；某人夜必遲睡。吾人謂某有飲酒之習慣，某有談話之習慣某有早起之習慣，某有遲眠之習慣。此習慣之常意也。自心理學上言之，習慣為反復曾經實行一次或二次以上之行為之神經系統之傾向。關於習慣之定義，柏稚（Betts）於所著精神及其教育中記述甚簡明，茲為引用如左：

Habit may be defined as the tendency of the nervous system to repeatany act that has been performed once or many times.

習慣的生理的基礎為何。亦本節所欲討論之問題。凡吾人遇一刺激而有反應時，刺激須經過感覺性神經原與運動性神經原相接之點。此點對於刺激之通過，當初咸有抵抗之勢。經過一次，二次，三次，⋯⋯⋯以後，抵抗力逐漸減少；而刺激向神經傳達，又往往選擇抵抗較少之路而行，一經通過，便覺『輕車熟道』，往往有『遵道而行』之傾向。由個人方面言之，一經發生某種行爲，以後便容易反復此項行爲，若再加以反復，勢必至於非反復其行爲不可。初次吸烟之人，吸烟之舉，似有困難存焉，一旦吸之至再，所有困難，大爲減退，若再繼續吸食，不惟困難解除，且有不吸不了之勢，至此而吸烟之習慣成矣。此習慣之生理的基礎之概畧也。

第二節　慣習之效果與弊害

習慣有其功用，又有其弊害。本節爲述其功用與弊害。習慣之功用可由四方面言之，

（1）節省時間　吾人初學寫一字，唱一歌或彈一樂曲，做一體操，當運動未熟習——即未成習慣——時，一舉措間，往往附帶許多不必要之動作，時間上極不經濟。一經習慣，欲寫字便能提筆揮毫，欲唱歌便能放口長吟，欲彈琴便能手到曲成，欲做體操便能運動如意；一切動作，均能迅速行之，毫無不必要之動作存乎其間。可見習慣之成立足以產生時間之經濟。

（２）減少勞力及疲勞　凡新做一事，神經之道路旣未開通，神經原與神經原之接觸部之抵抗自必强大，故吾人頗覺費力而易於疲勞。一經形成習慣，此種情形自然消滅於不知不覺之間。習於耕田之牛，吾人用之駕車，勢必勞而無功，習於案牘之人，終日伏案，不甚覺其費力疲勞也，若使其管理事務，便覺奔走勞形，窮於應付。試看「輕車熟道」，「已成之局」等成語定是發表自然有利之心理：「另起爐灶」，「人地生疎」等成句定是表示勉强困難之情意，足以證明習慣可以減少勞力及疲勞矣。

（３）敏確行動增進技能　習慣未成立以前，凡行一事，舉動難免雜亂。雜亂的行動，費時而粗畧，所得成績自必不佳。習慣成立以後，一切行動自由圓滑，如火車行駛鐵軌。書家作書，畫家繪畫，音樂家奏樂，毫無鈍滯粗畧之弊，且所書，畫，彈奏之結果均極優美。此習慣足以敏確行動，增進技能有以致之也。

（４）節省思考的努力　吾人之日常生活中之行動，以有習慣之故，每每不假思索，得以自成其事。使無習慣代爲應付一切，遇事必假思考以解決之，則構思之繁，不一而足矣。吾人夙興夜寐，櫛沐飲食，於着卸衣履，使用食器諸事，多於不知不覺間成之。

能意識其運動之方向及順序者鮮有其人！故謂習慣足以節省思攷之努力也。

以上所述爲習慣之功效。習慣有其功效，亦有其弊害，今請爲述其弊害。習慣之弊害有二；

（1）抹殺注意　習慣之動作爲自然的，機械的，此項動作發生，注意作用往往逸散。行動缺乏注意，則演出失敗之悲劇亦意中事矣！吾人常聞習於一事而招致失敗之人之言曰：『吾常習於此事，不圖竟演此失敗。』其辭若有憾焉。此項失敗爲原因於注意缺乏之失敗，亦即原因於習慣之失敗也。

（2）阻礙進步　習慣作用，其性質爲保守的。一人既有一項習慣，往往欲致力維持，使其保存下去，甘於守舊，憚於革新，判斷事物，總要固守一定之形式。其眞，善。美之概念自然亦成爲不變的。舊有之是非，善惡，美醜，無不欲其綿綿斯世，繼續於久遠。髮辮纏足之風至今不絕，非甘於守舊，憚於革新之謂乎？

第三節　習慣之養成與破壞

『人爲習慣的集合』，吾人前已言之。人之人格及生活，無非由其習慣作成。習慣之良否，便是全人之好壞。故自倫理學教育學上言之。一人常應致力於良善習慣之養成，既有不良習慣者，須努力從事破壞。此心理學上習慣之養成及破壞之法則之所由重也。習慣之成立及打破之法則有四，

（1）努力實行　習慣之成立與破壞，其關鍵在行而不在言。蓋行於神經系統大有影響而言於神經系統毫無影響也。實行一次，足以當空言百次。善行惟其行；非行惟其禁。若但言而不行，未見其善習之可以成而惡習之可以去矣　某也欲禁煙；某也欲戒酒；使但日夕言之而不行，則某之煙某之酒恐將愈用而愈烈！

（2）不許例外　欲養成或破壞習慣，務須一往直前，不容有口實或例外於其間。若有例外，神經系統須受不良影響，有「功虧一簣」，或功敗垂成」之弊。以禁煙或戒酒爲例，若以「逢場作戲」爲口實而放棄其心志，恐戲將進而爲眞矣。「偶一爲之」非吾人應有之信條也，於自信未深之青年爲尤。

（3）禁絕誘惑　「近朱者赤，近墨者黑。」環境之於習慣，其影響極其偉大。苟欲養成良善習慣，須與良善環境接觸，周圍而有足以引誘吾人之惡行之事務，惡習之不成

或破壞甚難。故不良之誘感，亟須努力去之。其有既成之惡習，以先用他項行爲代理之爲愈，所以滿足身心之要求也。

（4）聚精會神　人之身體固可支配精神，然精神亦可支配身體。無論何事，只須以全副精神臨之，無不迅觀厥成。語曰：「精神所到，何事不成！」良善習慣之養成與不良習慣之破壞豈能逃此公例？精神之主爲意志。但有强固之意志，習慣無由肆其威力矣一生之中。習慣最易成立者爲兒童時代。成年後之品性，悉由兒童時代之習慣蟬脫而出。教育必由幼時入手，蓋即爲此。

艾華

第四編　論感覺與知覺

第一章　感覺概論

吾人以外物之刺激而生感覺。感覺者，對外於物之屬性之覺，簡單之精神過程也。吾人對於外物。一面識其全體。一面察其屬性。試有「薔薇」於此，其質，其色，其香均包含於此唯一之對象——薔薇——中。滑膩，色彩，香氣各爲一刺激。此等刺激分別經過眼，鼻，皮膚，給與吾人以特殊之感覺。此等感覺實爲構成『薔薇』之元素，方之化學元素，不可分析者也。吾人以目視，以耳聽，以鼻聞香，以口嘗味，以手足摩觸物體。眼，耳，鼻，舌，四肢等爲受納刺激之感覺機關，故又稱感官。吾國古來嘗云『五官』，西方亦然。今茲學術昌明，視，聽，味，嗅諸覺外，復有所謂壓覺，痛覺，溫覺，冷覺，運動感覺，平衡感覺，有機感覺等，感覺機關日見其多矣。

吾人以外物之刺激發生感覺，考其原因，皆以神經特有之文化學作用所致。外物之來，首先刺激吾人之感覺機關，再由各感覺機關之神經末端經由神經達於中樞，感覺於是乎起。感覺各有機關，神經各有職司。光線之來遍及全身，音響之來遍及全體，而惟目與耳能感受其刺激者，職是故耳。感覺有其質異，强度，廣袤，長徑：是爲感覺之四相，茲爲一一述之。

質異是一感覺與他感覺不同之點。强度是其强弱之程度。廣袤自空間言之，廣狹之差異也。長徑自時間言之，繼續之長短也。以色彩之感覺言，赤，綠青，黃諸色之不同爲其質異。同一赤色而有濃淡之別，以有濃淡之別，而感覺之强弱將不同矣。又質異程度雖同，而空間上之廣袤有大有小，時間上之繼續有長有短。故質異，强度，廣袤，長徑爲感覺之一般性，感覺大都有之。視覺觸覺之有廣袤，音覺之有長徑，其最著者也。吾人前此曾言感覺，知覺，觀念，想像，注意，思考，感情，意志……等爲心之總和，此外無所謂心。蓋於本章將謂質異，强度，廣袤，長徑即是感覺，此外無所謂感覺。更以一例明之，無廣袤之色與無長徑之音，吾人可以感其存在乎？

感覺可以大別爲二；一爲外感覺，一爲內感覺。此以惹起感覺之刺激之所在而命名。刺激之由於外者爲外感覺，刺激之發諸內者爲內感覺。視覺，聽覺，嗅覺，味覺，觸覺等爲外感覺；運動感覺，有機感覺等爲內感覺。以下再將感覺之重要屬性及內外各感覺逐一述之。

第二章　感覺之强度、廣袤、長徑及刺激之增加與感覺之增加

吾人於前章述及質異，强度，廣袤，長徑等感覺之一般性矣。以强度，廣袤，長徑之不同，感覺亦生種種差異。颼颼之風，轟轟之雷，音響之强度不同，然吾人俱能聽之。針端之微，衣被之大，壓觸之廣袤不同，然吾人俱能知之。電光駛空，明月滿地，光線之長徑不同，然吾人俱能視之。雖然，外界之刺激，其强弱，大小，長短均無限制；而吾人感受刺激之能力則有範圍。刺激之過小者，吾人不能感受之；刺激之過大者，吾人亦不能感受之。試以一錶近吾人耳側，輒能辨其鏘鏘之音，然漸遠即無所聞，以是知音覺之有界限也。試竚立山野，抑觀百禽，高飛者其形益小，終至不可得見，以是知視覺之有界限也。又試受一木製無邊車輪徐徐迴轉之，且以手指觸其車齒，吾人以其齒之經過，故覺得一種壓迫，若迴轉愈速，則手指之觸覺愈見平滑，不能辨其車齒，以是知觸覺之有限制也。

感覺均有界限，以有界限，故有大小。其最小而又能識得者爲感覺之最小界限。以其

爲刺激之最小而又能發生感覺之界限，故特稱爲刺激閾。其最大而又能識得者爲感覺之最大界限，以其爲刺激之最大而又能發生感覺之界限，故特稱爲刺激頂。刺激閾之感覺爲最小感覺，刺激頂之感覺爲最大感覺。第最大最小云者，亦非絕對不變之界限。激刺激雖同，而所惹起之感覺則因人因時而異。常人不能聽得之音，而聽覺敏考恒能聽之。專心思索，用力從事時，蒼蠅之來，吾人不之知也。眼弱之人，稍强之光即不能耐。故刺激閾刺激頂云云，亦非絕對的稱謂，但就一般情形而言，刺激高出刺激頂以上時，則感覺機關往往爲損壞，甚有爲之喪失生命者。音響過强足以聾人，光線過烈足以瞶人，此非吾人所嘗見聞之事實乎？

吾人於刺激閾與刺激頂間可以識別刺激之强度與感覺之强度之關係。常人必謂刺激之强度增加則感覺之强度亦與之爲正比例而增加。其實不然。刺激增加感覺固亦增加，然不恰與爲比例也。手持重量一斤之人，若加以重量一斤，則頓覺感覺增加。但身負重數十斤百斤之人，而加以重量一斤，將不見其感覺之差異矣。入器械轟轟之工場，談話之聲不能入耳。三更人靜，萬籟俱寂，鐘表之聲，鏘鏘能辨。由是以觀，感覺之强度必以

艾華

現在所感受之刺激之强弱爲轉移。現在感受之刺激弱，則加入之刺激雖小亦能辨識，現在感受之刺激强，則加入刺激非大不能辨識。感覺非純與刺激爲正比例而增加者也。

然則刺激與感覺二者究根據何種定率而增加乎？試以一基羅格蘭姆（Kilogram）重之物豫置手中，繼加以三分一基羅格蘭姆重之物，則吾人以此刺激之增加，必識得感覺之增加。然使最初置於手中之物爲二基羅格蘭姆，則非增加至三分之二基羅格蘭姆不能識別感覺之增加也。因刺激增加而識得感覺增加之界限爲識別閾。識別閾與原有刺激强度之關係恒不變化，即刺激之增加與感覺之增加必有一定之比例，惟因感覺之種類而異其數耳。約言之，感覺增加時，其所要之刺激之增加恒與原有之刺激之强度爲一定之比例。如光覺爲十分之一，音覺與壓覺爲三分之一，所謂一定比例也。詳言之，吾人之於光覺，但於原有光之强度加入其十分之一則能識得感覺之增加，而於音覺壓覺，則須增至三分之一始能覺其差異。惟此亦係以感覺之普通强度爲準。如刺激與刺激閾或刺激頂相近時，則不能以此數律之。感覺增加與刺激增加之法則爲威伯爾（Weber）所發見，故稱爲威伯爾法則。茲更將實驗心理學者研究各感覺與其刺激間之增加率列表如下，以供參考：

(一)光覺……十分之一

(二)音覺……三分之一

(三)壓覺……三分之一

(四)溫覺……三分之一

(五)舉重量時之感覺……二十分之一（或云十七分之一）

第三章　視覺（Sensation of sight）

視覺之感官為眼，欲知視覺之作用，須明視官之構造。視官構造極其複雜，茲以畧圖表之。視官形類圓球，外有膜皮三層：曰鞏膜，曰脈絡膜，曰網膜。最外層之膜即鞏膜，性甚堅厚，故有鞏膜之名。鞏膜之前方特稱曰角膜

A 鞏膜

B 角膜

C 視神經

E 脈絡膜

D 紅彩

F 瞳孔
G 液體
H 水晶體
I 玻璃體
J 網膜
K 黃點

，光線出入之最外層也。後方有通路，視神經居焉。鞏膜之次層即脈絡膜，緊張筋及血管在焉。脈絡膜之前方特稱曰虹彩。虹彩中央有瞳孔，可以伸縮大小，以為受納光線之用。虹彩與角膜間有液體，其後方為水晶體，又其後方為玻璃體。外來之光，在角膜與水晶體發生曲折，再由玻璃體通過，達於最後層之網膜，外物之形色悉印於是。網膜中部有黃點，印像最明之部分也。網膜所生之印像，以神經傳之大腦，吾人以是知外物之形色。至與網膜後方連接之神經，因無感光能力。故稱該神經與網膜貫通之點曰盲點。今於紙上酌定相距約三寸之二點，以十表其左，以●表其右，繼閉左眼而以右眼酌隔二三寸距離凝視左方之十點，再將紙向前方移動，以增加其距離，則右方之●點自有視之不見時。此足以證明盲點之存在也。

視覺大別有二：一爲光覺，一爲色覺。而使光與色之感覺發生之物理的刺激實爲精氣之振動。光波之來，由角膜發生曲折入於水晶體，再由水晶體曲折，經過玻璃體達於網膜由此惹起興奮，更以神經傳至中樞，而光色之覺於是乎起。

長徑不同之混合光波刺激網膜發生光覺。光覺者，黑，白，灰之謂也。世人常以黑，白，灰爲三種顏色。其實不然。黑，白，灰以光度強弱之關係發生，實爲光覺而非色覺。無光之物謂之黑；光度最強之物謂之白；灰則介其兩間。吾人對於灰色不甚別其濃淡，然據學者實驗之結果，純白與純黑之間約有六百種以上之光覺。若從俗以灰爲色，則灰色約有六百種之多也。

色覺以長徑相等之純粹光波刺激網膜發生。試以分光器分析太陽之光，則見其色彩之最易入目者有赤，橙，黃，綠，青，藍，紫，之七色。七色互相推移，赤以橙爲介而變爲黃，黃以綠爲介而變爲青。由是類推，七色以赤爲始，以赤爲終。但各色間尙有種種混合之色。詳細別之，色質約有一百六十種。今試就以上各色排列於圓周上視之，則同一直徑兩端之色相差最大，因稱其色爲反對色。赤與綠，黃與青皆互爲反對色者也。

艾華

色覺可由三方面觀之。調子，飽和，明暗是也。上述七色之差異即是色調。如赤變爲黃，黃變爲綠，所謂調子之變化，

飽和者，顏色之光度適合之狀態之謂，即光度恰能將色調鮮明顯出之謂也。色覺與光覺相併而立。無論何種顏色，增其光則漸白，減其光則漸黑。光度最適當時卽顏色最明瞭時，亦即爲飽和之程度最大時。設於此增減其光。則飽和之度均必爲之減殺矣。色彩達至飽和狀態時所需之光度不一。七色之中，赤色爲最高：青色爲最低。赤色於光線較高時飽和；而青色則於光線較低時飽和。故光線低下時赤色已漸變黑，而青色却得飽和日沒之際，赤色之物已難辨識，而青色之物尙能識別者，職是故耳。此現象爲蒲鏗鏗耶（Dnrkmje）所發見，故稱爲蒲爾鏗耶現象。

吾人感受之色與光之强弱有關。凡色彩均有明暗之別。明暗者。指色彩之光度而言。明暗之變化，光之强弱之獲化也。

色質雖爲赤，橙，黃，綠，青，籃，紫七種，然爲其基本者，不過赤，黃，綠，青四色，故此四色稱爲四原色。四原色以外之色均由原色之混合而成。橙色係赤黃二色混合

而成之色；黃綠色係黃綠兩色混合而成之色。凡四原色之間之色俱爲混色。然有二色相混而不成色者，則謂此二色互爲補色。前段所言反對方向之顏色即互爲補色。赤與綠（實「綠與青之混色」）黃與青（實『青與藍之合色』）均互爲補色者也。

覺色之理，其一說不一。赫林（Horing）謂吾人之網膜上有三種視質：其一能感光輝，其能感青黃其一能感赤綠。吾人能識別種種濃淡之色，無不原因於此三種視質。赫林之說，固即四原色之說也。有楊格赫爾孟霍爾次說者，爲楊格與赫爾孟霍爾次（Young and Helmholtz）二人所主張。其說謂吾人之網膜有三種細胞，此三種細胞足與吾人以赤，綠紫之三原色，三色複合。遂成一切之色。至無色之覺，則又三種細胞平均興奮之結果；是爲三原色之說。翁德（Wundt）亦主張三原色說，並謂網膜上各細胞之性質稍有不同，故對於外來之刺激有發生色覺者，有發生無色覺者；刺激之强弱亦不一致，故色覺與無色覺之種類及程度亦不一。要之，關於原色之說，各家意見頗不一致，雖各由物理或生理方面說明其理，而皆非學者公認之定說也。

光覺約有六百六十種，色覺約有一百六十種，吾人述光覺與色覺之差異時已曾言之。

艾華

據實驗心理學者之研究，謂以六六〇乘一六〇，則色覺之數應得十萬五千六百種，惟灰色種類過多，難於辨識，故以勉能識別之數二〇〇乘一六〇，色覺總數實有三萬二千。姑爲記其結果如此。

光線射於網膜中央時，物體之色像較明，故稱直接視；其射於網膜周邊時，物體之色像不明，故稱間接視。然亦有光線射至中央而色覺不明者，是謂色盲（Color-blindness）色盲者，一種疾病現象也。色盲有二種：一爲全部色盲，一爲一部色盲。全部色盲之人，無論何種顏色，視之不以爲白則以爲灰。否則必以爲黑。其色覺之不確，有如常人間接視時。然其例絕少。一部色盲只能識別一部分之顏色，其最多者爲綠色盲及赤色盲。綠色盲只能識別黃青之色，若以色帶示之，則赤色映爲暗色，而綠色視爲灰色。赤色盲雖識黃綠，而赤色則映成灰色。據學者之研究，色盲之數，男子約有二。五%人，女子約有〇。五%人（此項結果頗不一律），茲撮記色盲種類如下；

- 色盲
  - 全部色盲
  - 一部色盲
    - 綠色盲
    - 赤色盲

色有對比。對比者，二顏色互相影響，致其色彩變更之謂。白色上施以黑色，較白色上施以黃色爲尤鮮明，以有對比也。對比作用，感覺中皆有之，而以視覺，味覺等之對比爲較顯著。視覺之對比有二種：其一爲繼續對比，其一爲同時對比。試於灰色紙上附以赤紙方形，暫時凝視之，然後轉眼於他之灰色部分，則覺其灰色含綠，此繼續對比也。又先凝視黃色，繼移眼於青色，則青者益見其青；亦爲繼續對比之一例。今於赤，綠，黃，青諸色紙上各置灰紙一條，再覆以透明之紙視之，則灰紙不復如原有之灰色而變爲各色紙之補色，詳言之，青紙上之，灰紙帶黃，黃紙上之灰紙帶青矣。此同時對比之例也。

視覺有殘像。殘像者，刺激既去而映像猶存之謂，殘存之視覺也。殘像有二種：其一爲積極的殘像，其一爲消極的殘像。試一凝視强度之光卽合閉眼簾，則覺其光之强度色焰歷在目前。又取甫滅之火柴迅速迴繞之，必識得一火環之存在；是爲積極的殘像。積極的殘像，同色之殘像也。更以白紙塗抹多數黑點就日光下凝視之，歷三數分鐘再移眼於白壁，則見白壁畧帶灰色，並具白色斑點。又如凝視一定形狀之青紙，經約一二分鐘後移眼於白紙，則覺灰紙上有一黃色之像，其形與青紙同，而其色則覺其黃而不覺其青。此類殘像，是爲消極的殘像。消極的殘像。反對色之殘像也。

視覺有視野。視野者，眼界之全範圍也。吾人之眼界頗廣，凡目力所及，均爲視野之範圍。視野之廣狹，以刺激之種類而異其趣。白，黃。青，赤，綠諸色中，以白爲最廣，黃青次之，赤綠又次之。蓋明暗之感覺產生最早，網膜之中，此類感覺之質素占據大部分；青黃之覺發達較遲；赤綠之覺發達又遲；白色視野之寬，職是故耳。

今再就色覺與光覺之生理的差異爲一言之。眼球之網膜有桿體及圓椎兩種細胞。此兩種細胞，其直接於視覺有關之細胞也。自其分布之情形而言，網膜中央多圓椎細胞，網膜周圍多桿體細胞。圓錐細胞足以識別色彩，杆體細胞則能區分明暗。不觀色彩之判斷必以直接視爲其準據乎？若將有色之物置於吾人兩側斜視之，則但覺漠然有物，不能辨其赤，黃，綠，靑，等之色彩矣。又吾人於室中注視物體，則橫來之光較由中央射入之光爲强。此等事實均與細胞分布之學理符合。又光覺與色覺爲便利上之區分，二者互有關係，吾人感受色覺時，其間必有光覺之關係，若純粹之色覺，求之於吾人之經驗中則殆無有。

吾人以有視覺，故能認識一切外物之形色。視覺之價值，其大可不具論，今請言其關於精神教育者，吾人以形色之關係享受自然之美及人工之美，以爲養成美感之機會。鳩鶴（Goethe）曰：「美較善爲有價值，蓋美中即有善也。」又曰：「色調能激發精神，使人努力進取，又能鎮靜精神，使人溫厚和平。黃，黃赤，赤屬於前者；靑，赤靑屬於後者。綠則高尙優美，使人發生快感，久視不厭。」視覺之與精神活動之關係如此。故

①Staring ②looking ③observing

視覺之損傷，旣爲智識上之損失，又爲心情上之缺點，而視覺之保存尙矣。

視覺之發達有四階段：其一爲注視空間，此爲兒童降生半月前後之狀態。其二爲注視一物，此爲誕生約五週後之狀態。其三爲追視一物之運動。此爲誕生約六週後之狀態。其四爲尋視物體或動物之運動。此爲生後三月至五月之情形。其後逐漸發達，二歲後漸能辨識赤，黃，綠青之色調。然亦有已達就學年齡，而尙不能完全辨別色調者，不可一概論也。

第四章 聽覺（Sensation of hearihg）

聽覺機關爲耳，欲知聽覺之事實，須先明聽官之構造。耳爲外耳，中耳，內耳之三部構成。自耳殼至外耳道後方之鼓膜爲外耳。耳殼所以受納音響而納之於外耳道也。中耳在鼓膜後部，其一方與咽喉連接（由斯達基管 Fustachian Tube），內藏空氣。外來音響，經過外耳道而達於鼓膜。中耳（又稱鼓室）內藏小骨三顆：稱爲槌骨，砧骨，鐙骨。槌骨附於鼓膜，能以鼓膜之振動之砧骨，砧骨傳之鐙骨，鐙骨傳之內耳。內耳又在中耳後部，自三半殼規管及蝸牛殼之二部（二部又合稱迷路）構成；其中間狀似小囊者曰前庭：蝸牛殼爲聽神經分布之所，半規管與蝸牛殼中有淋巴液，有傳達音響作用。音響之振動，由鼓膜至中耳內之小骨，其時此淋巴液振動，刺激聽神經末稍，再以神經傳之中樞，而種種聽覺於是生焉。

A 耳殼
B 外耳道
C 鼓膜
D 與咽喉連接之管
E 槌骨
F 砧骨
G 鐙骨
H 三半規管
J 蝸牛殼

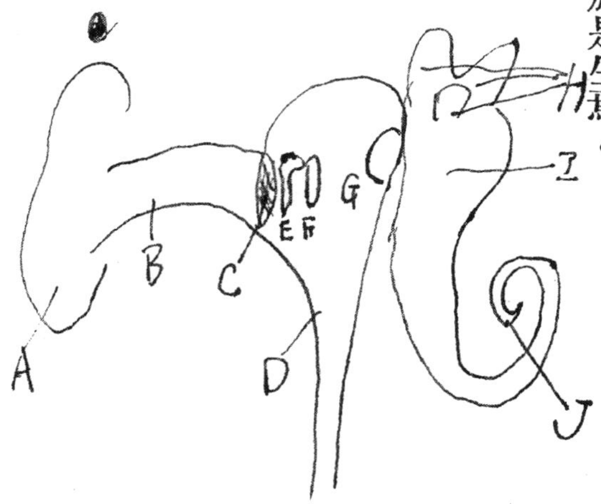

聽覺別而爲二；一爲樂音之聽覺，一爲噪音之聽覺。

聽覺之刺激爲空氣之振動（音響）。噪音之起，以不規則之音波振動爲原因；樂音之起，以規則之音波振動爲媒介。惟吾人所得之音覺，蓋以二者之混合爲多。音響有三屬性；一爲强弱，其二爲高低，其三爲音

艾華

色。

I 前庭

音之强弱，以波動之大小而生。如以鋼琴爲例，同是一音。而彈時之輕重即强弱之所由生也。

音之高低，以音波振動數之多寡爲比例， 振動數愈多則音愈高， 振動數愈少則音愈低。再以鋼琴爲例，同在鍵盤上之音，而在右方者較在左方者爲高；在左方者較在右者方波振動之數不同所致。詳言之，音之高低，以同一時間內波振動數之多寡爲比例。對於爲低，蓋音音之高低•吾人之感受性有其範圍。一秒間約二十振動之最低音及一秒間約四萬振動之最高音，皆吾人所能感知者也。試就鋼琴音列自左至右一一彈之，一音之上必有其類似之音，此較高之類似音之振動數實其較低之類似音振動數之倍。詳言之，若較低之音之振動數爲二〇〇，則較高之類似音之振動數爲四〇〇也。

何謂音色？音色以振動之形式不同而生。音之强弱，高低雖同，而猶有異點存在者，以其音色不同也。風琴之音與鋼琴之音不同，即音色不同所致。蓋風琴與鋼琴之組織不同，惹起風琴之音之運動與惹起鋼琴之音之運動亦不同、以基音所附帶之倍音之高低强弱亦異，由是而生音色，所謂振動之形式不同也。

以上所述音色之差異，係就樂器而言。音色不但由樂器發出之樂音有之。人類之聲音：鳥獸之聲音，水聲潺潺，風聲颼颼，同是音響，而吾人感受時之心情不同，亦即音色不同之故。再由吾人之感情上一述樂音與噪音之性質及作用，樂音出自樂器，以其由規則極正之音波構成，於吾人心情活動之傾向有吻合處，故使吾人發生快感。他若爆聲，銃聲，號泣叱咤聲，摩擦捶擊聲等皆為噪音。噪音由不規則之音波而成，於吾人心情活動之傾向有反對處，故往往令人不快。

聽覺與視覺同為智識輸入之門戶，於吾人之精神活動有關。巧妙之談話與微妙之樂歌俱自聽官傳來，而吾人對於此類刺激，或則慷慨淋漓，或則歡欣鼓舞。此等時分，吾人之心情之活動概屬眞純，足以養成美感與道德。故聽官之損失實人生之不幸。聽覺能感識聲音及運動之調律。吾人工作時，如以有調律之形式行之、必覺事半而功倍。老農老圃之栽種耕耘。土木金工之搥打鍛錬，類皆口唱謠曲，或彼此喃喃，作一種無意識之發語，以調律之音足以使工作容易進行也。談話之音調，詩歌之韻律，外國語之抑揚，無不有調律之素質。此調律之素質，實吾人人類自然所要求，而能感識調律之組織者，聽覺也。

初生幼兒，其聽官尚不適於音覺，三四月後漸能感覺低聲之唱歌，並能將頭傾向發出音響之方向，其後逐漸發達，至能辨音律，四五歲時，好樂歌之傾向益盛。教育者宜利用此傾向發揮其本能，以醇化其人格，增進其幸福；若令習於噪音，必至流於粗野。

第五章　味覺（Sensation of taste）

舌爲味之感覺機關。而能識別味之異質者則爲舌上乳狀突起中之味蕾。食物入吾人口中，其味質刺激味蕾。再以化學作用經由神經傳之味覺中樞，味覺于是乎起。味覺之刺激物概爲流動體。其質異爲甘，苦，酸，鹹四者（常人言辣，言澁，心理學上不以爲味覺）然吾人日常所經驗之味覺多爲四者之混合，且有其他感覺如溫覺，觸覺，嗅覺之關係。如茶味之質爲苦，而此苦之味覺以外更有香氣之嗅覺，溫度之溫覺，收斂性之筋覺等與之混合。試閉塞鼻腔飲酒，其味必較不佳，寒時一啖暖熱之物，其味必較濃厚。調羹之巧拙，恒以味覺，嗅覺，溫覺之調和之巧拙爲轉移。純粹之味覺，吾人經驗中絕少。

味覺之强弱固視刺激强弱爲標準，然空間上之廣袤亦與有關係。又以味之質異不同，感覺之强弱亦殊，自一般情形而言，酸與苦之感覺恒較甘與鹹之感爲强。舌面各部對於味之反應亦不一致。舌尖之於甘，舌根之於苦。舌兩端之於酸，其反應較强之部分也。又舌上有水生味覺之部分：玆事殆爲常人所未覺察

前在視覺章中曾言色之對比矣。對比現象，味覺亦有之。試於飲食鹹物或苦物後以蒸溜水滴入口中，則不覺其淡而覺其甜，又於飲食鹹物或酸物之後繼食甜物，則甜之强度必爲增加。此味覺之對比也。

刺激之繼續如何，於吾人之感受力頗有關係。刺激之繼續速而久，其結果必至減殺感覺之强度。就味覺言之，大嚼之餘。幾不能辨識食物之精粗，其以此也。但味覺亦可借練習作用益加敏銳。都市之人，其味覺較鄉村之人之味覺爲銳，無他，練習之結果耳。

第六章　嗅覺（Sensation of smell）

嗅覺機關爲鼻。而實際上使吾人發生嗅覺者則爲鼻腔上部之粘膜。粘膜面積約二百五

艾華

十平方米里密達，特有嗅部之稱。嗅部有嗅細胞，嗅細胞與嗅神經相連接。嗅覺之刺激物恒爲氣體。刺激之來，由嗅部經過神經傳至大腦，種種嗅覺於是乎起。嗅覺概就發出嗅味之物爲分類。故其質異遠不若視覺聽覺等之固定明瞭。心理學上有別爲九類者，今述之如左：

（一）精氣性之嗅味　如果實之氣味

（二）亞羅麻性（Aromatic）之嗅味　如樟腦之氣味

（三）芳香性之嗅味　如花之氣味

（四）安布羅基亞性（Ambrosiac）之嗅味　如麝香之氣味

（五）蒜性之嗅味　如葱蒜之氣味

（六）焦性之嗅味　如紙烟咖啡之氣味

（七）惡毒性之嗅味　如阿片之氣味

（八）山羊性之嗅味　如牛酪乳酸之氣味

（九）催嘔性之嗅味　如腐敗動物之氣味

以上所述種類，查爾德馬卡（Zwaardemaker）嘗主張之，言心理學者遂引爲一分類法，然尚未足以爲科學的分類。蓋各種氣味之質異不似，視覺聽覺，味覺之質異之明確也。

嗅覺器關甚爲敏銳，且富于變化，因時因人亦有不同。平常之人，其嗅覺之銳鈍如何，恒以嗅部之大小爲比例。動物中有嗅覺較爲精確敏銳者，以其嗅部之面積較大也。嗅感易於疲勞，其強度之減退甚速。有經過數分鐘其感覺即完全消失者，然有刺激中止後經過不久便能回復之特徵。

試備香氣不同之花各一枝，以其一置於左鼻，以其一置于右鼻；而吾人所得之感覺非爲二者之混合而爲二者之交替；是爲嗅覺之交替。

嗅覺與味覺同爲營養經過之重要關鍵，於選擇食物上頗有價值。吾人於有害身體之腐敗食物，未食其物，先識其氣，因不爲之所誤，此其值價之一端，動物發見食餌，強獸追捉弱獸，弱獸趨避強獸，均以嗅覺爲先驅。蝶之於花，其吾人所常寓目者也。人類之中，各個人及各人種均有其特別之嗅味。相傳美洲野蠻人之酒家保管多數顧客衣物，恒不施標識，返還時惟一一嗅取客人之氣味以合之。動物及野蠻人以嗅官爲輸入智識之門戶，較之吾人，其用尤大。開化人民，其獲得智識，要以視覺聽覺爲最。味覺嗅覺，則需用甚少。故嗅覺有下等感覺之名。然嗅覺影響於吾人之感情甚大，凡香味之物，均足令人發生快感；嗅味之物，則易使人發生不快。嗅覺足以促進吾人之衛生及審美，其價值雖不似觀覺聽覺之爲重，而究不能以爲下等感覺而忽之也。

第七章　皮膚感覺（Sensation of skin）

皮膚感覺以皮膚表面爲其總機關。常人以皮膚表面較無變化，故以爲感覺器官之最簡單者。然僅近來學者之研究，皮膚有四種感覺；四者之中，有以壓迫之輕重發生者，有以溫度之高低發生者。以壓迫發生者爲壓覺痛覺，以溫度發生者爲溫覺冷覺。以下逐節言之。

第一節　壓覺與痛覺（Sensation of presure and sensation of pain）

壓力刺激皮膚時，吾人發生壓痛兩感覺。試以物體壓觸皮膚表面，則生壓抑之感，是即壓覺。發生壓覺之點曰壓點。壓點分布皮膚表面，一平方生的密達面積中少者九個，多者三百。壓覺之起甚爲容易，約一米厘格蘭姆以上之重量便能使吾人發生感覺矣。再以銳利之物刺激皮膚，每每發生疼痛之感，是爲痛覺。發生痛覺之點曰痛點。痛點密佈皮膚表面，其數一平方生的密達面積中約有二百以上。

世人每以壓覺之强者卽爲痛覺，其實不然。自感覺對於刺激之反應時言，壓覺速而痛覺遲，此其一特徵也。身體之中，有但覺壓抑而不覺疼痛者，此又其一特徵也。試以『哥加音』注射皮膚，則可破壞其痛覺而壓覺仍無恙，此又其一特徵也。由是以觀，壓覺痛覺，二者自有不同。所謂壓覺之强者即爲痛覺，誤也。

物體壓觸吾人身體時，吾人不難知其被壓觸之部分，是爲壓覺之定位（又稱壓痛之局部徵驗）。壓覺之定位各處不同。據學者之研究，謂舌尖，指端最爲精密；背中央最爲遲鈍。如以觸覺計實驗舌端，則相距僅約一米里密達即能識其兩點。若唇若額，則非增加其距離不知也。今列舉各部之壓覺之定位之差異如次：

舌尖・・・・・・一（米里密達）

指端・・・・・・二

唇・・・・・五
額・・・・・・二三
手背・・・・・・三一
膝・・・・・三六
足背・・・・・五四
背中央・・・・・六八

據上列距離觀之，足知壓覺之銳鈍，身體各部大有不同。但此亦非絕對的價值。精神疲勞時，此種價值必爲增大。學童上課前與下課後之差異尤爲顯着，其一證也。

吾人以壓覺之作用得知物體表面之情形。方圓，粗細，軟硬，乾濕，滑滯等之知識，其成立之有賴於壓觸者至鉅。物體之大小形狀之知覺，視覺以外，亦多依據壓觸。以壓觸爲基礎之判斷，足以構成吾人之確信。只賴視覺而不加以壓觸之判斷，嘗有陷於誤謬之弊。插入水中之棒，不以手觸之不信其爲直，此一例也。故壓觸之感覺足以資助吾人，使吾人理會吾人周圍之事物。

外界之壓迫，抨擊，高熱，酷冷等刺激均足以惹起吾人之痛覺。痛覺之質異，概以刺激之性質爲區分，如燒傷之痛，刺傷之痛，搔傷之痛、咬傷之痛等，然未足以云完善之區分也。痛之感覺，其功用甚大。蓋以吾人身邊之危險報告吾人，並令吾人講求防禦手段，得收保存個體之效也。視覺有殘像，痛感亦有此類現像。刺激既去而痛覺尙存，非吾人所深悉者乎？又痛感之經過漸久，則疼痛之程度漸衰，以習於痛覺，則感情漸鈍。至專心從事研究或事務時，每每忘却痛感，亦吾人所共知者也。

第二節　溫覺與冷覺（Sensation of warm and sensation of cold）

溫覺與冷覺總稱爲溫度感覺，今併二者論之，此兩感覺之刺激爲外界之熱，其發生以吾人自身之溫度爲規定。詳言之，吾人之有機體之溫度與外界之溫度相當，不令吾人發生溫冷時。則謂此溫度爲『生理的零點』。此點約在攝氏三十度附近。低於此點之溫度刺激皮膚則生冷，高於此點之溫度刺激皮膚則生溫。再低則生痛覺。再高則生灼感。溫度感覺雖自皮膚表面而發，然詳細言之，溫覺之生，以有溫點也；冷覺之生，以有冷點也。自其分布之情形言之，平均一平方生的密達面積中冷點十三，溫點僅得二耳。溫點與冷點分布之多少、關係感受性之强弱。眼皮，額，頰等最爲鑱銳；其次則爲胸，腹，手腕等：其最遲鈍者。則足與腿也。溫覺與冷覺性質上彼此不同，非僅程度上之差異。冷點只能發生冷覺，其證一也。體中有缺溫點處，其證二也。某項藥品只能刺激溫點，某項藥品只能刺激冷點，其証三也。

第八章　運動感覺（Sensation of movement）

運動感覺以筋肉及關節之運動而發，吾人緊閉眼簾或身居暗室時均能知悉吾人自身之位置及手足之運動；以有運動之感覺也。此感覺亦如視聽諸覺爲一獨立之感覺。據種種病理的研究，病人中有不能自覺其身體之所在。與手足之運動者，是常人必有運動感覺之明證也。吾人運動之時，筋肉必爲之收縮，收縮則粗大，以此之故，筋肉細胞中之神經末端致受壓迫，以壓迫而生興奮，因興奮而生感覺。此運動感覺發生之順序也。要之，此種感覺由腱與關節所發。故運動感覺者，實又筋覺腱覺及關節感覺之總稱也。

第九章　平衡感覺（Static Sensation）

吾人於聽覺章中已畧述聽官之構造矣。聽覺之內耳爲三半規管及蝸牛殼兩部組成。三半規管及其附近之器官卽平衡感覺之器官。而半規管及蝸牛殼又統稱爲迷路，故平衡感覺又稱爲迷路感覺。此項感覺，實近世所發見之感覺之一也。何謂平衡感覺？吾人之身體是否保持平衡之覺也。人體之運動有時失其平衡，於是惹起半規管內淋巴液之震動，液體之動搖又惹起內側所有之細胞之興奮，此興奮再以神經傳之大腦，大腦以其反應發生運動，而既失之平衡乃得回復，足以察其功用之鉅。半規管與吾人之運動及位置相關如是其切，故此管若有損傷，調節作用便形困難，甚有完全失其作用者。調節作用一失，則身體之平衡將無以保持之矣。學者每以動物—鴿類或魚類—實驗平衡現象，去其半規管，輒見被實驗之動物踽踽不能自立。其在人類，則眼球運動應生障碍，蓋身體之旋回運動與眼球亦有關係也。吾人有時頭昏眼花，實以半規管內之液體動搖過度所致。如眩昏過甚，至有發生嘔吐現象者，亦原因於淋巴液之動搖也。

第十章　有機感覺（Organic sensation）

上述各項感覺之外，人體中尚有其他感覺之存在，惟其機關尚未十分明瞭。故總以有機感覺稱之。蓋爲消化及血液循環等有機狀態所發之感覺，以有有機感覺之名。以其無

艾華

一定感覺機關，故又稱通感：或人又以一般感覺稱之。饑渴之感覺，腹痛之感覺，胃痛之感覺等，卽所謂有機感覺也。饑感發於胃之粘膜，渴感生於咽喉上部及口腔後部，然其機關與神經究尙不得其詳。自有機感覺發生之意識但爲一種快不快之漠然狀態，其性質頗與感情相近。此項感覺能以吾人身體內部之情形報告吾人，於人類生命之保存上具有重大使命。饑渴之感覺足以引起探求飲食之行動，體內之障礙足以引起講求衞生之方法；此其職能重大之一例也。若由快不快之作用而言，更見其與吾人精神作用有關。

以上各章所述諸感覺中，視覺，聽覺，味覺，嗅覺，皮膚感覺五者爲外感覺。運動感覺，平衡感覺（迷路感覺），有機感覺三者爲內感覺。外感覺之機關卽古來所稱「五官」。今者，學述昌明，吾人雖亦用之「五官」二字，而心理學上之感覺與其機關均不僅五項已矣。

- 感覺
  - 外
    - 視覺 — 光覺、色覺（四）
    - 聽〃
    - 味〃
    - 嗅〃
    - 皮膚感覺
      - 痛覺
      - 壓〃
      - 溫〃
      - 冷〃
  - 內
    - 運動感覺
    - 平衡〃
    - 有机〃

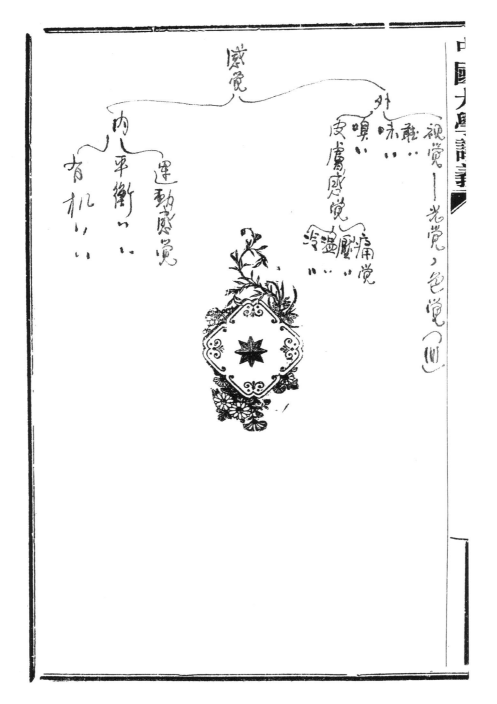

第十章　知覺之意義

知覺者，對於事物之本體之覺，卽事物在吾人面前，吾人以該事物爲一統一之全體而知悉之覺察之之作用也。設有一書於此，外殼之紙爲綠，內容之紙爲白，紙上之字爲黑，以手持之則覺其重，顫之則覺其聲；其色，其光，其重，其聲各爲一感覺。然吾人對於此書，必有一「書」之意味。此「書」爲一有統一之全體；其含有之光，色，音，重等之感覺決非孤立存在者也。兒童生活中，其過去之經驗薄弱，或有單純之感覺而無統一之知覺。成年之人，其生活之內容豐富，殆無單純感覺之存在矣。知覺作用有二性質：其一爲統一性，其一爲類化性。今爲叙述如下：

（一）知覺之統一性　再就前例而言。書之爲物，以係結合種種要素而成，故其給與吾人之感官的興奮亦多。感官的興奮既多，則感受之感覺亦異。書有其形，有其色，有其重量，有其粗細，冷覺溫覺或亦俱焉。然吾人之於書，不重其形色，重量，粗細，或冷熱之感覺，亦不以書爲此等感覺相積之總額，而獨以爲一有統一之全體而知覺之。再就一樹，一石，一筆，一硯而言，樹，石，筆，硯中之感覺雖多，而樹，石，筆，硯自各有其特色。其特色即其統一性之所寄。故曰，知覺有統一性也。

（二）知覺之類化性　吾人之於外物，其形狀如何，不僅在被動地位受納其印象已也。吾人有自動之能力；印象之來，必徵諸過去之經驗以爲解釋之標準。更就書籍之例而言，書之表面固爲長方形，然此自上方直視時爲然耳。若自一般映入吾人眼中之書而言，書之表面蓋爲不等邊菱形也。以云感覺則爲不等邊菱形，而徵諸吾人過去之經驗，知書面非不等邊菱形而爲長方形。海際航行之輪船，其映入吾人之視官者形狀至小；然吾人不以之爲輕舟而以之爲巨船。此以過去之經驗解釋感覺印象之明證。凡所遭遇，無不類推而解釋之，以明外物之價值。此眞相即類化性之所寄。故曰知覺有類化性也。

由是以觀，知覺作用之起，必以現在之感覺及過去之經驗爲要素。而過去之經驗，又以觀念記憶等爲其內容。故觀念記憶於知覺作用頗有關係。觀念不明則知覺必誤，記憶不確則知覺必誤，此自然之理也。聞素未學習之外國語毫不識其意義，即欲模仿其發音亦所難爲，以無過去之經驗補其感覺之故。要之，知覺者，以過去之經驗解釋感覺，以事物爲一全體而受納之之作用，以過去之經驗解釋感覺印象而付以意味之作用也。知

艾華

覺有空間知覺與時間知覺二者。以下逐章言之。

第十一章　空間知覺(Perception of space)

吾人對於外物必言其位置，詳言之，必有其前後，左右。上下，遠近之意識。前後，左右，上下，遠近之距離，物體與空間之關係也。欲識空間之關係，須以壓覺，視覺，運動感覺等之活動爲媒介。茲就壓覺，視覺，運動，感覺等構成空間觀念之情形一一述之。

（一）原因於壓覺之空間知覺。如於皮膚表面之刺激有時但爲一點，而吾人便知其點之所在，此原因於壓覺之空間知覺之最簡單者也。吾人感受此點之刺激，當緊閉眼簾猶能道其位置，並知甲處之刺激異於乙處之激刺。此壓覺之『局部徵驗』之功用，然此中有感覺複合之關係　遠溯吾人過去之經驗，刺激加於皮膚表面時發生壓覺，同時又發生視覺。蓋皮膚被外物壓觸，吾人必以眼詳視其部分。日復一日，年復一年。歲月愈增則經驗愈富，而壓覺與視覺之間遂發生一定之聯絡，至不用視覺亦能識其被觸部分而構成視覺的觀念也。以有此視覺觀念，故能知覺刺激之所在。然原則因於壓覺之空間知覺自非壓覺自身原有之作用，而其『局部徵驗』與視覺心像複合之產物也。換言之，兩者互相聯絡、互相輔助，而原因於壓覺之空間知覺始生。此類聯絡，其得力於壓覺之作用固大，而視覺之功用亦不可沒。

先天之盲人，其初固無視覺之補助，而猶能獲得空間之觀念，知覺外物之位置者，蓋得力於運動感覺之補助也。當刺激壓觸皮膚表面時，彼等恒使手腕運動以摸擦被觸部分，以此運動而生筋覺、腱覺，關節感覺，原以知其位置焉。此經驗反復既久，則手腕雖不運動亦能構成運動感覺之觀念。運動感覺與『局部徵驗』相結合，而盲人之空間知覺於是乎起。

就吾人自行運動手足時之情形言之，吾人雖緊閉眼簾猶能識得手足之運動及其位置者，純爲運動感覺之作用使然，並無壓覺之作用以補助之也。際此時分，運動感覺蓋爲空間知覺之基礎矣。吾人之四肢運動時，因各部之形狀位置不同，故所得之心像及感覺亦異。詳言之，腕之運動之感覺與膝之運動之感覺均有不同，更以心像作用資助之，而空間知覺於是乎起。以是知運動感覺有類乎壓覺之『局部徵驗』之作用也。以有此項作

艾華

用，故盲人能得空間之知覺。要之，常人之空間知覺以視覺，運動感覺，壓覺之『局部徵驗』等爲根基：而盲人之空間知覺則以壓覺之『局部徵驗』及運動感覺爲其根本。壓覺之於盲人，猶之視覺之於常人，實爲構成空間知覺之要要素，其功用至大。使盲人而不觸接外界之物，則手足身體之運動及位置之觀念必不明瞭。盲人起居步履之必用杖者，以欲利用外部之壓觸也。彼等之於壓觸，相依爲命，日事練習，故其壓觸之感覺甚爲敏銳。彼等以一杖之助，竟能遇墻壁而不相衝，左右轉而不致誤者，即以其壓觸之感覺敏銳之故也。蓋身近墻壁則大氣之加於額上者必不同；足音之發於地上者亦不同，此其步履安全之原因。至盲人指端之銳，更爲常人共知之事。

以上所述爲四肢之運動及位置之空間之情形。今更就身體之姿勢及運動之知覺述之。身體之位置，必以頭部之位置爲準據。蓋於頭部之位置之空間觀念加以觸覺及運動感覺而知覺全身之姿勢也（頭之位置，又以內耳之三半規管所發之感覺等爲準據）。

再將以上所述總括之，則吾人可以知悉三種空間知覺之過程；其一爲物體接觸身體時之空間知覺，其二爲運動手足之空間知覺，其三爲身體之姿勢之空間知覺。空間知覺之重要過程具於是矣。

今更一述物體之形狀大小之知覺。吾人對於外物每每迴運手腕而觸察之，始能得其明瞭之觀念。詳言之，蓋以壓覺及運動感覺之作用知覺物體之距離方向並知悉其輪廓位置之情形也。試以手指摸觸外物，則可以得一壓覺，今以手指移動於物體各方面時，卽得運動感覺。並有一種聯續的壓觸感覺同時發生。此壓覺與運動感覺又以物體之大小形狀而異其趣。外物之大小形狀之知覺，蓋由是而得也。而此類知覺又以手指摸觸運動於物體之輪廓時爲更明瞭，若以手掌摩觸物體，則其知覺尤明。蓋以『局部徵驗』所得之種種觸覺爲準據，故知覺又較完全也。吾人之於外物，小者以手握之，大者以腕抱之；遂能悉其全體。此皆觸覺與運動感覺複合之功用也。

（二）原因於視覺之空間知覺。前節所述原因於壓覺之空間知覺，係以吾人之四肢（其實多用手腕）直接摸觸爲根據。惟吾人之四肢所及之距離及廣袤有限，故所得知覺不能完全。若以視覺爲準，不惟吾人身邊之物可以知覺，即遠隔之物亦能知之，且知悉物體之廣袤尤大。故基因於視覺之空間知覺，較基因於觸覺之空間知覺較爲完全。詳察此類知覺之過程，其得力於運動感覺者至鉅。以下就形狀大小之知覺，距離之知覺，立體之知覺及運動之知覺等一一述之。

（甲）形狀大小之知覺　根據於壓觸之感覺之形狀大小之知覺由運動手腕所得之感覺發生。根據於視覺之形狀大小之知覺以運動眼球所生之感覺而得。就視覺論，同爲網膜上之像，而映於中央時之感覺較爲敏銳映於周邊時之感覺較爲含糊　故吾人欲明察物體，必以眼球運動使映像落於網膜中央，此爲眼球之調節作用。眼球由三對筋肉供其使用，故能運動自由。三對筋肉中：司內外運動者爲內外直筋；司上下運動者爲上下直筋；司上下斜動者爲上下斜筋。眼球運動時，其運動之方向大不同，因生種種運動感覺。空間知覺又得力於此種感覺者也。設於A B二視點（被視之物之中心點曰視點，視點與黃點相連之線曰視線）於此　吾人若將A視點移於B視點則A b線之長短方向，其眼球之運動感覺之量與質也。換言之，眼球之運動之方大小向即外物之知覺之方向大小之所由定。然吾人有時不使眼球運動亦能識得物體之形狀之大小；以是知眼球運動以外必有他物以補助吾人之空間知覺之成立。蓋由網膜發生之感覺，其映象之部分不同，其敏銳之

艾華

程度亦異；此與壓覺之『局部徵驗』同一情形之徵異也。以網膜上有此徵異故不令眼球運動亦能以映像之位置之差異而異其感覺。要之形狀大小之知覺，須經過種種過程而成立。而眼球之運動之感覺及網膜之映像之感覺實爲其根據。

（乙）距離之知覺。物體之遠近，得以吾人之四肢測之。常人見一物體，常謂該物相去吾人幾何（距離）。物體與人相隔之遠近，質言之，蓋謂吾人欲接觸此物時應消費之筋力之多少也。就視覺之活動言。吾人知覺距離，必有一種感覺以爲知悉距離之符號。先就隻眼知覺言之，物體之距離不同，則吾人調節眼球之動作亦異。調節運動所生之種種感覺，其能作知覺距離之符號者也。眼球有水晶體，水晶足以屈折光線，且能自由伸縮以異其屈度。運動之時，以其韌帶之緊弛不同，故吾人所受之感覺亦異。此感覺之強弱即知覺距離之符號也。雖然，此特就隻眼言之耳。隻眼之知覺甚不完全，即欲完全知覺距離，必以雙眼知覺之；而兩眼眼球之協同倘焉。吾人欲明察物體時，必以兩眼之視線集於一要點：而兩眼之相對的位置，恒以物體之遠近而異其趣。換言之，左右兩眼之視線所形成之角度有其大小也。由遠物體移視近物體時，此角度必增大，由近物體移視遠物體時此角度必縮小。角度之增縮不同，眼筋之運動感覺其異。此運動感覺之差異，實以距離爲遠近報告吾人者也。惟此係就一般情形而言。若物體之距離過遠，則又不能不借助他物以爲知覺距離之手段。物相之大小，光線之明暗，色彩之飽和等又爲足以資助吾人知覺遠處物體之物之條件也。物相之大小足以判別物體之遠近，豈非常人共有之經驗乎？

（丙）立體之知覺　立體之知覺可視爲平面知覺之特殊方面。蓋立體云者，畢竟爲有遠近之差之種種平面之合體也。然亦有其特殊之原因。今爲略述如次。吾人注視平面物體時。兩眼網膜上之映像恒同，而注視立體物體時，則兩眼網膜之映像不同。此種差異、尤以距離不甚遠時爲最。試置一箱於吾人面前視之，吾人之右眼概視其右側，左眼概視其左側。試以手掩蔽隻眼，又能識其差也。且自兩眼與物體間之距離言之，左右又畧有差異。是映像雖同而網膜上之位置則異矣。吾人能有立體之知覺者，其以此也。此屬於近距離之物體之例。若距離漸遠。則此差異漸微，遠處之立體物體看去宛如平面者，職是故耳。

（丁）運動知覺　運動知覺以兩方法得之。其一是以眼追逐運動物體而直視之，當此之時，眼之運動感覺及連續之物體映像之感覺生焉。此感覺之聯合即運動知覺之所由生也。其二是不令眼珠運動，但在斜視範圍內斜視運動之物。此時雖無運動感覺發生，而網膜各部之映像不同。此映像之感覺之聯絡又實爲外覺運動之源泉也。

綜觀以上所述，知空間知覺之起，必以視覺，壓覺，運動感覺爲根據。三者互相補助，互相聯絡。空間知覺始得完全。就中視覺之功用尤大。外物之形狀，大小，距離等之知覺大都得自視覺，壓覺與運動感覺之功用較少。此限與耳同爲知識之門戶，於諸感覺機關中占有最重要位置之原由也。聽覺亦有知覺空間之力能，惟其作用殊不完全。

第三章　時間知覺

時間知覺以運動感覺有機感覺（如呼吸）等爲媒介。而時間觀念之要素則爲事物之變化與旋律之刺激。吾人身體各機能之運動均有律動之素質。心臟，呼吸，手足之運動，其始終起伏恒有調律，此爲時間知覺上最有效用之物。以其運動極有規則，自時間上言之恒有一定之長度也，時間之長短。自心理上言之，可以分而爲二。其一爲三四秒以內之時間，其一爲三四秒以上之時間。今彙述如次；

（一）四秒以內之時間　四秒以內之短時間，吾人以呼吸之律動及緊張之變化之作用知覺之。鐘錶之擺動搖時、吾人能識其音與音之間之時間，其一例也。蓋呼吸之次數與緊張之程度相同時，吾人即可下一「時間之經過亦同」之判斷。要而言之。緊張之度與呼吸之數俱足爲知覺時間之標準。試卽以鐘擺之音言之，一音入於耳鼓便生一音之聽覺，而同時又發生預期第二音之緊張。且緊張之度漸增，至聽得第二音而後已。緊張增加之情形若同。則經過之時間亦不異。故謂呼吸與緊張爲時間知覺之標準。但此亦就三四秒之短時間而言耳。

（二）四秒以上之時間　四秒以上之時間，恒以其時間內發生之事件之多寡爲判斷。事件少之時間則覺其長，事件多之時間則覺其短。族路匆匆，凡所遭遇概屬新奇，故時間之經過較日常生活之時間爲短。待人之時，吾人之注意偏向一事，心中殊乏變化，故覺時間之經過較長。思慕之切，至有『一日三秋』之感，其以此也。要之。時間之知覺以緊張呼吸及事件之多寡爲標準。知覺四秒以內之時間以緊張，知覺四秒以上之時間以事件。

時間有過去、現在，未來。過去，現在，未來之時間觀念何以成立乎？此一饒有趣味之問題。世人有巧爲辭說以否認現在之存在者矣。其言曰；吾人而欲捕捉現在，所謂現在者實已過去，行雲杳杳，無由蹤跡，過去巳去，未來不來。所謂現在者安在哉？此未始非無理之言也。然不過一片之理論耳。自心理上言之，所謂現在者實有其時間上之連續，至論理上之瞬間。則不能引爲吾人之精神作用而意識之。吾人於前論意識之作用云；意識者，現在之心，瞬間之心也。光線音響之來，吾人以神經作用受納而感覺之；對於光音之感即是意識；意識光音之瞬間卽是現在。故能引爲精神作用而意識之瞬間已微有其繼續。足以證明現在之存在也。 今試一究意識之變化，知出沒於意識之形式中者實繁有物。前仆後繼，無時或息。逝者流於過去之中，來者存乎未來之內，過去，現在，未來之觀念之起，以卽意識中之種種觀念爲準據，意識範圍內之中心觀念覺得最爲明瞭。吾人有項意識即現在也。意識範圍內之周邊觀念漸次含糊。吾人有此項意識時即過去或未來也。吾人遠遡既往，必覺某觀念曾爲吾人意識中之物。一事過去愈久，則該事之觀念在吾人意識中愈不明瞭。此爲過去與現在不同之徵驗。若存於未來之物，則以漸近於意識範圍而增其明瞭之度，至爲意識中之觀念之中心，而益見其明瞭。未來之物，雖不爲現在，而以能進爲現在；故吾人於此必有預期之感。此預期之感之增加。即是形成未來之過程。無預期之感情。卽無未來之觀念。此吾人悉應首肯之事實也。

第四章　知覺之錯誤

吾人在前兩章曾述知覺發生之過程矣。然吾人之於外物，每有不能得其眞相而陷於謬誤者。是爲知覺之錯誤　見長繩之蜿蜒疑爲蛇。睹白衣之夜行疑爲鬼，其知覺之錯誤者也。錯誤之知覺有兩種；其一爲錯覺，其一爲幻覺，茲有分節述之

第一節　錯覺（Illusion）

錯覺者。錯誤之知覺也，錯覺之原因有二：其一爲客觀的原因。其一爲主觀的原因。客觀的原因，指足以惹起錯覺之外物之狀態而言。主觀的原因，指吾人之精神狀態之足以惹起錯覺之傾向而言。然其中不盡有此嚴密之區劃也。今就以客觀的原因所引起之視覺上之錯覺言之如次。

原因于視覺之空間知覺，其得力於運動感覺者甚鉅，吾人於第二章已詳言之。外物之來，若具有惹起運動感覺之錯誤之條件，則吾人於其形狀，大小，距離等必生錯覺。同長之線，自常人之肉眼視之，垂直者較水平者長。以是類推，正方形外形上似覺稍類長方。蓋眼球之運動，左右動恒易而上下動恒難。線長雖同，而知覺此線時所受之運動感覺不同，致有此類錯誤之知覺也（參看第一圖之正方形）。

第一圖

第二圖

此類錯覺之生，與其謂其原因在於外物，毋寧謂其原因存乎眼球。申言之，眼球之上下動較左右動爲難，其此類錯覺發生之主因也。然又有同爲客觀的原因惹起之錯覺，而性質稍有不同者。試以一直線等分爲二。再以短直線切其一，則被切之部較未切者看去必較長矣（第二圖）。

第三圖　　第四圖

又暗畫正方形平面甲乙二個，以縱線表其甲。以橫線表其乙。而自外形上觀之，則前者（甲方形）橫長而後者（乙方形）縱長，兩圖俱不似正方形也（第三圖）。

以眼球運動之關係引起之視覺上之錯覺，其例甚多，更爲數例以明之。如第四圖所示正方形內之平行線，以爲多數小直綫所切，故外觀決不平行。第五圖亦類此。至最顯著之錯覺，則莫若第六圖所示之例。

第五圖　　第六圖

以上所述爲以客觀的原因引起之錯覺。至以主觀的原因引起之錯覺，則指前述以繩爲蛇之類而言。此類錯覺，不問其一時的與永久的，皆以精神狀態變異所致。人當恐怖驚愕之際，每覺四面楚歌，風聲鶴淚；此常人所有之經驗也。此種經驗，其成因恒在主觀，故稱其錯誤之知覺爲以主觀的原因引起之錯覺。病狂之人，每起一種妄想，深懼爲人陷害，風聲鳥語，疑是害已之人。此類錯覺，亦吾人所嘗見聞之事實。

第二節　幻覺（Halluc nat on）

錯覺雖不得事物之眞相，然多以外物之刺激爲其誘因。幻覺則不然。幻覺之起，不必以外物之刺激爲條件。外界毫無刺激，而宛似感受刺激發生之知覺卽是幻覺。癲狂之人，每每仰天笑罵，喃喃自語，一若其面前有許多現象者，幻覺之謂也。然錯覺與幻覺二者，其性質決不能完全區分。患精神病之人之幻覺，其初概以身體之異狀而起，身體之異狀足以惹起錯覺，及意識之紛亂益增，則錯覺漸近於幻覺，遂不以外物之刺激而想入非非，譫讛滿口，至成夢幻之知覺矣，精神病者有自信爲神所崇，視家人之來，輒以爲靈魂現身：久之，而燕居獨處，憑空呼有人來，且懼靈魂之拘已也。或則大聲呼救，或則倉皇趨避，或即手舞足蹈，作相撲抵禦狀，竟至力絕聲嘶，汗涔涔下。此即幻覺之例，亦世間實有之事，不足爲異也。

狂人之有錯覺幻覺，以其精神作用異於常人，而精神狀態之變異，又多原因於身體狀態之變異。普通之人亦有以一時之精神狀態惹起錯覺幻覺者。如心身疲勞，夢寐恍忽，服用興奮藥品，感情激昂時所發生之錯誤知覺即其適例。是錯覺與幻覺二者，其中並無嚴密之別也。神經過敏，想像豐富之人，其錯誤知覺殊多。天才偉人之幻覺更所常見。德下爾特（Descartes）出獄後嘗聞『德卡爾特乎，勿忘眞理之爲貴也』之聲。鵝鴞（Geo he）嘗見與彼相貌相同之人在其目前。斯可特（scott）謂彼嘗見死後之擺瓏（Byron）。諸如此類，皆偉人哲士富於幻覺之明證。書史傳說中每載宗教之開祖親接神之現身，固難免爲後人所附會。然專心渴念之餘，致生與神接觸之幻覺，亦理所必至也。錯覺與幻覺二者，以屬於視覺者爲多；聽覺次之；至味覺嗅覺，則其例絕對少。

第五編　論觀念　記憶，想像

第一章　知覺與觀念

綜觀前編所述，何謂感覺，何謂知覺，吾人當已識其大概。今請爲述觀念。設有「薔薇」於此，吾人於其形狀，顏色，芳香，滑膩等之感覺外，必以爲一有統一性之物而知覺之。知覺之作用，不以其感官的刺激旣去，而遂煙消雲散，杳茫無踪者也。使過去之經驗以刺激一去而遂消失無踪，則吾人之精神生活將不能成立，而類於朝生暮死之微生物矣。知覺有知覺之對象，知覺之對象者，感官刺激之所聚，而知覺之統一性之所鍾。吾人有把住（保持）印象之能力，故知覺之對象雖去，而對象之像常存。對象之像保持於吾人心中，恒有再生之傾向。此再生之知覺卽是觀念（或稱表象）也。申言之，離却事物而浮於心中之事物之像謂之觀念。心理現象，由感覺而知覺，而觀念。種種高等精神作用，俱以觀念爲基礎。觀念之成必由事物：而事物之外又常以語言爲要素。語言者●又統一各觀念必需之符號也。不觀「薔薇」二字實爲表現此特別之花（卽薔薇）之觀念時所必需之名稱乎？至所謂把住作用，則以神經中樞之把住能力爲基礎。刺激於大腦有潛在之性質，大腦各部又互有聯絡。一刺激之起足以惹起全知覺之再生。見聞一物而足以引起一事物之觀念者，職是故耳。知覺與觀念二者互有不同，茲爲一言以說明之。

（一）强度之不同　知覺作用活動時，其中之感覺要素特有生氣，故吾人之意識活潑新鮮。觀念則不然。觀念有如陰影，缺少活氣；故意識之程度不同。觀念中之雷鳴不足令人恐佈，觀念中之太陽不甚覺其光輝，觀念中之光線不能給吾人以溫暖之感覺，其證例也。觀念亦稱「表象」，吾人當於此名詞中悟其意義矣。然亦有觀念明瞭類似知覺並能惹起與知覺作用同一之感情者。如厭惡之食物之表象足以惹起嘔吐卽其一例。但非一般之情形耳。

（二）密度之不同　觀念有概括的性質，較之知覺，不過得其大概。然此實保護心力之一必要傾向。直觀之經驗愈多，則觀念之形成愈畧。若無此撮要棄繁之傾向，則心力之消費必多；此於形成種種高等精神作用上至爲不利。婦人女子及一般無教育之人對於事物較有細密之觀念者，以其使用心力不似吾人之繁也：至博物家，建築家，畫家之有細密觀念，則爲練習工夫所致，不足以爲一般之標準。

艾華

（三）虛實之不同　知覺以外物之刺激而起，故有突如其來，侵入吾人意識範圍之概。觀念則不然。觀念既與外界之刺激分離，吾人可以自由喚起之，蓋爲吾人之所有，可以隨時利用者也。約言之，知覺之起原在神經末端，觀念之起原在神經中樞。末端之起原實，中樞之起原虛。故曰虛實不同也。

（四）運動之不同　欲得知覺之效果，必以身體諸機關之運動爲媒介。對於光線音響之刺激，吾人必調節眼耳以受納之，職是故耳。觀念固亦有相當之生理的條件—運動，然不似知覺時之運動之顯著。不觀形成觀念不必有一定之姿勢及運動乎？故曰運動有不同也。

第二章　觀念聯合（Association of ideas）

知覺與觀念之內容上之區別俱於前章述之，今將述觀念之聯合。吾人之經驗既富，吾人之觀念自多，此自然之理也。在多數觀念之中，一觀念之再生足以引起他觀念之復現。此相關復現之狀態即所謂「觀念聯合」。如甲觀念出現於先，且以甲觀念之媒介而乙觀念繼起於後，則甲乙二觀念必爲吾人經驗中互有關係之觀念。換言之，吾人經驗中互有關係之觀念，復現時亦常保持其連帶之關係。試閉目內省，當能領悉此種心理之過程也。如與故人相遇，致想起曩昔同學之學校，以想起同學時所居之學校，致想起學校之圖書室及運動場，更以想起昔日學校之圖書室及運動場而想起現今某校之圖書室及運動場，更進而想起與現今某校之圖書室及運動場有關之種種事件：瞬間之內，想念續出。故曰觀念之聯合也。觀念聯合之說創自希臘之亞里士多德（Aristotle）。近世密爾（Mill）等聯想學派諸學者繼之，並嘗致力於其研究，欲以聯想作用說明一切心理，惟所說今不適用矣。亞氏所謂聯想者有四，今列舉如左：

（一）接近聯合　凡空間上有接近之關係之經驗每有聯合之傾向。如以東西車站聯想及前門者，接近聯合也。

（二）繼續聯合　凡時間上有繼續之關係之經驗每有聯合之傾向。如以甲，乙，丙，丁，聯想及戊，己，庚，辛者，繼續聯合也。如追懷幼年時代而想起竹馬之友，亦繼續聯合之例。

（三）類似聯合　性質類似之觀念每有聯合之傾向，如見雪聯想到鹽，登泰山而聯想到遊廬山者，類似聯合也。見芍藥想到牡丹亦是類似聯合之例。

（四）反對聯合　性質相反之觀念亦有聯合之傾向。如以白聯想到黑，以夏聯想到冬者，反對聯合也。

亞氏之說如此。其一二兩種聯合雖有空間與時間之分，要都不外爲一種的接近的聯合。今更自聯合自身之性質上分類，觀念聯合可以別爲同時的與繼續的兩種如下

觀念聯合之種類
- 同時聯合（Simultaneous association）
- 繼續聯合（Successive association）

設吾人靜坐一室，凝意讀書。若有馬蹄囂囂經過吾人耳鼓，則吾人對於此馬蹄之音，其聯想有二：際此時分，可覺馬之驅馳暗映心中。若當日曾一見馬之驅馳，則馬之心像尤明，「馬」之一字亦能現於腦裏。計由馬蹄之音響聯想及馬，使腦中有馬之　，其經過幾不容疑。故此種聯合稱爲同特聯合。

然吾人之想念，其行程殊不止此。于是聯想飛馳，更進而想起素來所經驗之事。如某日在某處見一軍官落馬，傷其足，墜于地，偃臥不能起：路人相集勒馬，擁扶軍官：凡

艾華

此之事，皆能以聯想作用一一想出。且能更進一層，想到于路人中得遇舊友，彼此傾談近狀，迎之吾家，饗以酒食，今則游學異國，別後又幾經歲月。歸來不久矣。聯想作用，由此至彼川流不息。突聞鐘聲鏘鏘，始覺以馬蹄之音，想念紛馳，徒費時光，乃復繼續讀書。聯想之推移所費之時間較長。故此類聯合稱爲繼續聯合。

同時聯合之模範形式有二：其一爲類化，其一爲語言。今並二者一一述之。

（一）類化　凡觀念形成後，但有其要素之一部卽能引起其全體，毫無重新建設之必要。今以外界之刺激發生與此刺激相當之觀念，則與此觀念關聯之觀念亦隨之而起。此類聯合是謂類化。蓋類聚聯絡，新舊觀念文以形成系統，此於整理智識上至爲方便之作用也。吾人暗中摸索物體，得其爲椅爲棹，閉目聞香。知其爲蘭爲梅。此無非類化作用有以致之。國知書籍之讀過者。復讀時進行甚易，卽不一字一句詳細檢閱，亦能順讀而下，撮其大意。此以類化作用資其理解之故。若讀外國書籍，則類化作用發生之機會較少，故必注意精察，歷字讀之。讀外國文書籍反能發見書中錯字之謬誤者，蓋以此也

艾華

（二）語言　語言之聯想。自知覺外物上言之，其作用極爲重要，蓋補助類化作用者至大也，且有以語言之故而不須類化便能收聯合效果時，又有以有語言之故得悉聯想作用之終結時。語言觀念之最完全者，有語言之音響感覺，發音機關之運動感覺，目視文字之視覺，書寫文字之運動感覺等爲之聯合，惟諸感覺作用之分量各有不同耳。吾人知覺外物時，以語言之聯想作用發生類化之例甚多。繪畫之簡畧者，初視之，恒不知其究爲何物，一旦經人指示，則能類化而知覺之。與久別之友相遇，必發生過去之種種聯想，然但能識其面貌而已，不及喚起其正確之記憶也。一旦聞其姓名，便能完全認識其人。此非吾人常有之經驗乎？

同時聯合與繼續聯合之過程微有不同，茲爲一言以區別之。同時聯合發生時，吾人不能識其經過之階段。聞馬蹄之音響即發生其視覺心像，此同時聯合之情形。而繼續聯合活動時則能識其階段，歷其過程。知一觀念之後復得一觀念，前後關聯，有如連鎖。前述以馬蹄之音發端聯想到友人種種事情，其階段歷歷如在吾人心中者也。

第三章　觀念聯合之法則―原則及細則

觀念之成，必以數感覺爲要件　此數感覺爲觀念之形成時互有關聯之感覺，其於吾人之觀念常有繼續維持之之傾向，此觀念聯合之原則也。凡聯合作用皆能以此法則說明之吾人以馬蹄之音而生「馬」之心像，以馬之觀念中有馬蹄之音響之感覺與馬之形狀之感覺也。即以馬蹄之音發端而想起種種過去之事件之聯想，亦以感覺之續存性爲其根本法則。觀念成立時，所有感覺隱存於吾人腦中，恒因事物之刺激而復現。此項感覺復現。則含有此項感覺之觀念因以再生，而與此觀念相關之觀念遂繼之而起。如以「晚霞」想到「鮮血」　以「碧水」想到「青天」，便是其例。蓋鮮血之觀念與晚霞之觀念中均有「紅」之感覺之要素，青天之觀念與碧水之觀念中均有「青」之感覺之要素。鮮血觀念中之「紅」隱存腦中，有維持鮮血之觀念之傾向。茲以目擊晚霞之故　而鮮血之觀念於是乎出　青天之觀念中之「青」隱存腦中，有維持青天之觀念之傾向。茲以目擊碧水之故，而青天之觀念於是乎起。是聯合作用，與其謂爲觀念與觀念互有關係故聯合毋甯謂之爲觀念之要素與觀念之要素互有關係故聯合。而觀念之要素之聯合，要歸功於形成觀念之感覺之續存與其維持觀念之傾向也。若更尋其究竟，則又不能不歸功於神經系統之把住能力。雖然，此特觀念聯合之總則耳。設甲，乙，丙，丁，諸觀念均爲有聯合之性質之觀念，甲觀念發生於前，乙，丙，丁，諸觀念均能繼起於後：而甲觀念之後繼者有時爲乙，有時爲丙，有時爲丁者，此何故乎，是不能不爲一言以申論之，以觀吾人思想之推移，因述觀念聯合之細則四項如次；

（一）　吾人之觀念推移，必以久經反復者爲歸，換言之，久經反復之觀念，聯合也易。自此點言之，觀念之繼起，於吾人之職業，境遇，嗜好等大有關係。如突然向人提及「花」之一字。普通之人但能畧得花之觀念，使花之形狀色彩隱然現於腦中，而熱心研究植物之人必想及某花之花瓣花蕊等之構造關係；若爲詩人墨客，則必想起其平素愛賞之花，並必想到與該花相關之文章詩句：此以有一再反復之經驗，故能容易想出也。

（二）　觀念之新鮮者，雖不習熟亦易聯合。如言謂西洋史，則吾人心中所想起者必爲十字軍，宗教改革，法國革命，美國獨立諸事。使昨夜新讀三十年戰爭，則多想起三十年戰爭而不必聯想到十字軍諸事矣。故雖非一再反復之事，苟其印象新穎，亦能易於聯想，以其觀念新鮮特有生氣也。

（三）附帶快感之觀念與附帶苦痛之觀念均易於聯合。不觀回思往事，則最悲之事與最喜之事必自侵入吾人意識範圍乎？

（四）吾人之情致如何，於聯想作用頗有關係。詳言之，觀念發生時之情致與觀念之調和影響於聯想作用者至深。欣喜活潑時多聯想愉快之事，憂鬱沈默時多聯想悲哀之事。悲觀之時，雖欲强作笑顏，達觀萬象而不可得。性質憂鬱之人常注視事物之黑暗方而事事悲觀：性質闊達之人常注視事物之光明方面而事事樂觀，亦此理也

以上四條爲觀念聯合之細則。足以說明甲，乙，丙，丁，諸觀念繼起之理由。然此特觀念聯合隨「意識之流」活動時之情形耳。吾人若以一定之目的發生思考作用時，則注意作用必於吾人之精神中占據强有力之地位。注意作用能使與吾人之目的相合之觀念發生，又能使與吾人之目的相反之觀念消滅。此等際分，觀念之聯合不必純爲此等法則所支配矣。

第四章　觀念之典型

人心不同，猶如其面。人我之差異，不稱形體面貌爲然，精神作用亦復如是。學者嘗

研究此類差異，因精神活動之方式而類別之，以判別個人心意之特點，此個性心理之所由重也。個性之研究爲心理學界教育學界之新問題，學者極爲致力；其成績雖尚未十分發達，然於教育事業之進步已多所貢獻。觀念典型者，觀念活動之方式，個人形成觀念之差異也。觀念之主要典型有二：

（一）事物典型——以事物爲取得觀念之主要對象之典型

（二）語言典型——以語言爲取得觀念之主要對象之典型

屬於事物典型之人，於一切具體事物甚易學習，又較易於表象，便於記憶；其觀念之成，得力於視覺者爲多。屬於語言典型之人，於語言文字甚易學習，又較易於表象，便於記憶；其觀念之成，得力於聽覺及運動感覺者爲多。故若以取得觀念之手段爲標準，觀念之典型更能別爲視覺典型，聽覺典型，運動感覺典型，及混合典型四類　視覺典型之人，其學習事物有熟視之必要。聽覺典型之人，其學習事物恒以由聽官所得之印象爲標準。運動感覺典型之人，其學習事物則以由運動感覺所得之印象爲準據。盲人失其視官，其屬於聽覺典型及運動感覺典型也必矣。惟典型之成，亦不過就形成觀念之感覺中之較强大者立言。一觀念無一感覺獨占之理由，而有二感覺平均活動之事實 二感覺（或二感覺以上）平均活動之人。因以混合典型稱之。混合典型之人至多；單純典型之人則少。據學者之調查，三百五十人中， 屬於單純視覺典者十八人， 運動感覺典型者十七人，聽覺典型者六人，此外皆爲混合典型。聶賈耶夫（Netchaff）謂屬於視覺的運動感覺典型之人拙於學習語言而長於學習自然科學；屬於聽覺的運動感覺典型之人則反是。畫家，音樂家，工藝家等，業務既有不同，典型亦各殊異。畫家以能復現其直觀所得之物爲技倆，故多屬於視覺典型。音樂家以能復現其聽官所得之音爲能事，故多屬於聽覺典型。毛査特（Mozart）十四歲時能將聽過二次之複雜樂譜寫出；白多文（Beethoven）失明後猶能盛作歌曲；書史中每每傳爲美談，其單純聽覺典型之特例也。工藝家欲其製作精巧，視覺觀念固屬爲重，然尤以能喚起運動感覺之觀念爲本領。盲人中有能長於種種工藝者，世間常有之事也。逸史家多傳西撒（Caesar）及亞歷山大王（Alexander）均能記其所部軍士之名，塞湼加（Seneca）能將聽得之三千語依次說出，亦單純聽典型之特例。

觀念型之不同，其原因有三。最著者爲感覺中樞之天性，此外如感官之差異，如練習之影響，俱於形成典型上大有作用者也。教育家之對象爲學童，學童之典型如何，宜注意精察，以定教授之標準，優良處用力誘導之，缺損處斟酌補償之，並宜知悉自己之典型，免生獨斷之弊。若己之所感者亦必期人同感，己之所行者亦必期人同行，則教化事業必難實現矣

第五章　記憶之意義

觀念形成之過程，吾人前已言之。形成後之觀念常潛伏於吾人腦中，有復現之能力。含有「過去」的意識之復現觀念是爲記憶。換言之，觀念復現時，吾人有一『曾經經驗』之意識，則此種復現觀念即記憶也。然則但爲過去之經驗之復現而不附帶過去之經驗之意識，則不得以爲記憶也明矣。設吾人遠遊異地，回憶故鄉，而當日之房屋，庭園，池塘，樹木等皆隱在目前，並憶及吾人曾在某時某處讀書，某處游戲，凡經驗之能復現於心中者，記憶作用之一例也。是吾人記憶事物，必有『曾經經驗』該事物之過去之意識。然此過去之意識何自來乎？是誠爲應究之一問題。或謂：復現之觀念，其強度較知覺

時薄弱．強度薄弱。故意識不明，意識不明故有過去之感覺，此言固有一面之眞理，而未足以爲完全之說明，蓋復現之觀念亦有與實際之知覺同其強度時也。吾人回憶舊友，因想起舊友之容貌，又想起與舊友相關之種種事件；或憶及寒窗伴讀之情形，或想起晨夕共話之景況；若時間與空間之觀念均明瞭時，則更能道及某年，某月，某日在某處與之相論某事，其聲音，笑貌，言語，舉動皆曆在目前。所謂『曾經經驗』之意識者，即成於以此種種聯想之結合也。然試更進一步，窮詰此等聯想何至附帶此過之去意識，此則非今日吾人之智識所能說明要爲記憶作用特有之物，想像作用中之聯想則異是。

此爾斯百里於所著心理學要義中述記憶之意義甚簡明，茲爲引用如次，以資參考：

Memory is a rein statement of an old experience or a present consciousnets of an old experience with the knowledge that it is old

—Pillsbury—

艾華

第六章　記憶之階段及方法

記憶作用之完全成立，必以學習，把住（保持），憶起，再認四要素爲段階。四者互有密切關係。有學習而無把住則記憶不能成立，有把住而無憶起則記憶不能成立，有憶起而無再認則記憶不能成立。吾人之於事物，既學習矣。必欲憶起之。憶起之可能與否，恒視把住之牢固與否爲定。且爲欲記憶故把住也。既知之事物，必以能憶起之，而對於該事物之智識始爲己所有，足以自由支配，應用無窮。苟無憶起作用，則雖身遊萬邦，胸藏萬卷，不足以驗其虛實。既憶起矣，苟無再認之感情，則所憶起之事物不過爲觀念之復現，不足以爲完全眞實之記憶也。茲分節敘述此項要素，以明記憶之內容。

第一節　學習

記憶之第一階段爲學習，學習者，直言之，是亦造成之聯合之一作用　如學記甲••丙，丁：，或A與B，O：D，……是作成甲與乙，乙與丙：；之間之聯合與A，B乙與C：；之間之聯合也。心理學者常以無意味之音節研究學記之方法而所謂學習經濟之法則出焉。

反復爲學習之第一要件。學習之效果如何，恒以反復之度數之多寡爲比例，對於一學習之對象反復至相當度數足使吾人記得時即是學習作用完了時。然學習告終後尙須再加反復，始能收[illegible]把住之效果。年幼時代，每於不知不覺間記得許多詩文戲曲，實反復之力有以致之也。

學記事物，反復之多誠一要件矣。然同數之反復，又以反復該數所費次數之多寡而異其結果。換言之，同數之反復。以用多次反復該數爲較有益。如對於一學習之對象欲以三十次之反復記之，而以此三十次分數回反復較以此三十次作一回反復更爲有益。若更增加次數、延長時日，其效果尤著。蓋反復作用於神經細胞大有影響，同數之反復而以多次行之者，所以使神經將所受變化凝固於其組織中也。是爲反復之分配之法則。

學習之對象若爲詩文之類，其記方憶法有二。以時文分爲數小節分別記憶者爲分節法以詩文作爲一體總括記憶者爲全體法。兩者之中，後者較前者頗爲經濟。蓋以分節法暗記詩文，則各節之起結間必生出種種無益之聯合，而欲使記得之各節聯合成章，則有破棄無益之聯合而作成新聯合之必要。故須浪費有益之時間。並足爲作成正當聯合之妨碍也反復之速度因人而異，務以遲速適當爲宜。過遲則徒費時間，有逸散注意之弊，過速則意義爲發音所奪，均不適於學習。

自學習之材料言之，學習語言較學習事物爲難，語言之中，抽象語又較具體語爲難，無意味之字又較有意味之字爲難。詩文之不能了決者，欲暗記之甚難，以無意味故也。吾人欲從事學習，須以事物爲先，離却事物，必難收其效果。教授上各科應用之實物，模型，圖繪，實驗器及書中之插畫等所謂直觀教授，蓋根據此理而設，所以節省時間，便於學習也。

又凡與學習者性近之材料亦易收學習之效果。學習之形式亦與學習之效果有關。旋律爲吾人精神活動之特色，若以有旋律的形式學習，結果甚爲經濟。文字之音節，詩文之韻律，實精神活動之旋律的表現，成之自然，欲避之而不可得。記憶事物，每以有旋律之方法行之，古今東西所同然也。

注意之强弱於記憶之良否攸關，經驗事物之時，但有注意之努力，則該事物無不以有此注意之作用恒久入於吾人之記憶。約翰生曰，「眞正之記憶術，眞正之注意術也。」足瞻注意與記憶之關係深且切矣。足使吾人發生激烈感情之刺激，吾人恒能記之，經久不渝。以此種刺激容易惹起吾人之注意也。又吾人回顧幼年時代之經歷，細微事件每有尙存記憶者，此經驗薄弱凡事容易惹起注意有以致之。

第二節　把住

學習事物，神經系統中必發生變化。此變化之繼續是爲把住（其消失則爲忘卻矣）。學習告終後經過相當之時間，所得印象亦逐漸薄弱或竟近於消矣。此吾人共有之經驗，無待贅言。

印像之性質如何，於把住之牢否至有關係。明瞭之印象與附帶激情之印象均甚便於把住，此顯而易見之理也。故自教育作用言之，教師欲令學童把住其所授事項，須先整理兒童之觀念，又須精選材料，務使學童之精神狀態與此條件適合。

學習後之反復足使神經之變化日益鞏固，於把住作用至有裨益　故曾經學習之事物，務期不惜復習之勞力，使於心中有所反覆。吾人學習某一事物（以無意味之音節爲例）

，最初以若干時間學習之，則次日之復習但以其三分之二時間便能收學習之效果。若再加以反復，則第三日之反復但以前日所費之時間之三分之一便能達到學習之目的矣。惟反復之次數既多，新奇之感情漸少，則反復所得之價值不能一律耳。教師提示教材於兒童，若同一教材而有提出數次之必要時，宜常以新穎之方法行之。或利用學童之聽官，或利用兒童之視覺；所以引其注意而便於把住也。是反復固有益於把住，而反復時之注意與否亦與把住攸關。

聯合之多少亦與把住作用有關，意義明瞭或有意味之文句較意義難解或無意味之文句之易於把住者，以其內容充實，聯合豐富也。

神經系統所起之變化之消失是爲忘却，吾人頃已言之。然所謂消失云者，亦非絕對的稱謂。神經所起之變化，十年二十年後猶尚留其痕跡。少年時代學習之物，雖久經忘却，使吾人若有學習之機會，則以少許之時間便能達到修學之目的。據葉賓好施（Ebbinghaus）之研究，謂一旦習得之詩文，二十一年無有誦讀之機會，然一經復習，猶能以初次學習時所費時間之百分之九十三（時間）習得。申言之，卽學習二十一年間閑却之事，所費時間，尙能節約初次所費時間之百分之七。此神經之變化不卽烟消雲散，無由追踪之明證。然則所謂忘却者，亦非絕對的而相對的也。葉氏又嘗就記憶無意味之音節研究忘却作用，據其結果，則學習後經過一小時忘却者已居二分之一，經過一日忘却者居三分之二，經過一月忘却者僅其五分之四。若爲有意味事項，其忘却分量較此爲少。要之，忘却分量之多寡與學習後經過之久暫恒有一定比例也。

學習後之精神活動如何，於把住作用至有影響。學習後若得暫時之休息，則把住較爲容易。若學習一物甫終卽便學習他物或從事其他消費精神之工作，則把住甚爲困難。蓋繼續勞動足以妨碍神經系統之變化也。據日本上野氏之實驗，謂以毫無聯絡之單語二十分爲二列，先以一列使被實驗者閱之。閱竟使休息一分鐘然後令其默寫原字。其後又以一列使被實驗者閱之。閱畢卽以一二位數除六位數之算術除法爲題使被實驗者筆算。算竟然後令將原字寫出。視其結果，休息後之默寫之成績恒較演算後之默寫之成績爲佳。足見欲使把住確實。則學習後宜有相當之休息云。學校課業，每一點鐘後必有休息，其以此也。

吾人學習事物，若令甲與乙聯合學習，則學習終了以後，欲使甲觀念與丙觀念聯合甚難。僞音別讀之難於矯正者，職是故耳。故欲圖把住之完全，須除去謬誤之聯合。甲，乙，丙，丁諸觀念中，乙，丙，丁觀念均足與甲觀念聯合，而有時甲觀念表現於先，而乙，丙，丁諸觀念不必即繼起於後；此因諸觀念均有復現之傾向，致互相妨碍其表現也。日常通爲之事，吾人猶有難於想出時，蓋即以此。

學習與把住之關係如何，爲一饒有趣味之問題。自個人之差異言之，有巧於學習而拙於把住者，又有拙於學習而巧於把住者。有學習把住均甚迅速者，又有學習把住均甚遲緩者。然巧於學習者恒巧於把住：以興味，注意等學習之好條件亦能適用於把住作用也。學習與把住二者要爲作成聯合而保持之謂，故欲善學習，先言聯合。

第三節　憶起

吾人以一感覺或一觀念爲媒介而聯絡到吾人所求之觀念之作用爲憶起，換言之，憶起者，卽一觀念因得一感覺或他觀念之資助而遂爲吾人憶起之作用也。吾人之高等精神作用，觀念實爲之基礎。自亞里士多德創究觀念聯合以降，近世聯想派之學者又從而揚其波，欲以觀念之聯合說明一切心理現象。其主張雖爲近世心理學所不取，然觀念聯合之於精神作用至有關係，實難否認也。吾人有隨意憶起種種觀念時，又有既知之事一時不能憶起時，隨意憶起種種觀念時，是資助憶起之材料豐富之故。既知之事一時不能憶起時，是資助憶起之材料缺乏之故。而憶起之條件尙焉。

同爲經過學習階段之物，而聯合豐富者較聯合貧弱者易於憶起，其應用之範圍較廣，其價值亦較大。故欲憶起之確實，須作成豐富之聯合。如欲憶起數學之公式。須多演應用其公式其問題。若但誦習公式之說明，則聯合薄弱，難收學習之効果矣。聯合之豐富，實憶起作用之一條件。

吾人欲憶起事物時，必有相當之精神態度，否則難達憶起之目的。誤解問題時，吾人以誤解之態度解決問題，未嘗無聯想之來也：惜爲謬誤之聯想而非正當之聯想，故所期望之結果竟不果來：此無相當之精神態度有以致之。自教育上言之，師生問答之際，教師之發問爲一誘因，學童之答復卽以此誘因發出之聯合觀念，苟教師之發問失宜，則希望之答案必不可得矣。此爲教師發問失宜，致兒童之精神態度不足誘起其希望之答案，非學童無答復之知識也。故態度之適當，又爲憶起之一條件

艾華

第四節　再認

憶起之事物，吾人須再認之，記憶作用始能完成。吾人回想一事物時，經驗該事物之時間空間均表現於吾人心中，即再認之作用也。再認有三要素，茲爲一一述之。

憶起之後便生再認，此一般之情形也。然亦有憶起後不即再認者。吾人見一事物，有時但覺曾經經驗該物，不能即確知物，不憶其在何處何時所見。嗣以觀念聯合之結果，始對於此物發生一種親近之感而再認之。如於市中遇一友人，雖確知其爲曾經相識之人，然不認識其爲何人矣。此時種種聯想續出，至憶起其名號與相識之時日地方，而再認作以成。是再認先必有聯合也。此爲憶起與再認先後發生之例。憶起與再認同時活動時，自亦有聯合作用。惟兩作用間經過之時間至速，不足以惹起吾人之意識耳。教室之中，甲乙二友連坐聽講，甲乙對於其書物之再認，殆與瞥見其書物時即便完成之，其此類再認之例也。

吾人遭遇習所聞見之物，自有多數觀念爲之聯合，同時又有熟習的運動發生，以完成再認作用。吾人手握自己之用具，知其爲自知常用之物而再認之。此以平素之運動適合於其用具所致，雖在暗室之中，不爲他人之物所混　蓋他人之物　以手握之，必與平素之運動不合，以是知非自已之物也。

據以上所述，則再認作用之生，必以觀念之聯合及運動之興奮爲要素　思想與運動之進行無礙，則愉快之情以生，此愉快之情，心理學上稱爲親近之感情：是亦再認之一要素。若與素不習見之物件接觸或曖昧觀念發生時，則足引起不快之情　然亦有再認作用發生故障而反生親近之感情者，如每日習用之器具，其再認也別無顯著之快感，若經過幾許波瀾曲折然後再認，其親近之感特深。吾人經過幾許時間。消費幾多勞力，發見紛失之物品時，即有此等親近之快感也　要之，觀念之聯合、運動之興奮，親近之感情三者爲再認作用之要素　而學習，把住，憶起，再認四者又記憶之完成上必有之階段也。

第七章　記憶與年齡及男女之關係

記憶之發達，以年齡之增加爲比例　由稚兒而幼年，而成熟期爲極盛，此後無甚變化，衰老後則日見減退，此大概之情形也。然記憶發達之過程爲曲線的而非直線的。換言之，其發達之路徑中有許多動搖。十歲或十一歲時有顯著之發達，至十四歲前後則稍爲減退。吾人常謂兒童之記憶勝於成年之人，自學術上研究之結果觀之，殊不盡然。惟此亦特就直接記憶而言　若就完全習得之事物言，則兒童之把住力豈在成年人下？西諺有云：「搖籃中習得之物，其存續及於塋墓。」蓋謂兒童把住之强也。及長，則直接記憶漸形發達，其後則把住力漸形減退，成年以後，即曾經習得之事亦每忘之，而費過長時間之記忘，即以年華之衰老而漸形減退，直接記憶亦漸不强。年老之人，每以一件事故頻向人言，昨日言之今日又言之。今日言之，蓋忘其昨日曾言之也。又一卷書籍，反復百讀而猶趣味津津者，蓋讀其後半時而前半已屬忘却也。綜其要點言之，把住力之發達，以年齡之增加爲比例，十四歲前後達於極點，以後則漸形減退。若直接記憶，則須至二十五歲始達極點。自把住力之發達情形言之，則可謂孩童之記憶優於成年人也。

記憶與男女之關係之問題，實驗心理學者常研究之。據其結果，則謂女兒之記憶恒優於男兒，惟此亦視記憶之材料如何。據派爾（Pyle）之研究，謂女兒之記憶優於男兒，但十五歲後，男子之記憶又有優於女子之傾向。又自記憶之材料言之，女兒長於記憶得自視覺之事物之名稱，而男兒則長於記憶事物自身云。

記憶有機械的及論理的兩種：無意味無理解之記憶爲機械的記憶：有意味有理解之記憶爲論理的記憶　吾人日常生活中之所謂記憶者，蓋指論理的記憶而言。論理的記憶，因爲有意味有理解之記憶，故記憶之材料概爲既知之事項，卽不再四反復，亦能收記憶之結果，其長處一。又論理的記憶，以一般的原則概括多數之事實，其聯合豐富，故不易忘却，其長處二。

第八章　忘却（Forgetting）

忘却者，神經所起之變化之消失之謂，憶記之反對也。世人每欲以僅少之勞力記憶多數之事物，故以忘却爲最不利益之作用。然自學理上言之。殊不盡然。宇宙之事理無窮，人類之心力有限，吾人之生活中，出，處，坐，臥，經過之事不知凡幾。如欲一一憶記，殊不可能。即或記得，而與實際生活了無交涉之物，徒爲精神之煩累耳。漠不相關之事，毋寧忘之，使以貴重之心力從事必要之事業，實爲身心兩益之事，而自然之所命也。忘却爲心力之選擇活動之結果。此選擇能力，於社會進化有莫大之關係，以能拋棄無益之事物，拾取文化之精華，而達利用厚生之目的也。學藝專門家於其所專事項具有優良之記憶力，而於其專門以外之事恒不關心，見聞之後，輙見忘却：以其忘却尋常之事情，故能記憶其專門之事物。語云：「小事糊塗，大事不糊塗。」以其小事糊塗，故能大事不糊塗。忘却豈竟爲最不利益之心理作用乎哉？且人世之中，欲忘却之事亦多矣！恐怖，悲哀，怨毒皆是也。使無忘却之作用，則身心爲所累。學問上之謬誤，一經發見，必欲早日忘之，否則誤謬之觀念容易繼起，妨礙觀念之形成者至鉅。故合理的忘却，實足以證明記憶之健全也。葉賓好施（Ebpinghaus）以暗記單語後經過時間之長短實驗忘却之分量，學者多襲用之。玆揭其結果如下，以供讀者之參攷。

經過之時間	忘憶之分量（百分率）
一・〇	五五・八
八・八	六四・二
二四・〇（一晝夜）	六六・三
四八・〇（二晝夜）	七二・二

一四四•〇（六晝夜）••••七四•六
七四四•〇（三十一晝夜）••七四•九

再撮其大要述之，則原刺激經過一時間後約忘却學習一對象之原分量之二分之一；二十四時間後忘却其約三分之二；六日後忘却其約四分之三；一月後亦但忘却其約五分之四。是學習後經過之補間之長短與忘却之分量之多寡有一定之比例，忘却之分量，以刺激經過之短時間內爲最顯著。若時日漸增，則漸形減退，且其間亦無多大之差異也。

第九章　想像（imagination）之意義

想像爲構成心像之作用，詳言之，即分析既有之觀念、更結合其要素以形成新觀念之作用也。其爲過去之經驗之復現也，頗與記憶相似，惟記憶爲原有經驗之再現，故再認作用與之俱來，而想像之產物概屬新奇，既無再認之發生，故無親近之感情。未見海洋之人，關於海之過去之經驗缺乏，不能將海之心象憶起，乃由其過去之經驗中憶起足以構成海之觀念之材料而結合之，而海之想像遂成，是能想像海洋，令有海洋之像存於心中也。想像既非原有經驗之完全再現，故能不受時間與空間之支配。吾人想起某日在某處賞玩之風景，是爲記憶。若離却空間時間之關係，自構成一特別景色於心中，則爲想像矣。此記憶與想像之不同也。想像爲利用原有觀念以形成新觀念之作用，其中概有一定之理想；故其作用之完全成立，必經再現，分析，綜合之三過程。

第十章　想像之種類

想像有兩種類：其一爲受動的想像，其一爲主動的想像。

夢想發生時，一任想念驅馳，忽然而天，忽然而地，所謂想入非非者，受動的想像也。吾人伏案讀書時，常於不知不覺之間離却讀書之事發生空想　或想到快樂事情，或想到苦痛事件：意之所之，不知胡底：及爲他刺激所牽引，然後還我本來，繼續讀書。此種狀態頗與夢幻相似，故稱爲假夢，若係白晝發生，則足稱爲「晝夢」。際此之時，吾人之外貌恒現一種特殊之狀態。其兩眼常凝視一點，有若注意之狀，其實亦非眞正之注意狀態也。是即受動的想像發生時之狀態。

主動的想像者，吾人以一定之目的將過去之經驗分析爲數個要素，而以特殊之方法結合之，使發生新產物之心理作用也。此作用之進行，必以再現，分析，綜合（注意）爲條件　其稱爲主動的想像者，蓋即以此。文學藝術家之創造文藝，必以想像爲源泉，又有一定之目的。故其製作狀態即主動的想像活動之狀態，可斷言也　拉斐爾（Raphael）製作瑪利亞（Mary）時之想像狀態如何，施耐菴作水滸傳時之想像狀態如何，吾人足以想想之矣。

第十一章　想像之價值

想像之種類俱於前章述之。兩種想像之中，主動的想像於日常生活，科學，藝術，文學等均有莫大之價值。今爲畧述如次：

吾人欲了解日常聞見之事物，必以想像爲其資助。讀書，聽講，以及聽人演說談話等均須利用想。作用，然後能理會他人之發表之眞意，否則不爲文字之奴隸，不受形式之支配者鮮矣。想像發生時，吾人有一種自已活動之感情，是精神之活動之愉快者也。吾人有未來之觀念，有向上之心意，故常想像未來之種種事情。而喜悅之情以生。此喜悅之情足以占領吾人之精神範圍；而所謂『世態炎涼』，『人生煩惱』之苛刻嚴厲之經世界將以此暫失其現實之權威，而吾人遂得一任理想之驅馳，以圖吾人身心之保存。今再就一二實例而言，更足以見想像作用於吾人保存身心上有莫大之價值。如見密雲驟起，便想到風雨欲來。此預期的判斷遂令吾人預備對待風雨之方法，日常生活，可以無大過，蓋吾人以想像作用提起預期判斷，而解決迫於眉睫之事，此保存個體上自然之傾向也。是想像之有益於日常生活及感情也。

科學之成立及其發達也，時有假定（Hypothesis）以爲基礎。而假定者，直言之。是亦想像之結果耳。牛頓（Newton）見蘋菓墮落而發現地有引力（Gravitation），無非想

艾華

像作用有以致之。蓋以蘋菓之落而構成一彼素未得見太陽系之想想，致謂物體落下之現象爲大隄與諸行見聞所有之相引現象爲同種現象，而引力之概念遂起於心中也。研究歷史成與歷史相關之科學，此種想像之作用亦大，否則過去之生活狀態戰爭狀態俱不能暗映於吾人心中，其眞意終不可得。是主動的想像有益於科學也。

宇宙大矣，森羅萬象，無不包含。然其組織、其形態，不必均能爲藝術家之模範。甚言之或均不能爲藝術家之模範。古希臘之大藝術家裴的亞斯（Phidias）所製之澤悟世（Zeus）像爲世界藝術之傑作，然裴氏固未嘗親炙澤悟世之風采，且世亦決無其容顏之人拉斐爾所繪之瑪利亞像亦爲世界藝術之傑作，然拉氏固未親接瑪利亞之顏色，且世亦決無其面貌之人。而彼等以其經驗中所有之物分析之，結合之。至各得其新產物。是想像之有益於藝術也。

想像與文學之關係頗大 申言之。毋寧謂文學爲想像之結晶。神話無論矣，童話、寓言，小說，以及一切散文，韻文詩歌等，無不以想像爲其構思之材料：古今東西皆所同然是想像之有益於文學也。

艾華

想像爲分析舊有觀念，結合舊有觀念之作用，所得結果概屬新奇。顧想像之產物雖新，想像之材料究不出乎經驗之範圍外，不受時間空間之支配，故無再認之作用，無再用之作用，故無親近之感情（Sense of familiarity）；惟此種新產物足使吾人發生一種新感情耳。鬼怪妖精之說，中西同有之鬼怪妖精是想像之新產物，而形成鬼怪妖精之材料則爲舊經驗。試將所謂鬼怪妖精之形狀分解之，有一足稱新鮮感覺者乎？觀此足知想像之材料及其特質矣。

想像之發達，以年齡教育等爲比例。孩提之童，其想像概由受動的而進爲主動的。彼等之想像之活潑自由，吾人於其遊戲中見之，如以竹爲馬，以木爲劍，即其一例。

想像爲有益於智能道德之作用。吾人所稱爲理想者亦不過經過思考作用之完全的想像耳。故自教育上言之，自有隨時養成之必要，惟須注意於方法，免致逸出常軌。

完

倫理學概要目次

丘景尼

丘景尼

丘景尼

倫理學概要

丘景尼編述

第一編　緒論

第一章　道德和道德思想

倫理學英文叫做 Ethics 源出於希臘文、含有 habitual ctio,mna-mners, customs等等的意義。這個字雖然發源很早、却沒有成爲一種系統的學說。至其敍述略有組織、且可爲此學之祖的、在西洋方面、就不能不首推Aristotels了。不過倫理學在西洋古代、也說不到是一種獨立的學問。他起初和哲學並沒有什麼明白的區分、一直到了現代、受了科學的影響、倫理學才脫離哲學的領域而獨樹一幟。

我國古代也無所謂倫理學、各家的倫理學說、也和西洋古代一樣、羼雜在別種學說的中間、所以倫理學三個字、不過是一種譯名。考這倫字的解說、說文倫輩也、道也、又常也、類也、其中已含有眞理不變和可據爲準則的意義。與 Ethic 這個字相較、不獨沒有遜色、或許還超過幾分、何以呢？因爲倫理學既是一種的「學」、他所討論的對象，當然是道德之爲物（Sittlichheit）、而不是隨時隨地可以變動的道德思想（Morals）可知。（注）緣道德思想可因人與時地而殊，不過是一時代一社會所通用（Geteld）的準據。而道德之爲物、才是百世不易的普遍眞理。故此我們用西文中含有習慣風俗等意義的 Ethics 來說倫理學，似乎還不及用中國的道也常也等意義、去表明此學的永久性來得好。不過此地尚有一層不可不注意的、就是從道德所以產生的一點上、講當然是起於風俗習慣以及個人的品性等等、所以我們想明白道德是怎樣來的，以及風習品性是怎樣形成的、那就仍舊不能不借重 Ethics 一方所含的意義、以爲討論了。

（注）moral 一字亦含有 customS, habits, chericter 等義

怎樣叫做道德思想呢？道德思想就是一個人對於道德本身的見解和要求。無論什麼民族、無論什麼階級、都各有他的見解和要求。這種見解和要求的總和與系統、就是人類道德歷史的發達過程。然而人的道德思想中、未必樣樣都是合於

丘景尼

道的；有時因偏見利慾等等的誘惑，反可使人離道日遠。所以東西不少倫理學者，都主張人性根本是惡的，也就爲有此種原因。

宇宙中間果有萬世不易的道德嗎？這句話並不是一口所能說明的，讓我姑且來打個譬喻。當地動之說，還未成立以前，倘有人在那兒說地球繞日而行的道理，人家一定要奔走駭怪，以爲狂悖。這都因爲人不能倒懸空中，是那個時候通用的眞理。由此觀之，可知通用的眞理，是隨着時代的遞嬗，和知識的進步爲轉移的。然而我們心中所求的是什麼呢？當然不是那隨人隨時隨地可以變更的通用眞理，而是這妥當不易的道德眞理可知。既是如此，那末我們自然不能因爲物理思想有變遷，就證物理學沒有妥當不易的眞理，也不能因爲道德思想有變遷，而說倫理學沒有妥當不易的眞理了。

倫理學就是討論這妥當不易的「唯一道德」的一種學問。然而要瞭解這種的道德究竟是什麼？這個問題，却大非易易。所以我們暫時祇好分作兩步來講。第一步的問題。就是眞理是什麼？這個問題、也有兩種的意義。第一、事物的眞相是什麼？這個問題，直至今日還沒有終極的解答、目下一切的科學、都是在求回答這個問題。第二、眞理的本質和價值是什麼？這個問題、就是眞理認識的問題。他的完全解答，也須以人類知識的進步、來作此項解答的過程。

第二步再說到道德是什麼的問題。此問題也有兩層：第一、怎樣叫做善惡？要回答這個問題、首須對於其所欲爲之行爲、有十全的認識、次須對於其將發生之結果、有十全之理解。故此際我們不獨不可無現在的知識，而且要有未來的知識。然而這種道德絕對妥當的意志決定、事實上是不可能的、所以我們祇可說到第二層。用我們最大的知識和最高的良心、去決定行爲的意志了。故此倫理學的一般問題、先問道德是什麼，一般的道德是怎樣成立的，道德標準是什麼．我們的行爲應該遵照怎樣的條件和法則、而後我們再可論到某種特定意志的決定．這才算協於道德、才得下以判斷。（注）

丘景尼

（註） 參觀 Lipps 的 Die ethischen Grundfragen, Ch. I.

以後各章所論的，就是上述各問題的解答。至於行爲和他那應有的結果之間，凡非人類精神所能及的各種關係，都置諸不問。故今所論之範圍，祇是人類精神的知識。換言之，就是自己的認識。

欲認識自己，須知人之所以爲人。倫理學上所謂人，就是人格 (Person) 的意思。申言之，人是一種具有身體與精神二面而行爲於社會的自覺的生物；故僅有身體，或僅有精神，或完全孤立，或不行爲，或無自覺之人，均不得爲倫理學之對象。

人是具有肉體的生物，所以一方面須受生物法則的支配。人又是具有精神以行動於社會的意識動物，所以他方面又須受社會的制限和心理法則的制裁。

Spencer 的「倫理學之與料」（The Mata of Ethics）中，先將物理學，生物學，心理學，社會學等等，拿來作基礎，以後再說到人的道德現象。他說：「如宇宙現象悉遵進化之律、則具有道德而稱爲最高動物之人的行爲現象，亦自與進化律同科」。他的意思、是以爲道德現象和進化現象、初無二致。這種進化論的倫理學、雖不無可取、然而他一說到道德的本身問題，就敬而避之、這似乎太將人的行爲當作機械的進化律一樣了。關於這一點、我們須記住倫理學近雖成爲一獨立的科學、每到終極的解釋、還要多少和哲學相接觸，然後能達到深切的理解，

我國的倫理學說、發達最早。上稽唐虞、下逮宋明、各的家學說、均蔚然可觀。如荀孟的辨性、王陸的明心、不獨能抉道德之隱微，而且可謂發哲學上之粤變與西洋先哲相較也沒有慚色、不過各家論述，均各自爲書、至今又無人去整理，致不能成爲一種系統之學、殊屬可惜。加之倫理學諸說，又是關於實踐一方面的爲多、於純論理方面，却未免有欠於緊嚴齊整的地方。所以要想編成一部完全的中國倫理學，還得看今後我國倫理學者的努力如何、再能定論。至於本編所述、均一以西洋

丘景尼

近時所成各說爲本、所以不敢滲入我國倫理學說的緣故、第一怕蹈穿鑿傅會的弊病、第二怕東西學說糅雜一處、反使初學者不能領略此學的頭緒。希望攻斯學可人先窺西洋倫理說的門徑、再後再把中國的學說來做參照、法則既通、自然也的收事半功倍的效果了。

第二章　倫理學的發生

一　問題的緣起

西哲有言「哲者起於駭異」(Philosophy begins in wonder) 此言雖小、可以喩大。小孩子看到他手裏的偶人眼睛一開一闔、和小猫的尾巴一搖一擺、已不勝其駭異之情。這種的駭異、就是一個人求知的發端。所以我們可以說：凡是智愚賢不肖的區別、都可把他懷疑範圍來做標準。愚夫愚婦、他們的見識淺、懷疑也淺、一點小事可以致疑、膚泛的解釋也就能滿足。但是哲人賢士、他們所朝夕縈思而不能釋然於心的、必不是瑣瑣細故。就是像孔子一樣的聖人、他也要到四十才能不感。顏回是孔門的高足弟子，看他『仰之彌高鑽之彌堅』的嘆息，是何等的惝怳迷離。由此可知疑愈深的所得亦愈大，思愈切的所入也愈深了。我們治科學也是如此。例如哥白尼致疑於天體運行之舊說，牛頓驚心於蘋果無故之墮地，遂開後世天文學力學以莫大的基礎。然而今之世無異於古之世，舊說廢新說新張者，非物有所變，乃吾人解釋之不同而已。解釋比較能夠饜足吾人之欲望，我們一時就承認他爲通用的眞理，等到偶有所疑，於是更進一步，以爲研究，又成爲一個新問題了。新陳交替，生生不已，這就是人肉知識的進步。

然則倫理學果始於何種駭異之念，其所駭異者又爲何物呢？這種問題，乃是倫理學所以發生，和他所以成立的要點，決非三言兩語所能說明。我們於此，欲知倫理學是什麼，弗如先問倫理學何以能成爲一種的科學？從表面上看去，對於一件事情不先問其爲何物，而先問其何故，似乎有點冠履倒置。其實我們應該知道要明一樁事物是什麼，(what)斷不可不先曉得他是何故。(why)我們姑本着這一

丘景尼

點的精神，逐次往下講求。

前章曾經講過 Ethics 這個字、本含有『風俗習慣』等意義，乃是一種論述人們『道德品性』(moral character) 的學問、向來又稱他爲道德哲學 (Moral Philosophy) 而 Moral 這個字、又可作 the habit of agents in respect to moral action 解。換言之、就是品性 character 的意思，所以倫理學又可稱他爲關於品性的學問。而品性這個字的字源又爲 habit of conduct (注) 之義。那末、聯結這幾種的解說、來拍合到上面所提出的問題，就可明白這駁異之念何以會惹起國民或個人的行爲的習慣了。

(注) character 一字據近世的解釋多有把他當作 habit of will 講的與古訓 habit of conduct 相較似已稍偏於主觀方面

我們敘述至此、看上又遇到一個困難了。何以呢？我們既說是『習慣的行爲』，那末。這已經是一樁解決了的行爲了、那裏還有什麼淆惑錯亂呢？從心理上講一切的習慣、在實際上、都是已經有了完全解答的東西。譬如走路這是一樁肢體行動的習慣質言之兒小初學步相時候、因爲不能保持自體的平衡動有傾跌之處、至於既能步行之後、對於自體平衡的問題、早已解决了。所以我們平常走路、對於兩足並不發生什麼不信任的懷疑、乃因他已成習慣了。今國民或個人的行爲的習慣、難道不是如此嗎？譬如對於克己一層有所修養、他的節制 (Temperance) 既成爲習慣、即寓然遇到了衝動 (Impulse) 他對於這種相對要求的解答，自然不會發生什麼大惑不解的問題。而能循着他的節制習慣去做所謂疑惑問題等字樣、早已不在他的意識中了。

此種難點、固亦有理、不過我們現在所講的習慣問題、意思還得更進一層。何以呢？因無論那一種習慣、其發而爲行爲時、關於詳細之點，仍舊要發生疑問的。譬如節制有素的人，他對於飲酒的時間、分量等等，仍舊不能不加一番考慮。所以這種地方、要不外爲對於特殊事情之考察、而不是我們前面所講的倫理問題。這好比

丘景尼

我們走路一樣、今天走幾里、和如何的速度、總在臨時酌量。這樣的問題，於日常生中、一日不知凡幾、所以還不算接觸着生眞正的倫理問題，因爲眞正的倫理問題不是討論習慣的各個動作、而是習慣的本身。換言之、就是我們所問的、不是問什麼行爲是正義勇敢節制，乃是正義勇敢節制什麼。不過至此、上面所講的困難又來了。所謂行爲的習慣、既已爲國民或個人生活上實際問題的解答，何以至今又復成爲淆惑混亂之源、而生出倫理問題來呢？

簡言之我們可以這樣說、就是凡是一個解答和現實的情事相適應的時候、即國民或個人的行爲習慣和人生實際問題相契合的時候、倫理問題是不會發生的。若有一個新問題發生，而又不是古來的習慣所能解決他的時侯，我們對於習慣之當否就要發生懷疑了。我們欲明此種情形的究竟、且根據此點、暫將進步的國民生活所發生的各種程度和階段來考察一下。

二　發生的階段

我們且將國民的實際生活來作背景、分道德的發達爲三個階段。第一、人民道德習慣的成形期。此即由童子以至成人的教育時期是。第二、事業期。在這個期間、內個人的習慣漸次堅定，更和社會相接觸、而國民間各部的勢力，保其均衡；（Balance or equilibrium） 如果國民間外部各階級能很調和，利害也很一致，內部人民的道德能力和習慣、以及其諸能力也很適用於日常生活、那末在此期中、道德的實現也爲最健全。所謂最光榮燦爛的時期是。第三、反省期。如外部爲階級發生了衝突、或內部爲道德習慣發生了矛盾，像第二期一樣的均衡力就失掉了；於是知識上。政治上的發酵時期就到了，淆惑混亂也起來了。道德、制度、信仰等在此時一概根本動搖。在這個時期中間的國民、大都不外兩種狀態，一種是閉着眼睛抱住舊習慣舊信仰做隱身符，一種是狂熱的奔去作他的革命運動。

在這種時期中間、個個人都抱着一種慄慄不安的態度，而對於上述的雙方均有難於選擇之勢。若此際對於此種新問題的甄別沒有根據眞確的知識，那對於

丘景尼

道德的本身、不曾就是破壞。所以此時對於實際生活固要革新、對於道德也不得不另求解釋的根據。至是遂有求助於新倫理學之必要了。因爲倫理學對於過去的道德制度、除容納或排斥之外，還可覓第三個方針。第一、就是我們對於懷疑的精神和傳統的要求雙方都須一一究明他的意義和其由來、使各還他一個本來的面目，既明白了他們的眞相、而後再開辟出第三條大道來。換言之。倫理學自身的進行其懷疑、乃是懷疑懷疑者的結論、所以倫理的懷疑，比一切都深、其信仰乃是信仰信者所不能信仰的眞理，所以論理的信仰比一切都堅、而道德的體系也就要在這個上面建設。

三　研究的態度

道德思想發達的階段、已如上述、現在我們再回顧到此學的定義上來、就是「倫理學是一種研究道德習慣的學問」，然而人們對於這種習慣性質的威權的一般見解和要求是怎樣？由於此種見解和要求所生的結果是怎樣？這種問題我們可以這樣回答：第一、一部分一定是破壞的（Destrucuctive）。這種破壞實在就是科學精神的現表，因爲科學的態度是批評的（criuca'）。換言之，科學的責任，不外將一種常識拿來批評、訂正、補修，彙類。倫理學既是一種科學、當然也逃不出這個範圍。等到我們一用批評的態度，那種習慣的陳說，老朽的禁條，道德的威權，以及法律的制裁等等粗雜觀念，自然都站不住而至於破壞了。

道德律和法律相似、時時有變化加增。不過這種變化和加增，有時多少是一種無意識的進行，所以不能不常常有所訂正。譬如一部法令經過了多少時代、其中因時制宜、或增或減、然行之既久，增減愈多、前後不相參照的矛盾法令，自然不免，於是就不能不加以訂正的手續了。道德律也是如此，我們一應用科學的批評方法，那種腐舊矛盾的習慣、自然妥醜態畢露、無所遁形了。

我們對於維持着舊道德的社會制度、所以要用消極的批評的眼光去糾正他的緣故、因爲社會制度也和道律一樣、多少是一種無意識的生長。譬如動物的生

丘景尼

活器官、常因生活的必要而進步發達、有種器官還在進化的途中、沒有十分成長、有種器官雖然用不着了、然而還遺留下一點的痕跡、這就是動物身上所以有遺留器官和不全器官（Sntvivals and rudimentary organs）的由來、我們團體生活中自然也有不少遺留下來的形式制度、故此我們研究倫理學的第一步須得要認淸這種事實、然後能下正確的批評。

倫理學不僅如上述專講消極的破壞的方面、還有積極的改造或創造的方面在。一面固然在盡力批評掊擊、他方面仍須去極力改造、因爲批評的目的並不在破壞而在補充和重新建築。我們第一須將道德及社會制度的精神、從膠執的腐敗形式中解放出來、因爲死的形是沒有一毫價值的。能夠這樣分別的淸楚、將人們有機結合的主要的部分留下、而不必要的不合理的部分除去、如此逐次的發展、然後可以達到道德最高的目標。

第三章　倫理學與科學

一　因果方面的考察

前章對於倫理學由實際上的必要而起的原因、和問題的一般性質、以及所期望的解答、都大略講過，現在我們應該說到此學的出發點了。不過在論及他的出發點以前，我們對於倫理學怎樣能夠成爲一種科學，以及由科學觀念所發生的各種難點，先得注意一下。

今假定倫理學的一般定義是品性或行爲的學問，然而他究竟在那一點上可以稱爲科學呢？須知凡是科學、其所研究的、都是必然的眞理。換言之、就是由結果以溯原因，——由因果方法以求得一定的普遍原理、更由此種概舉的原理、演繹之，以得某種的新結果、這種過程、就是科學的特色、所以無論何種科學、如不能出其原因（已知之法則）以豫知特殊之結果、就算不得是完全的科學。科學的觀念、既是如此、那末我們就得承認品性行爲也可如法泡製。換言之，就是這種品性行爲的現象、我們也承認他是一種可以用原因來說明的結果，那末我們白

丘景尼

然可以由他的起原和發達的徑路、以定一普偏的原則、更由這種原則、以豫知他的結果了。試想行爲品性能遵守此種原則否？所以在這一點、將倫理學來合諸一般科觀念、就有些爲難。更進一步說、我們就假定品性行爲的性質、是和一般意志然論者（Determinists）的論調一樣，承認他和因果律相同，絕無自由之可言，然而這種根本假定，又已經在道德哲學上成爲問題了、又怎算得是普遍的原則。

有不少學者，主張品性和行爲、決不是可由辨別計量的諸力集合的方法來說明的，因爲品性行爲是屬於人們的意志的、所以我們對於執意的自由（Freedom of volition）、決不能豫先給他一個假定的判斷、並且也決沒有豫給判斷的權利。

如據此說、我們的意志當然是自由的了、那末、倫理學的科學資格、就得完全取消。何以呢？因爲品性行爲既是一種變幻莫測不可計量的原素、原因已屬不定、那見還有一定之結果可言呢。

（注）參觀Mill's sketch of a science of ethology in Logic, Book, VI.

以上二種根本相反的學說。雖彼此爭辨、由來已久、不過我以爲和本學的成立上却沒有何等重大的關係、或者還可以說他們都是誤解了此學的性質。何以呢?因爲人的行爲和其他物理的事實、不是在同一平面上的自然現象、決不能相提幷論。而且倫理學的目的祇不過在求得行爲者於特殊情事中的行爲法則、以便一般國民或個人遇到同一循環情事的時候、有所遵循。照這種目的看來、這種科學並不是不可能。我以爲不必像決定論者一樣要仿機械的因果律也、不必像自由論者一樣。說意志是無可捉模、因爲這種問題、與此學之目的殊無關係、可以不必在此多費討論。

倫理學所討論的問題、本不是時間空間中的一個行爲事實、也不是對於現今一樁什麼事去追究他過去的原因和繼起的結果、乃是對於一樁行爲的判斷

丘景尼

(Judgmet uPon Conduct) 換言之就是對於某某行爲的邪正的判斷。這個區別極爲重要、而且是一般科學分類的基礎。這兩種的異點.因爲一方是關於自然現象,或心理現象、或行爲事實的實際事變加以分析彙類和說明的科學.如地球繞日而行之理以及心理上各種現象事實。是他方所研究的本不是這些時空上的事實,祇不過是此種事實的判斷,所以二者是截然不同。我們雖然可以說凡是一件事實、都要用判斷的形式,而後始能表示,如「地球繞日而行」一語既是事實、也是判斷。然而須知事實判斷 (Judgment of fact) 和對於事實的判斷 (Judjme t uPon fact) 是有分別的。因爲 Judgment 這個字,有論理上 (Log cal) 的意義和裁判上的意義兩種。在論理的意義時,就叫做「命題」(proPosition)在裁判的意義時,就叫做「宣告」(sentence) 倫理學所論的乃是第二種「宣告」意義的判斷、所以我們說到一件行爲邪正的時候、所下的斷語、是含有裁判上的意味,而不是一種物理事實。照此看來,道德判斷乃是判斷中的判斷,比事實判斷要求得復雜、這種複雜要素中間的一就是標準 stand 問題。這標準二字是本學的特點也是本學中最重要的要素。凡是含有這種要素的科學都叫做『規模範科學』(No-rmative science) 倫理學是規模科學的一種、還有幾種規範科學、如判斷眞僞的論理學和判斷美醜的美學、均屬於此。論理學的規範是眞、美學的規範是美、倫理學的規範是善。不過判斷善惡邪正的東西。除了倫理學還有法律、法律乃是論到一件事實的正否所以祇不過是倫理學的第二義罷了。

二　組織方面的說明

我們現在所講的「道德判斷之學」、究竟是什麼意味呢？說到這兒困難又開端了我們要充分了解道德判斷的意義自非本學諸問題一一說明之後不可不過現在也可將我們能希望得到的結果來先行略說明一說。

第一層、嚴格上的科學意義是什麼？科學對於我們有什麼用處？要明白這一點。可以把天文學來做一個模型。凡是一件事實的科學觀察、和通常的方法所以不

丘景尼

同之點，第一因爲科學有精密正確的觀察。譬如說明天文學中天體和地球的關係，對於天體相互間的關係、以及其位置變動等等、都有精確的觀察和記載。第二科學更將由觀察所得的各種現象，一一爲之區別，隨其差異以爲彙類（Classification）。如太陽系諸星與太陽系以外的恆星有別，而月和行星又有不同、各星球中又有能住生物與否之差、如果沒有這種的彙類，就不能成爲系統的科學了。不僅觀察彙類就算了事，第三還得說明（Explaination）。至於何謂說明、這個問題本是屬於論理學範圍中的，現在且不詳述、茲爲便利讀者起見，講一個大略罷。凡欲說明一個現象或一件事變的正當意義，不僅如普通見解所謂祇要發見牠的原因或作因（Cause or Agency）就夠了。如舊日的論理學書、關於說明的定義，祇說是一種「包攝事變以發見一般（一種或一種以上）法則的過程」（注）這樣的定義，不算十分完全。說明雖也含有這種意思，然尚不止此。眞正的說明，須是對於一件事情所必然發生的一各種條件的總和」（Sum of Conditions）、而這種總和又必須是該科學所欲求的問題、這才算得是適當的說明。然而這種條件，并不單是一種「繼起現象的一羣」（Aseries of Successive Phenomena）或「共存現象的集合」（An Aggregate of Coexistent Phenomena）而是一個「有機體系」（Orge nic sydem）各部相互關係間的組織。

（注）關於此種說明的三種形式可以看 Mill 的 Logic, Book III. C. YII.）和 Bain 的 Indu Ctive Logic, Book III, C, Xj

在現在所說的特殊系統中間、我們欲了解其中的一個現象，先須了解該現象和已知的他部分有什麼關係，再由此以窺其全體，才可得到一個說明。譬如日出的現象，我們如不明白太陽系諸條件之總和所生之必然的結果，就算不得是完全的說明。換言之，我們先說須說明太陽系各星球相互間的關係，以及其運行的法則、而後再講得到地球上我們所住地方的日出是、特別瞬間中和太陽光線相會的道理。

凡是一種現象的科學的說明、總得有上述三個階段這三個階段。實在就是表示一個現象在他的體系或有機組織的過程中的一個具體部分，也就是由一種特殊事實的區域內或團體內的既知條件、去表示出一個現象的意義。這種說明中的現象的意義可以說牠早已必然的含有在這種條件之中。換言之．系統組織就是必然的眞理，凡是一個特殊的一團，不獨和別的各團有關係、而且和既知實在的全體系都有關係。所以凡是一件事實的完全說明，我們可以說牠早

丘景尼

已包含在必然的宇宙全體組織中了。僅就科學本身而論科學固各有其範圍，我們也祇消就空間上，機械上、化學上等以說明他相對的關係就夠了。反之我們若想曉得這種範圍與範圍間的關係和實在全體的究極關係，這就非哲學不爲功。要之、科學和哲學的差別、科學祇須證明特殊現象發生於他那一羣中的必然的有機關係、所以牠的說明，祇不過是相對的說明。至於哲學的說明，則我們要想證明一個現象，那就非得說到他和世界全體的有機關係不可了。

我們於是再回到本問題上來。即倫理學這種科學、究竟有什麼意義呢？須知倫理之所以爲科學，並不似世人所謂義務箇條的道德判斷—僅將這種材料觀察彙類就算了，而且要有目的的說明。即他的責務、是在由既知的個人和社會生活狀態中間，以表示出必然發生的義務。一般未思之徒、往往以爲道德判斷是一種孤立的現象，和經驗事實相互間是無關係的。以爲道德判斷這樣東西，可以任意闖入一件事實中去評定他的臧否的。殊不知這種判斷、是早已含蓄在各既知經驗事實的有機關係中了。所以我們可以說道德之爲物、固然是人類社會的有機關組織組的必然的假定，而闡明這種假定、却是倫理學的唯一任務。

第四章　倫理學的範圍

一　倫理學與科學

倫理學和別種科學相似之點、前面已經說過、現在且將牠們不同的地方指點出來、以定倫理學的一般性質。即——

（一）規律的（Regulative）何以叫做規律的呢？因爲倫理學是一種研究一判斷的規則和標準」（Rule or Standard of Judgment）的學問，所以與研究因果問題的物理等學大不相同。

（二）意識的（Conscious）怎樣叫做意識的呢？就是從意識方面來研究人（It treats man a Conscious）換言之，就是一個人對於他自己和別人所下的判斷、是意識的、倫理學乃是研究這種意識的判斷的學問，由這一端看來，可見人雖是自然的一部份，他決不是無意識的跟着自然的目的去做他的盲目的奴隸、而是意識的循着自然的法則去做人。他的行動（beh）決不像有水素的地方一定有酸素一樣，乃是隨着他自己和別人關係的一種意識而行動。所以一切判斷的根據，可以說不外這意識二字。我們若把人類的行爲和品性當作物質科學的一部分來研究，不獨一定要失敗，而且是差之毫釐，謬以千里。加之用物理學上的法則和假設來說明

丘景尼

倫理學，也决計是講不通的。譬如運動的法則和勢能不滅的原理、(The Principle Conservation of Energy) 在物理學上固然是天經地義，對於人類的行爲雖則可說他是勢能的一種樣式 (form) 和形態 (Mode)，然而從樣式這一點上講，要知道他是一種意識的勢能。若知道這意識勢能的意思、他們的區分，就可皎若廉準了。

"while tde physical world s formed of en aggr gte of enger es which vary in form but not in quantit, the moral world, on the contrary, is, so to speak. in Conti ual f rm tion G, villa. Co tem or y sP ychology. P. 360.

我們考察科學史上各家治學的方法，觀其致弊之由，大半因爲他們想用適切於某部分現象的原理、來應用到他部分的現象上去。例如披他哥拉斯派 (Pythagoreans) 的學者、他們想用抽象的數的憲則 (The Laws of Abstract Number) 來說明物理界的具體事實、又如原子論者、他們想用原子來解釋思想人生和一切現象、到後來終竟弄得牽強附會，不能自圓其說。我們現在雖無人去試行這種不精密的方法、然而把本題上的根本差異沒有看清，以致應用既成的定理，到全不適用，或縱使可用也不過是相對的妥當上去，這種的傾向、往往還是免不了的。須知世界上的事實，他的公理定義、決不會在同一的平面上的。好象螺旋柱一般、是一種往上昇的排列。他的各個新圓、就是我們面前的事實，他的傾斜面和角度、由各方看起來、都不會雷同的。總之、我們應該記住的要點，例如生物學博物學等、祇不過就人和自然以及社會外圍的有機關係以爲說明，至於倫理學·則在研究意識此種關係的人。能知此旨，也就算思過半了。

以行於無意識的自然界和下等動物界的自然掏汰律來說明有社會體系的意識的智靈的人生就是斯賓塞爾也說不了此種謬誤然而有好些學者他們反對用科學的方法來研究道德生活揆其用意或係對上述諸弊而發亦未 知

（三）和哲學的關係　這一點是根據上面二項來的、頗爲重要、初學者不可不注意之。我們應知特殊科學的說明。終究是相對的。因爲無論什麼事實或現象、若不徹底瞭解他和一切外界的關係、就不能有什麼充分的說明。然而一切法界（All the world besids）或事物全系統（The whol, System of Things）的問題·又不是特殊科學的範圍所能討論的，所以祇要一說到這種問題、即牽連到哲學或玄學（注）上去了。因爲哲學所討論的問題、是一種絕對的終極的（Ultimate）說明、特殊科學所講的，不過僅僅在他們自已的範圍有相對的妥當（Valid）罷了。所以我們可以說、特殊科學和哲學沒關係。例如「等邊三角形之二底角相等」的數學結論、在空間上他的性質和實在、却與哲學沒有什麼關係。至於倫理學就不如此說了。我們

丘景尼

祇消看西洋古代的學者稱他爲「道德哲學」就可略見其關係之一班。不過到了現在，在名稱上和硏究的方法上面，漸有與哲學宣告脫離的形勢，甚至有些學者竟說他絕與哲學無關，然而我看來，說硏究世界特殊方面的科學，固然很得當，若說到倫理學，就不能相提並論。我們祇要回看前面二項，就可知道。因爲：

(6)道德的判斷是絕對的　前面已經說過，倫理學是一種硏究道德判斷的學問，而這種判斷，又是一種價值—行爲和品性的價值—的判斷　(Judgment of value)　即不是相對的而是有絕對價值　(adsolu eYa ue)　的判斷。換言之，就是我們的行爲，在倫理上不能因爲一己之好惡而定其善惡。善惡乃是絕對的標準，是一種義務感，與功利快樂是有區別的。申言之，道德的要求，乃是對於事物全體本質　(the ratura of things is awho!ee)　的調和，並不是爲着偶然生活上各種情事　(the oiroun st nces in whic we.happen to live)　的便宜而設的。如果這種論調是對的，那末倫理與哲學其關係至切，可無待言。若使不對，那末要想證明他的虛妄、最少也得參照各種哲學之說，來查明人在宇宙間的位置和他中心原理關係。

(注)哲學并不與科學有什麼相反之處　Professor James 說哲學不過對於他的 sub

j c-matter 更爲 an: us aly o sina e for to t nk clearly" 罷了

（b）人和宇宙（調和界）秩序 （Co mic order） 的關係 倫理學的目的、不是僅僅說到人和物質的社會的外圍有關、而是說到這種關係的意識因爲意識 （consciousness） 是和全法界有關的。人在這宇宙（或調和界）秩序中間、有他相當的位置、即一個人意識他自己是某特殊國家的公民、而且是世界的公民、推言之、又是相關各事物的調和界的一分子。譬如我們想到自已是最小的關係範圍所謂家族中的一個，同時也是較大範圍的國家中間的一個。自己既是人類社會中的一個，同時也是全宇宙調和界的秩序中間一個。所以我們的意識、如果不把頂大的範圍作根據、那末頂小的範圍—即如家族的意識、也要變成無可解釋了，不過要想組織一種特殊科學、我們也可從普遍的現象中抽出一部分來、譬如從自身的一般意識抽象起來、我們就是特殊社會中的一個，從一般的空間和力抽象出來、就是空間和力的特殊形態方向等等。有種人說，「那末、我們若把社會意識的成分來分析一下、而後再去根究他的性質和內容、這不就是倫理學嗎？」這話固然不錯。但是倫理學的範圍還要大，乃是一種關於意識全體的本性和內容（to the 'atu e and con ent; of co ciou ness awho e） 的問題、比三角形和電流在空間和

丘景尼

力的一般性質關係還要密切、還要重大、這就是倫理學和別種科學不同的地方。舉一個簡單的例就可明白此理了、譬如說到數學有一派的哲學者主張我們空間的認識是從外部來的、有一派以爲是自己心上生出來的先天形式。二派的空間假說、雖絕對相反。而數學仍舊不變、又如良心在倫理學上分析起來、不過是一種的社會意識罷了、然而在不同的哲學解說底下，良心的意義、就不能不有所變動出此一端看來、自然科學、實際上固可和玄學分離、而倫理學則爲人和世界全體的關係、對於哲學上的結論、影響至鉅、這一點、初學者應詳細辨別。

事實雖是如此，然而爲便利上和必要上起見、本篇在各標題之下、對於哲學的問題、總力避精深、不過我們應知爲研究的目的起見，從玄學上去抽出一部分來考察是一件事、而說到我們研究的結果，是和玄學沒干涉的、這又是一件事、倘我們把這一點弄錯、對於本篇研究上就不免要受害匪淺了。

要知道科學和哲學的關係可參觀 Togic of Hegel (Wailaces Eng. Tr), P?,9-12; and cP M kenzies Manual of Ethics P 41 fol,

二 倫理學是實踐的科學

有時人們常把實踐的（practical）和理論的（throretic）二點來區別倫理學和自然科學、我以爲這也是一種表面上的觀察、不能算得定論。倫理學在我們的日常生活上固然是比天文學生理學等來得接近實際一點因爲他的名稱就叫做實踐哲學（Practical Philosolhy）顧名思義、可知他對於我們的行爲和判斷有很密切的關係並且在直接的普遍的利害關係上、也是別種科學所沒有的。然而須知倫理學既是一種科學、當然不僅是實踐的也和天文生理等學一樣、是論理的這就像從技術的方面來立論航海醫藥等科固然是供實用而天文生理等學也是離不了致用的精神。

我們觀念上所以有純粹理論科學者、都是因爲我們思維的習慣、常把供我們訓練知力用的書中所說的一案的眞理、當作了實際問題。在科學啟蒙時期就不會有這種誤解、何以呢？因爲其時的人、所以能夠對於自然法則感有興趣、都緣那種自然法則和自己的目的自己的利害有關，所以在那個時候、自然界的眞理、不過是他個人實際目的上的便利罷了。（注一）後來人智漸進、於是發生了一種「沒利害的好奇心」（disjnterested curiosity）、科學之能成爲高等事業、端賴乎此。不過後來又太過於蔑觀實際上的利害、把征服自然的實用都忘却了，於是空虛誇誕之弊，

丘景尼

亦由此以起「注二」所以 Novflis 對於玄學有 it bakes no bread 之譏、正是指這種癥結而言。

(注一)參觀 Hoffdings Psychogy P, 240 (Eng). Tr,)

(注二) Catauben 在 Middlemarch 雜上所載的 Key to a Mythologiee 和 Hegel 所說的 f n s most to be done w ere th re is least to be got from it"

都是恰中此弊

要之、以爲倫理學不及他種科學之爲理論的，此種觀念實對於行爲的理論和實踐方面、將在教室中所研究的觀念與判斷，和日常實際上的道德觀念與判斷的混所致，能知此點、則誤會自可冰釋了。

三 倫理學是當然的科學

有些人又說、倫理學所以和別的自然科學不同、因爲自然科學所講的是『事物之實然』(what is)的問題，而倫理學所講的是「事物之當然」(what is to be ; what ought) 的問題，這實然和當然，就是自然法則和道德法則所以相異之點。不過我以爲這種區別、還不是根本上的解決，何以呢？我們若祇說他兩方的要點，一方所重的是一種人生標準 (asta dard of life)

一方所重的是一種物質的因果律（a low of physical fansation）這固然不錯、然而我們若想從實然和當然上去區別事實(fact)和標準（standa dor criation of fact）那就恐怕有點爲難了。因爲自然法則所講的和道德法則所講的，都是一種抽象的形式（type）而不是個體的實在（indvibual entiles）（注二）即以生理學生物學等自然科學而論，他們所說的也不僅僅是事物實然的問題。他所舉的都門類屬等等，也是一種標準的東西、—當然的問題。換句話，我們可以這樣說、一切科學都是全體（system of whale）對於部分的關係、各種科學的不同，是系統關係的不同、至于運用到標準（當然）這個方式，任何科學都是一樣的。倫理學也是如此，所以倫理學和別的科學相異之點、仍不在實然而在當然、這種當然是什麼呢？就是"The aught is not o y one that comss with al th weight of the inp ieal r a ity but one that can be erecognised by the nd vidual hinsef a d n theiefore con to m as a s l in los ed d obl gation 「注一」

「注一」參觀 Poincaré, science and Hyotqhesis Port

「注二」參觀 M i e d The ene ts of E his, k Tseh e.

丘景尼

第二編

第一章　道德判斷的對象

一　何謂行爲

倫理學是一種研究行爲和品性的學問、人的動作所以和一般物理的現象不同、因爲人的動作是價值判斷、其他的科學是事實判斷、這些話已在前面講過了。然而欲知價值上的判斷究竟是什麼、現在就不能不暫時借一點心理學上的比較明晰一點的觀念來考察這個界說。

通常所謂行爲、雖然是專指「人的動作」(human action)而言、但是在倫理學上能否適當、還是一個問題。何以呢?倒呼吸噴嚏也是一種人的動作、然而這種自動的動作我們總不能說他有什麼善惡的區別。又如在行爲上面加上意識的這樣一個名詞、規定行爲是一種「意識的濟作」似乎是可以了、然而仍有些不安。何以呢?例如覩目光而目瞬、聞銳響而驚起、這固不能說他不是意識的、但總不能說他是一種道德的行爲。(注一)并且以上幾種動作、不獨於人爲然、就是下等動物也是有的。不過我們若是有意對人噴嚏、或有意侮人而瞬目、那就不能說和道德沒有關係了。所以此處的區別是在意志(will or volition)二字。那末我們對於行爲的定義說他是一種有意的動作（Voluntary action）（注二）也未始不可然而此處又有兩種困難，就是無意的動作有時和道德有關係、而有意的動作，却又有時和記德沒交涉是、

（注一）反射運動本能運動和執意的區別可參觀Hoffding的Psychology, Eng, Tr, ch, Vii和Bain Senses and Intellect, PP, 246 foll.

（注二）此處所述之行爲與動作可參觀 Lotze 的Practical Philosophy, PP, 23 foll.

關於這種難點、第一層、不是有意的動作、例如習慣的動作有時我們也可以對他下道德的判斷若是照普通的定義說、行爲是有意的動作、那末、我們用什麼理由來說明這無意動作呢？此處我們可以這樣的回答、就是、『習慣』這樣東西、在現在固然力量很強、可以壓制一切意志、成爲一種不能抵抗的（irresistible）無意動作。然而講到他在最起初的時候，就不能說他不是一種有意動作。這種有意動作、一而再、再而三，不去改正，於是變成一種習慣。我們從目前講習慣，固是無意的，固然好像可以不負道德上的責任，然而當初爲什麼不去防止、使他變成這種痼疾呢？不去防止、他就有責任了。（注）換言之、這種至於不可抵抗的習慣，倒溯他的從前、實在可稱他爲一

丘景尼

種「連續的有意動作」the series of voluntary acts)。

(注)參觀 aristotles 的 Ethics, Book III, ch, V,

第二層若是說行爲是有意的動作、又有好些動作我們看上去明明是有意的、然而不能稱他是道德上的行爲。例如工匠的作工、不能說他是無意的、却不能說他的工作是道德的、所以工匠的道德行爲、是在他的規矩斧鑿之外、而不在他工作之中。換言之、就是怠惰荒業等等不道德的行爲是因他破壞了他和雇客中間的契約。不僅工匠爲然、就是再高等一點的事業如美術家、學理上的理論家、他們的工作我們也不能概稱他爲行爲。

我們如去綿密的研究一下、上面這種區分、多是不很妥當。因爲從道德這一點講、我們日常的工作和對人的有意動作、都是一樣、如果工匠、美術家、學者等、連對他自己的事業、都不肯盡心、不僅是劣等的工匠美術家、學者、竟可直截說他是一個壞人(注)我們所稱的道德行爲、決不是光就人們有意生活的一部而言、也不是像 Natthen arnold 說的「人生之四分三」(three-fourths of life)。 要言之道德的生活、決不是一種斷片的表現、是在他能夠貫注他整個的人生。

Carlyle 曾責備 chelsea 家裏一個匠人說 he broke the whole decalogne with every storke of his hammer,

二　何謂意志

怎樣叫作意志（will or volition）？意志在人心中間究竟是怎樣的狀態？這種「意志現象」的研究光從倫理方面說、不如用心理上的解釋來得明晰、所以下面的說明多少是和心理學有關係的。

要曉得什麼是意志，不如讓我來舉一個極簡單的例。假定我現在有一個跑到火爐邊上去的有意動作、我們應該怎樣去解釋這個動作呢？我們先把這個心理狀態來分析一下、就知道（一）最初覺到的是一種對於冷之苦痛的感情，這感情「feeling」實在是一切意識動作的要素。不說別的，就是我在研究學問的時候、也少不了這個要素因為沒有感情就沒有求知識的興趣「interest」、沒有興趣，活動的本身就不存在了。那末、我跑到火爐邊去，自然也含有着感情的要素，我們如把這第一步分析一下、就知這個感情乃是我的感情。因為我覺到冷、（意識）所以我跑近火爐、（實現）並且同時自已意識著、（我的狀態、）決不會和走到爐傍邊去的貓同樣。（

丘景尼

二）是取得溫暖的欲求。這欲求(d'sire)也是一個最重大的要素、析言之、就是（a）腦經中浮着一種熱的觀念和（b）我現在覺到冷的觀念相對比。一這種對比乃是現狀的苦痛和火的快樂所生的一種混合感情、一成爲一種亢進的狀態、（c）倘若光是上面兩種觀念就可滿足、那末、意志和欲求仍舊是不能成立、因爲如果一有火的觀念便會生出快樂、那就不啻和在商品陳列所裏看見帽樣就滿足無異了。所以事實上在這種時候、意志和欲求有一個最大的要件、就是打勝抵抗去實現出來。因爲欲求祇不過是一種自己的現狀、和未曾實現的未來狀態、觀念兩相對比、所生之一種張力(tension)狀態能了。不過還有一點應注意的、就是欲求決不是意志。在上面的例中中間、我們可以有「還是做事去呢」「還有在家烘火」兩種相反的欲求。(三)經過上面的張力狀態、就要走入考慮(deliberusion)的階段了、心中把機個相互排斥的欲求對象、再三較量、最後凝注的對象、祇有一個、將其餘的都驅逐了、這才是意志或執意、也就是第(四)步的選擇動作 (act of choioe) 或者叫做決定(decitica or retolution)這種經過選擇作用的決定、就是想使一個現象(例如火)實現、而去豫定他那一帶的動作、使我和現在的我相一致、至於實際上還是未來的事情呢。譬如打算寫封信、在未曾寫好之前、還是決定。決定不過是一種觀念、即使暫時中間不實現。一有適當的機會就可復活的，我們對於這種決定，固然也可與以道德上的判斷（注一）但究竟還是一種準備時期，我們說他善將來未必善、說他惡將來也未必皆惡。因爲說他善固然因爲他有善的決定，說他惡也未必是因爲他有惡的決定、所以一直須待決定成爲行爲之後，我們才可以把他當作一個正正當當的道德判斷對象。（注二）

（注一） 關於欲求一點可以參觀 Mathews Gospel, V, 28,

（注二） 關於意志之性質可參觀 W.amers Principles of Psychology, ch. XXVI, of will and desite Greens Prolegomena to Ethics, Book II, ch, ii Deweys Psychology, pp, 360 fol.

三 欲求意志與品行之關係

我們要澈底明白意志作用是什麼、却有一個難點、不過這個難點不是在意志之分析上有了什麼不好解決的問題、而是在具體行動的相互關係上生出了若干的糾葛。人們常把欲求（desrie）當作了一個孤立的原素，又好象欲求是從外部及於吾人的一種作用，所以每逢節制欲求的時候，就把他當作駕馭悍馬一樣看待；（注）以爲意志就是馬夫，欲求就是一匹悍馬。這種見解，眞是大錯特錯。把意志和欲求的關係、作如是觀、這都是從非自由說（

丘景尼

anti-libertarian doctrine）來的。其說以爲「行爲決於最強之欲求，即行爲的決定、不由於自由選擇、而由於他物」「就是將意志和欲求當作了兩種獨立的東西看待」須知欲求是有對象（目的物）的。這種對象是什麼呢？就是對於自我認爲有價值的東西。一切的欲求的對象、既然都是對於自我價值的東西、那末、他的性質的良否、當一以自我之性質爲歸。譬如要想理會本章所講的行爲之性質、這固是本書讀者的欲求對象、然而他所能理會之處，是和他的知力、道德的要求、技能、能力等等的有關係。換言之、欲求是屬於要想理會本書的人的性質的。這種性質、就是他的品性、所以欲求不是獨立的、乃是一種全人生的有機關係。因爲這種緣故、所以他讀到本書本節、他却有他的旨趣和興會。決非道旁之人可比。這種領會，全視各人之性質（品性）而異。他的領會、就是他的品性在他自己欲求對象上的反映，他此時的讀書觀念、在求得比現在的自我還要來得可望的自我（a more desirable self than his present self）這樣的反省，局外人決不會有，也無從喚起此種欲求。

（注）參觀 Platos phaedrus, 253「御者及其悍馬」

總之，欲求有下面幾個要點，我們當得一一注意。就是、第一、人的欲求不是一種驅使人要東就東要西就西的不合理的勢力或傾向乃是多少和自己所定的對象有關係的這一點，就是人和祇有性慾(appetites)與耆癖(propensities)的下等動物所以不同的地方。

第二，欲求對象與自我之關係有二、(a)欲求和自我是一種有機的關係、因為一個人他的知力和道德力漸次發達、就能變換自己的氣質，氣質既變，他的欲求對象也自然兩樣了。照此看來、人是可以創造欲求的。(b)欲求都是為着一個自我而求實現。的例如我們可以說「我欲此物、」亦可說『余欲余有此物、』所以一切的欲求和一切的意志、統係集中於一自我欲求，祇不過是自我滿足 self-fulfilment的一種形式而已。(注)

參觀 Bradley Ethical studies p.62, 其中有云 In desire what is desired must in all cases be self

第三，各個自我都有他各自的與趣「利害關係」和他各自的社會社會環境。所以無論求真理也好求團體的勝利也好求階級的安也寧好，都同着自我而成一致之形。這種的欲求團集起來，就成為一個欲求界(或欲求之一般)(World oruoiverse of desires。)這種欲求界、就可間接決定他的思想和行動。各個特殊的欲望，均不期然而然的同化於此欲求之一般。(注)

丘景尼

參觀 Professor Mackenzie's Manual of Ethic P. 76 foll.

四　意志與自我

上節說意志和欲求、須受外界支配、固然不對、而又有一派學者、主張意志之與自我、僅僅是一種外面的關係、我以爲這也未妥。外界支配說是反對意志自由論者的謬見、外面關係說也是主張意志自由論者的缺點。(注)意志自由論者每每說意志是自我諸能力中間的一種他的作用、是和反映在品性上的欲求不相連續的、因爲意志是一種獨立的作用、所以他是自由的。這種論調、果然不錯嗎？我們前面曾經講過、意志存乎欲求、而一切欲求、又是和自我與品性成爲一種有機關係。那末、對於意志作用的獨立說、我們於此就不能不有所懷疑、因爲我們的結論、已經達到「意志是屬於自我」(Will is Possessed by the self)的一步了、所以「意志就是自我」(The will is the self) 也就是要實現欲求對象、而意識的向前行動者的自我。他和行爲不同之點、祇是對於同一事實的內外觀的差別、自內部視之、我們理會這件事實、乃是自我要想去表現他自己的有目的的意識動作、自外部視之、就是行爲。所以我們下道德判斷的時候、說是對於行爲下判斷也好、就是說對於實現的意志(或自我)下列斷也好、初無二致。

本篇不過爲倫理學一般概念的敘述所以對於意志自由的問題俱不詳論因爲意志自由問題在西洋學者間甲說乙駁紛錯雜殊有令初學者望洋興嘆之感於本書修了後如欲於自由論（Libertarians）與必然論（Determinists）間有所研究則請參閱 Sidgwick's Methods of Ethics, Book I. ch. V, 和見解不相上下的Green's Prolegomena to Ethics, Book II ch. i 和 Work's Vol. II, PP. 380 foll. 又Mackenzie, op. cit. ch. VIII, 和 Bergson's Time and Free will, ch. iii 也可以參照一下

五　行爲與品性

倫理學是一種討論「行爲和品性」（Conduct and Character）的學問、我們前面已經屢次講過了。不過對於二者間的關係、還沒有論及。現在我們且從批評的方法入手、先將一般的謬解來正指一下。

意志表現於外就是行爲、行爲既如上述、然而世人往往還以爲意志之與品性僅僅是一種外面的關係、所以有些學者主張意志須由品性而定、和自然界須循着因果法則而行沒有兩樣。又有些學者、以爲意志是一種獨立的作用、和品性絕無關係。這兩種相反的見解、就是歷來西洋的必然論者和自由論者斷斷爭辯之點。我們若想將這種關係弄得明明白白、對於這種暗礁重重的航

路先要看清了方向。

第一我們應注意的，乃是自然的傾向和遺傳的特質等與品性有別。前者不過是我們道德修養上的一種原料 raw material，例如性之緩急，和體之勤惰是。後者是已經過意志知力的磨礱和磋切了，所以將他另外叫作品性。由這一點，我們對於前者也可說他是品性的孤立分子或或稱他是一種的「稟賦」「given」，和意志是分離的，但是事實上一言以蔽之，凡沒有經過意志和知力的反動形式，這種行為，都不能算得道德判斷的對象。至於品性，因為他是曾經有過意識的目的，而漸次養成的習慣，不是絕對不能矯正的。換言之，就是品性決不是一種離開了意志的外部作用，而是意志經過衝動欲望等所造成的一種習慣形式。這種的衝動欲求，從主觀方面看來，就是品性之為物了。(注)

(注)由於這種理論，所以我們稱品性為「意志的習慣」。J. S. Mill 又稱他為「a completely fashioned Mill」。不過 Completely fashioned 這句話有點毛病，要討論此點，請參閱 Bradley 的 Ethical Studies, Essay I, Note B.

第二我們應注意的，就是動作瞬間中比較靜止的品性，和各瞬間中都在生長變化的品性有別。從前者的見地說，我們的執意「Volition」當然是由品性以爲決定，而各個行動，也都是品性的表現了。何以呢？倘非如是，我們平常說「一個人對於他的行是該負責的」這句話就沒有意義。因爲我們先須承認人的有意動作，就是其人道德性質的標幟，然後在論理上可以說他有道德上的責任。照此看來各種關於行爲和品性的假說。如必然論者謂「動作爲係繼續其前之狀態，與物理之因果無異」和自由論者視「意志爲無動機選擇的秘力「a mysterious power of unmotived Choice」故與品性相分離」等等論調，都不能說明人的責任。果若必然論者之說，人的行爲不過是一種自然的結果，那末我們說行爲者有責任，其荒謬和說太陽對於他的運行應該負責，黑雲對於他的流動應該負責，有什麼兩樣？又果如自然論者之說，他們祇知把選擇的能力歸諸抽象的本體，豈非反將具體自我或人格「personality」上的有機關係忘却。故此，我以爲除去自我或人格，就沒有第二個道德上毀譽褒貶的對象。

（注）對於責任（responsibility）問題可參照 Alexander, op. cit, pp. 333 foll, 和 Bradley, op. cit, Essay I 及 Dewey, Outlines of Ethrics, p. 160.

從後者說，品性既是一種生長變化的過程，那末品性當非由於執意以爲之決定不可，我們的

丘景尼

行爲習慣是一種有意動作反復的結果，前面已經說過了（本章第一節）可知品性可以決定意志，也可以由意志而決定，自無疑義。但是這種說法，一見好像有點相矛盾，其實仔細考察一下，即知其中含有眞理，不僅品性和各個動作的關係如此，其他同樣現狀的例證也很多，因爲這是一般生長發達的法則，我們祇須看植物就是了。植物的生活上，他的生長固然是以其每時節的狀態以爲決定，然而他的新芽（與執意之動作較）的變動，也可反轉去決定他的母體植物，植物的決定和被決定，固然是一種無意識的，人的自己定決和被決定，就不能說他是超乎意識之外的了。唯其是意識之中的，所以我們可以說他是自由的，意志自由的眞眹就在此點。

六　行爲與動機

問題至此，又有一個難點起來了，就是道德判斷的對象。既是行爲，而行爲照上面的定義講來。又可分爲意志和動作二面，所謂意志是內面的分子，動作是外面的分子，意志之中又含有感情和欲求，欲求之中又包有對象觀念，而動作則含有結果，此時意志之有動作，好像是意志從裏面走出外向與外界相接，於是對象始現而效果「effect」以生。這個地方就有問題了，這些分子中間那一個最重要呢，我們判斷人的行爲的善惡，還是指意志中的感情欲求而言呢。還是指動作中的結果而言，這種爭執已經由來甚久了，有些學者如Bentham. Mill 等，就主張行爲的善惡和動機沒有關係，有些學者如 Butler, Kant 等，他們又純粹主張善惡本於動機。（注）

參觀Mill的 utilitarianism, ch, ii 和 Autobiography, ch, ii, pp, 50 foll, 又Butler的Dissertations II. (Bell, p. 336) 和 Theory of Ethics. (abbott,) p, 16

對於Kant的動機問題論調最新穎的莫過於，Godwin著的 Political Justice, BK, II, Ch,

此項問題，非待下章將道德判斷的標準，即所謂善的種類講完之後，尚不能完全明瞭，這也因爲動機這個名詞，就有些曖昧，我們想徹底知道他和行爲的關係，那就不能不先將他的意義來解釋一下。

七　動機的意義

我們的意志發動，總得有個動機，這是人人知道的。那末，可見個個意志作用都含有動機了。照上節說，意志有感情欲求二種要素。我們在那一種要素中間去求動機呢。有些人說，動機須於感情中求之，因爲感情是使動作發動的一個彈機，因爲凡在一樁有意動作之前，總含有多少感情

丘景尼

的要素，這就因爲感情是欲求的要素的緣故。凡是欲求的發動，總一定先含有一種快樂的感情 feeling of pleasure，而後再動追求之念的。譬如慈善家爲着他人的幸福，科學家爲着眞理的發見，都在意志未動以前，先有了快樂的感情，這種的解釋，表面上似乎很對，然而案諸實際，仍舊算不得是動作的動機。何以呢。因動機兩個字，是對着要想實現的目標而言的（如他人的幸福，眞理的發見）。并不是一樁事情已經實現了。倘若說動機是快樂的感情，那末那時快樂既已實現，卻知這個未實現的目標，還有什麼相干呢？要之，這種的謬誤，完全是由於把二種不同的原因弄錯了的緣故，因爲感情在欲求中間，祗是一種動作的動力因（effecient cause），而動機乃是一種目的因（filal cause）。并且從感情的本身上講，是沒有什麼道德上的性質的，他的道德性質，須要附屬在別種要件上面，然後成立。想到他人的幸福，想到眞理的發見，這種預先想像的快樂，和別種快樂毫無兩樣，也斷然沒有優於他種快樂的權利。我們道德上的褒貶，是對着欲求的目的而發的。是問他善不善，并不是問他樂不樂。所以動機不僅是感情，一種因爲僅是感情，還不足以當道德的判斷。

那末，動機是不是欲求呢？也不是的。因爲欲求是先有了對象（目的物）觀念而後動的，所以欲求不過是執意（Volition）的要件，是未得目的物時自我感情的投影。

動機既不僅是感情，也不僅是欲求，那末是不是對象觀念(ideo fo object)呢？也不是的。因爲從意識上講，觀念雖是一切意志及於行動的中心事實，然而觀念的本身，也是不會變爲行動的，（注）近來心理學家曾說意志不外爲一種觀念活動（ideo-motor）的形式，而意志之決定，乃斷於非所欲求的觀念，然而觀念有時也不能跟着主動的原則走，譬當催眠暗示(hypnotic suggestion)的時候，在自己觀念中總還是自己主動似的，其實已經不然了。眞正的意志動作，對於這種觀念的動機力(motive power)，決不先是一種心的表示，和他的品性或欲求的一般 universe of desire是有關係的。這種總和又加上了感情，才是觀念的動機。

欲求的對象觀念，還是在意志選擇之前就是動機呢？還是意志和對象觀念融合之後才是動機？若是在選擇前的，那末腦中所有的對象觀念，都不能說他們不是動機。然而動機太多了，就要發生動機之衝突，來的。既經衝突，自然是競爭優的動機才是意志的決定。那末在選擇以前，當然無所謂意志了。據此，我們對於動機就可下這樣一個定義：（動機是和自我品性相合而始決意的對象觀念。）

丘景尼

(注)Plato的Ethics Vi, 即有此論

(注)欲明動機之眞義可參看Ei ps的Die thichen Grund fragen和Green的Ethicsl Book II, ch. I, 90 foll,

八　動機與志向

我們欲將動機、結果、和道德判斷相關的種種難點、一齊廓淸、那末對於動機和志向（intention）就不能不有所區別邊沁曾說動機就是「一個人所以要做這一件事的緣故」（that for the sake of which an action is done）志向是包含着「所以然」和「其他的」雙方（the intention includes both that for the sake of which, and that in spite of which, anything is done）。照此看來、志向的範圍是比動機來得大、志向可以包括動機、而動機不能包括志向。所以要去做的目的和結果、雖則也是志向、然而不過是志向的一部。還有一部分和這一部分是有區別的叫做究極的志向（ultimate intention）究極志向以外的一部、不過是在中間階段時一種手段（means）的結果決不是動機。譬如父親責罰兒子、他的目的是望他好、望他好就是動機。責罰他是志向、責罰的結果是志向的一部而不是動機、或所以責罰兒子的理由。

於此，我們再回顧到動機和結果的問題上去。

動機和結果，決不是兩種絕對相反的東西。所謂動機，不過是我們對於究極結果（ultimate consequent）的一種認知和欲求罷了。祇須明白這一點，那末，說道德判斷的對象是動機也好，是結果也好，并沒有什麽兩樣。我們固然可以說行爲之所以善，是因爲他的動機善，然而此所謂動機，也不僅是指他善的感情而言，還要他的意志在品性上和目的相融合而發爲一種行爲。換言之，須要現之於動作，有了結果之後，然後完全得有道德上的資格。不過此處所謂結果尙有二義。第一是預先考慮過的，所謂是一種「志向的結果」。第二這種志向的結果，是行爲的所以。換言之，這種志向的觀念，就是目的的原因。凡是不能預料的結果，固然可以不負道德上的責任。但應預爲審度之事而不預爲審度，就去冒昧行動，那就不能不負失察的責任了。所以從結果方面說，預料兩個字是極重要的。要之，我們對於一件動作，須全體計算，所以第一層就不得不預察結果的全體爲善爲惡。第二層再以目的爲中心而去省察他種種的結果，須要有了這兩步的程序，我們再可去說到道德判斷。

動機論和結果論的區別是倫理學上一個很重要的問題本篇未能詳論希閱者參看下列各書如mill的Utilitarianism ch, ii, n, 和muirhead的Ethics; ch. II. p. 64. 以及Matineau的Types of Ethical Theory, p, 247.

丘景尼

九　意志與動機

意志和欲求的關係、前面已經說過了．現在我們可從這一點來．引申意志和動機的關係：因為動機是一種廣義欲求對象的觀念，而欲求對象又存乎自我的品性、那末、動機也自然是存乎自我的品性了。然而這種動機、決不是在意志之外的，或者是外部來的作用。一個人的心性意志、常在他的動機上可以看得出，所以由這個動機所決定的東西，嚴格講起來，就是他自己的決定，故此我們可因着動機去下他的品性的判斷。換言之、譬如我們說某人的動機惡、往往歸咎到他品性或意志習慣上面去，就是因為他的意志習慣不好，所以會生出惡動機來。

各問題至此、大體上總算解決了、讓我再結束幾句、作一個籠統的返顧。

道德判斷的對象是行為（即有意的行為）行為所以和別的動作不同的地方、因為行為是有執意的。執意就是意志活動，意志活動就是要想實現自己以為善的對象的一種運動。所以對於行為的判斷、就是對於意志而言也好、對於意志活動之自我而言也、好都沒有兩樣。至於品性、要不外為一種意志行動成了習慣的結果、所以我們對於品性下一個道德判斷、亦無不可。最後說到一種動作的動機。—有些人說，他是感情，前面已經說過，這是不對的：雖則各個意志活動都含得有感情，然而感情自身是毫無道德上之性質的。——是自我活動的一種對象觀念使自我去求得對象以爲滿足：所以一以自我之有機關係爲中心，動機既係發諸有此品性之自我，那末動機也可以做道德判斷的對象是無疑了。

第二章　道德判斷的標準

一　心理的善與倫理的善

我們試再將前章所述的「動機之性質」來回想一下，就可記起凡是一種動機，其中必有種種的目的。在實現這種目的以前，一定還有種種的欲求從各欲求中選擇出一個來加以決定，就成了動機。其時目的和欲求二者，在行爲者方面是一種要想求得比現在的自我還要來得好的一種關係狀態，換言之，就是想求一種比較來得更滿足的東西。所謂選擇，乃是在能滿足自己的東西中所下的一個決定。照此看來動機在這個時候，含有自己滿足（self-satisfaction）的性質，可無疑義了。使現在的自我向着理想的自我發展，向着理想的自我實現，這就叫做自己發展（self-development）或自己實現（self-realisation）。

丘景尼

能夠給自己以滿足的東西，在自己方面看來就是善（good）。自心理上言，一切動機都能給自己以滿足，所以一切動機在自已的心理上都是善。這種樣子的善，一般倫理學者特別給他一個名稱，叫做心理的善（psychological goodness）。個個動機都含有此種性質。如思食之動機，作慈善事業之動機，竊物之動機等等——所謂凡是起自欲求經過選擇而成為動機的東西，在那一個瞬間裏，自己總承認他是能夠滿足自己的。至於怎樣的事情可以滿足自己，換言之，就是有怎樣內容的動機可以算得心理的善，那是千差萬別，人各不同。要之，所以滿足內容與實質雖殊，其形式之為自我滿足則一。例如求食的內容，慈善事業的內容，和盜竊的內容，雖各不同，然而都各各可以滿足自已。由是可見這個自己滿足的動機形式，是一切共通的了。

然而心理的善未見得就是倫理的善（ethical goodness）。換言之，能夠滿足自己的東西，未必都是道德上的善。何以呢？因為心理的善祗不過想如是去做，而倫理的善卻含有不可不如是去做的意義在內。凡倫理的善，都是和道德標準（moral standard）相一致的，而一切可以滿足自已的東西，卻未必樣樣都能和道德標準相合。如能滿足自己，又能洽於道德，那末這種心理的善，自然同時也是倫理的善了。然而人非聖賢，那能使各個自己滿足的動機，都一一和道德標準相合呢？唯其不能一一相合，於是有所謂倫理的惡產生出來了。倫理的惡是可以成爲心理的善的，而心理的善，卻未必能成爲倫理的善；因爲心理的善。祇不過能滿足其時自己欲求的目的而已。至於這種目的能和道德標準相合與否，自然又是一個問題，所以心理的善未必就是倫理的善。

一個目的，在道德上爲善爲惡，自有一定的標準，這是人人知道的；然而人們當選擇欲求的時候，或選擇和道德標準相一致的東西，或採用和道德標準相反的東西，這卻由個人意志的自由決定了。即他可以選道德上的善來作心理的善，也可以選道德上的惡來做心理的善，這都是行爲者的自由；決定之後，就是他的動機。選擇既是他個人的自由，那末動機的善惡也自應歸行爲者自身去負責任，自毋待言。

一切動機，都是心理的善，至於他又是倫理的善與否，這卻須看他那種動機選擇，能否和道德標準相一致。所謂以道德的善爲動機來滿足自己的人，我們稱他爲善人，以道德的惡爲動機來滿足自己的人，我們就叫他爲惡人。

一切動機，雖都是心理的善，卻未必都是道德的善；可見心理的善之中，可以分成道德的善與

丘景尼

道德的惡二種。道德的善是和道德標準相一致的、而心理的善祇不過和自己的目的相融合罷了；所以對於這種和自己的目的不相投的東西、我們可稱他為心理的惡。

自私自利的人、以獲得個人之利益為滿足、博愛的人、以謀得一般人之利益為滿足、自自己滿足之點言、雙方皆同、自所以滿足之點言、則有霄壤之別、何以呢？因為實質上一方面祇是自利、一方面却是愛人。照此看來、我們可以說心理的善者乃是一種動機形式上的性質、道德的善者乃是動機實質上或內容上的性質、自形式言、一切動機皆為同一、自動機之實質言、就發生道德上的善惡關係了。

因為有這種關係、所以我們每當行事之際、就有了問題。問題是什麼呢？就是各種欲求交互於心的時候、我們必須選擇一個和道德標能相一致的東西而後可、不過人們不選擇合於道德的東西而願採取反道德的欲求、這也是他的意志自由、然而我們不要道德則已、如欲道德、那末他就非採擇和道德標準相一致的欲求不可、這種必然的命令、在倫理上叫做「不可不」(Sollen)、我們要想做道德的人、第一須得遵守這個「不可不」的無上命令(Kategorischen Imperativ)人間雖則不見得個個肯去做這不可不的行為、然而須要能做這不可不的行為、然後我們可以

稱他爲善人、否則不是惡人也是庸人、

二　標準問題

我們想做道德的行爲、固須遵守不可不的無上命令、然而實際上我們當選擇欲求的時候、這個選擇的標準、先不先就是一個難問題、我們應該根據那一種標準呢？這標準究竟是什麼呢？討論至此、我們才入倫理學的根本問題了、這根本問題在一般倫理學上叫做標準論、讓我慢慢比較各家之說、來敘述一番。

日常生活中我們可以遇到許多使人淆惑疑慮、難行處置的問題、我們如想一一有所解決、就不能不先有個根據的標準、例如結婚問題、照現在的見解、當然以戀愛爲唯一條件；然而僅有戀愛、不能說結婚的事實都可從此解決了、倘若沒有相當的生活費、或身罹惡疾、縱有戀愛、也不能結婚、就使盲目的結了婚、如將幸福前途仔細一想、生活問題、子嗣問題等不幸的惡魔馬上要追蹤而至了、又爲奈何呢？所以此際、我們祗可說他倆的戀愛、固然是純潔的、至於結婚、却又是不相宜的、又如一個學者、他所研究的結果、一般承認他是眞理、既是眞理、自然不可不使之實現、然而社會是一種公共生活的團體、既是一種公共團體、那末當然也有他的公共秩序在、我們總不能

丘景尼

說祇須是眞理、便將一切秩序破壞無餘、亦無妨碍。因爲我們一方面固須忠實於眞理、一方面也須對於社會的公共秩序、加以若干的愛護與尊敬。又如自己所有的財產、可以任自己恣情揮霍、在表面上講固似頗有理由；然而實際上、一般浪費的子弟、却不能不有形無形受社會上若干的制裁。不僅財產消費就是生產方面、近世也掀動了莫大的思潮。如同盟罷工、打破資本主義等種種思想、和一般社會運動、就是制限這種自由競爭、無限生產一個顯證。照此看來、上面這種衝突、要不外爲理想與實際、個人與社會的衝突問題。我們對於人生的淆惑混亂、多半也是從這種問題上起的。我們要想在這種衝突、矛盾、淆惑、混亂的中間、找出一個標準、來就不能不先有若干學理上的根據。要想得到學理上的根據以前、我們且先將這些問題來歸納一下、就可知道一般衝突與矛盾、不外爲（一）理想與實際（二）個人利益與一般利益兩個大問題。換言之、這兩個問題、所討論的要不外爲我們做事還是不顧實際祇就理想爲目的好呢、還是祇重實際而不顧理想好、還是對於自已方面概不問聞、儘去顧一般利益事情好呢、還是不顧公共幸福祇圖私利來得好。不過這四個標準、我們可以將約一約、成爲兩個形式。就是理想這樣東西、大概和利人的問題相同、事實的性質、大概和私利的問題相近、所以我們可以將他們綜括起來合做兩個大問題。就是我們做人的標準，還是應取實利呢，還是應取理想。這兩個問題在歐西方面，從古以來，就起了不少的爭論，甲說乙駁，至今未已。我們想討論這兩個問題以前，可先將各家對於上兩種標準的選擇和見地來考察一下。即——

（a）快樂說

此派認快樂爲人生唯一之標準，茲將其大意略述如次。

希臘古代的 Cynics 學派，祇知重德（Virtue）而不問動機，至於主張快樂說的（Cyrene）學派，他們的目的，既是快樂由動機以斷行爲之善惡的問題，在他們心目中當然沒有什麼意思了。欲知快樂和痛苦的分量若何，那就不能不就行爲的結果來下判斷，既就行爲的結果來下判斷，那末他們得主張結果論也是事勢所必然了。快樂論者的特質，雖在重視結果，然而其中却又生出了種種不同的派別。第一派我們就叫他做分量計算主義。然而欲比較分量以爲計算，最初就不能不有一個衡量重輕的標準，這種標準，最少也得是一種同質同量的單位，然後可以計算，而這種單位又自然不能不有客觀的性質。何以呢？因爲祇靠各人主觀的標準，是不能作計算快苦之根據的，如果祇是主觀的，一定有甲以爲多，乙以爲少，乙處量之多寡不均，分量計算的方法

丘景尼

自然也不能行了。所以這種標準、又不能不是客觀的。

然而這種萬人共通的單位的客觀的快苦計量標準、我們從何處去尋求呢？這眞是一椿難事了。何以呢？因爲各人的快樂與苦痛、祇可各人自知。他的性質上本來就是主觀的、決不易找出一個萬人共通的客觀標準來。譬如說到溫度的計量、我們固然可以造出一個溫暖計來作標準。如遇到甲以爲暖、乙以爲冷、在那兒爭論的時候、我們拿出這計給他們一看、雙方自然沒話好說了。然而測量這種快苦的快苦計、又有誰能夠發明呢？恐怕是絕望了吧。世人到有些人主張用脈搏強弱遲速的方法來測驗快苦、不幸這個計畫、終究還是失敗了。

像寒暖計一樣、在快苦上求出一個純粹的客觀標準來、固不可能、然而非純粹客觀而近乎客觀的標準、卻似可有。這近似的客觀標準是什麼呢？就是感覺（Sense）的快樂。例如聽到一定的聲音、看到一定的顏色、撫摩柔滑的物體、吃容易消化的食物、睡很安穩的床等等皆是。因爲世界上決沒有歡喜口食粗糲、身臥榛棘、目視惡色、耳聽惡聲的人、所以可以說這種單純的快感、算得是萬人共通的。感覺的快感既具有此種客觀的性質、那末、主張分量計算的人就不得不採用這種感覺快樂的標準了。而且感覺的快樂、確具有單位的資格、——這種單位自時間上言、自比由單位所集成的複合物來得先一點。——至於高尚的精神快樂、推理、想像、考察時所伴隨之快樂、和審美的快樂等等、都要等精神比發達、文化較進步之後、才始有的。如不問其爲野蠻人爲文明人、男女老少、一切人等所共有的、乃就祇有感覺的快樂了。因此、我們可以稱此感覺之快樂爲單位的。而主張計算主義者、亦自不得不以此爲標準。唯快樂說之結論、終非達於自利說不止、所以快樂說要不外爲自利說。既主自利說、也自然是實利主義了。

此外還有應用快樂說的見地來主張功利說的。即

（b）功利說

功利說一名普汎快樂說。(Universal hedoinsm) 此派不以自己快樂爲目的、而以人類一般快樂爲目的；雖也可說他是一種快樂說、根本上却和其他快樂說有絕不相同的地方。關於此種說明、且讓後段、要之、我們如祇用上節的快樂說來做出發點、就終非歸於自利說一途不可。不過自利說這個名詞、不僅僅是說到自利、其中還有其他的意義；如以自己全生涯快樂之最大量爲目的、也是一種自利說。然而欲用快樂說做出發點、不獨功利說不能成立、就是自利說的本身也要破壞。何以呢？因爲快樂這樣東西、除出將自己目前那一瞬間的快樂來做目的外、決無他物。既

丘景尼

是目前瞬間的快樂，那末除出感受着的本人，決沒有第二者可以知道，他人的快樂和自己將來的快樂，都是現在的自己所不能感受的，即他人的快樂和自己將來的快樂，祇可浮於想像之中，所以這種快樂，決不是實感，既不是實感，那末也祇不過是一種快樂的思想罷了。如果從快樂說的見地講來，他人之快樂姑無論，即是自己的快樂也祇有以目前瞬間之所感爲快樂之一途，所以快樂說的結論，祇可至極端現在主義的自利說而止，至於要想用快樂說作出發點來唱功利說，及以一己全生涯之最大快樂爲目的的自利說，無論如何，他終不能自圓其說，茲更就此點，以爲評論。

以前講快樂說的人，都以爲人生除出快樂以外，更無第二種目的，殊不知他們的錯誤，就在這一點。

以常識論，即知快樂之量之多者，未必就是善，其量之少者，未必就是不善，換言之，以精神的快樂和肉體的快樂相較，縱使肉體快樂的量比精神快樂的量來得大，有時我們還是取量少的精神快樂而不以其多寡爲決擇的標準，所以mill說，快樂之高下，並不是量的區別，而是質的優劣。內此觀之，可見與其爲豕鹿而樂，不若爲人而戚，乃是一般人的自然心理。比較良心發達的人，不願樂多而行不德寧樂少以適道者也不外此種理由。

快樂既不在量的多寡而在質之優劣，那末以快樂爲人生唯一目的的快樂說就不能不破棄了。何以呢？因爲我們若祇以快樂爲人生的標準則除出以量之多寡爲取捨外，沒有第二個評衡。反之若認快樂是性質上的區別，那末就不能不從快樂以外去尋出一個標準來定這快樂優劣，換言之取捨的標準，乃是快樂以外的一個理想，與此理想相合，才是優的快樂，與之相反就是劣的快樂了。照以看來不想主張快樂說則已，欲主張之除用計量說外別無他法。

快樂固然是人生目的之一，然而人生的目的決不止快樂一端。例如腹饑思食，此時之欲求，決不在求樂而在求飽吾人縱可謂有時因飽而得樂，然而決不能說求飽就是求樂由此類推，即知人們許多活動目的，常非求樂，故樂不爲人生唯一之目的。

一種目的實現之時，雖常伴有快樂，然而實現一種目的，和實現時相伴而生的快樂感情，仍舊是有區別的，關於此點，Muirhead 說得最透徹。他把這兩種事實嚴行區別，稱一方爲快樂的觀念，(idea of pleasure) 他方爲觀念的快樂。(pleasure in idea) 快樂的觀念就是把快樂來作目的時腦中所浮的一種狀態，換言之，就是以快樂爲目的的觀念，

丘景尼

以快樂爲目的，那個時候的目的觀念，固然是快樂，然而人們的目的决不止快樂一端，其他尙有種種，如探究眞理，如作慈善事業等等，都可以做人們的目的，換言之，即探究眞理，眞理就是他的目的觀念，作慈善事業，慈善事業就是他的目的觀念。不過在求這種目的的時候，往往也有快感跟着起來，此時的快感，就是自己滿足的感情，這自己滿足的感情，就是前面講的心理的善，所謂觀念的快樂，即指此而言。

觀念的快樂，就是自己滿足的感情。自己滿足的感情和心理的善，如前面所言，乃是動機的一種形式性質，所以自己滿足和心理的善，實在是異詞而同義，凡是心理的善之中，如求快樂，求眞理，作慈善事業等等，都可做他的目的。既都可做他的目的，那末快樂也自然祇不過是那種目的的一端，一般快樂論者，把這兩者混在一塊了，於是遂生出「人生之目的唯有快樂」的一大謬論。

然而自己滿足，祇不過是動機上的一種形式性質，我們如把他來當作道德標準看待，那就太無意義了。我們若想確立一種倫理學說，那末對於如何可以滿足自已的意志活動其內容就不能不有所規定。譬如還是求快樂是自已滿足的最高標準呢？還是他種的自已滿足是最高的標準？有了一定的標準，然後一個倫理學說始能成立。

用快樂來做唯一標準，其說不能成立，上面已經講過了。然而我們又不能漠然說自已滿足就是標準，那末我們總得找一個特殊的自己滿足來作一切自己滿足的評衡，關於這種標準的決定，且容後面慢慢的講下去。前此，讓我再引幾個學者的論調來批評快樂說。即

（c）飽和說與倫理的快樂說

德國學者 SchWarz 說，我們行為的目的，在意志飽和（Sattigung）。快樂祇是意志飽和的一種，其他如求眞理，作慈善事業等，也都可以飽和我們的意志。他這幾句話，我們可以說就是心理善中自己滿足的意思。不獨 SchWarz 的意見如此，就是 Sidgwick 也抱有同樣的見解。他說，我們人的目的，不僅僅是求快樂，而是求所謂道德上的快樂。他這種說頭，雖然仍舊襲用快樂兩個字，然而卻和以前的見解，大不相同了。我們可以稱前面的快樂說為心理的快樂說（Psychological hedonism）而稱他的快樂說為倫理的快樂說（Ethical hedonism）倫理的快樂說的要旨，就是以為人們如光用快樂來做道德的標準和規範，是極不合理的。何以呢？如果人們祇知求快樂，那末，世界上就應該有「非求快樂的道德法則」存在不可，然而一方面既有不可求

丘景尼

快樂的道德法則存在，我們就可以推知他方一定有不求快樂的事實存在。譬如世上所以有不可不孝其親的道德法則存在者，實因他方有不孝其親之人。倘若人人皆能孝親，這種道德法則就不會生出來了。於關這一點，就是自然法（Natura law）和道德法（moral law）所以不同的地方。自然界固可統通適用引力的法則，然而却不能有不可不從引力法則的道德命令。道德界究竟是怎樣的情形呢？所謂孝親的也有，忤逆的也有，慈善的也有，殘酷的也有。唯其如是，於是有行孝博愛等德道法則發生。如果世人都像心理的快樂說一樣，光去尋快樂，那末，快樂的道德規範，也無所用之了。要怎樣才可以產生這種非快樂不可的價值制斷呢？必也人們之中求快樂的也有，不求快樂的也有，於是人不可不求快樂的道德命令，始可發生了。Sidgwick 就本着這個意思創爲倫理的快樂說。不過他這種論調也多少帶着功利主義的臭味。至其要點，玆暫從略。

（d）個人主義

快樂主義趨於極端，就變成一種完全自利的個人主義（Individualism）了。這都因爲感覺的快樂，除出自己以外沒有第二個主體，而而自己快樂之中，又除出現在的快樂之外，沒有第二種目的，至於因將來之快樂而犧牲目前之快樂，在快樂的見地上是說不通的。何以呢？因爲他人的快樂，知自己將來的快樂，祇不過是思想而不是現實，所以以一般社會之快樂爲目的的功利說，在快樂說上是沒有根據地的。

自利的個人主義說中，尙有以自己全生涯中分量最大之快樂爲目的的一派。他們以爲目前雖有少許之快樂，然爲全生涯最高之總快樂計，則寧犧牲現在之快樂。此派之說，在自利派中，似較穩健。惟細審其說，則知其仍難成立。何以呢？人生最高的總快樂是什麼？我們果能感受這種總快樂與否？這些都是問題。況人生上壽，不過百年，其將死之時，所感之快樂，也不過是那一瞬間的事實。至於過去長年月間所積之快樂，欲於此際得一個總享樂，實於事理上均不可能。倘若不然，人們一生艱苦之經過，都可做死時享樂之積蓄了。由此可知快樂兩個字，祇有現在，如因求快樂而爲一生最高之總快樂犧牲目前之樂，那就太愚了。

關於上述快樂說之難點，Sidgwick 曾採用他種方法來作快樂論的證明。其說頗能超出邊沁穆勒諸氏的窠臼，茲特介紹之如下。

氏以爲我們如欲證明快樂說之可能，首宜採納人格同等的觀念。因爲彼此既都是人，自己當

丘景尼

然沒有優於他人的特權。人類之中既無人可以有特權，所以都應該得到同等的待遇，這就是公平的原理。功利主義如不把這種公平原理做出發點，是不能成立的。這種公平原理，乃是直覺的眞理，不須考察推證，即能自明。此即所謂道德的公理。這種道理，和幾何學中三角形之一邊小於其他二邊之和一樣，同爲自明之眞理。自己想快樂，他人也想快樂，目的既同是快樂，所以不問快樂是誰的，總該往快樂多的地方走，舉天下之快樂與自己之快樂較，自己之樂多，則自應求自己之樂，反之，則非以他人之樂爲目的不可。這種尊重彼此人格的公平原理，就是正義（Justice）。不僅以自己之快樂爲目的，且計及一般之快樂，這就是博愛（benevolence）。根據此理，可知社會一般的快樂者，並不是誰一個人的快樂，乃是直覺的自明的公平眞理。

自己的快樂也是如此。我們也應該把全體的快樂來做目的。在自己全體快樂的中間，固然有現在的快樂，却也有將來的快樂。自己的快樂和他人的快樂，既受了同等的待遇，那末，自己現在的快樂和將來的快樂，也應該受同等的待遇。據此理，則快樂的標準，仍在分量之多寡，而不在現在將來之分。現在快樂比將來快樂大，固應取目前之樂，如現在之快樂比將來之快樂小，那就自然該犧牲目前之樂而爲將來了。

這種求自己全體的最大快樂，Sidgwick稱他爲合理的自愛（rational self-love）。正義，博愛，合理的自愛等都直覺的原理。Sidgwick的主旨乃是同這種直覺原理來駁擊一般快樂說的。氏之說，雖亦多有可議之處，限於篇幅，茲暫略之。

（e） 進化論的快樂說

快樂諸說中尚有一種特別的快樂論，就是Spencer的進化快樂說（Evolutional hedonism）是。上面所講的快樂說，祇不過是用個人主義來作基礎，即以個人爲中心來說明人類全體之活動。Spencer則反是，他以活動的中心，不是個人而是社會（Society）。以社會的立足點來反駁個人的快樂論，立說固甚正確，惟氏之論中亦不無誤謬之點，茲略述其說之梗概如次。

歷來的快樂說，都不把社會當做一個實在東西看待，以爲社會這個名稱不過是多數個人的一個代名詞，好像無機物是由於多數原子集合而成的一樣，多數的白粉機械的集在一塊叫做粉筆，多數的個人集在一塊就叫做社會。社會之爲物，並沒有什麽特別的目的和特殊的活動，活動的本身，祇不過是個人而已。照這種解釋看來，社會僅是一個機械的團集。這種樣的解釋一般人稱他爲社會原子論的解釋。

丘景尼

Spencer 所反對的，就是這種機械觀的社會論。他以爲社會是一個有機的存在物，社會全體，就是一個有機體（Organism）。我們各個人，祇不過是這個有機組織中的一部分罷了。我們各個人的活動不論其爲快樂爲苦痛，均須由社會的關係以爲決定。社會這樣東西，不獨在他的構成上是一個有機組織，而且像我們人類的身體一樣具有生長發達的機能，這就叫做社會之有機的進化。社會的進化，是我們人類所有一切活動的一個唯一原動力。如離開了社會的進化，各個人的存在就不可能了。換言之，就是失了他存在的意義了。

據氏之意，則社會愈行進化，吾人之快樂益多，快樂和社會進化至此已經成爲一種相互關係的東西了。

社會的進化，乃是和人間生活力之充實與增進相並行的。現象生活向各方愈行發展，快樂的分量也愈增加。人類的目的固在快樂，而快樂之最高分量，要須至社會進化之極致時始能獲得。欲達此最高分量之快樂，就不能不有「不可不」的倫理條件。這種倫理條件的直接目的，自然也就社會進化了。

他這種議論，無非都是爲抨擊從來之快樂說而發。因爲歷來快樂說的最後目的 (Ultimate

end）雖是快樂而其直接追求的最近目的（Proximate end）也祇是快樂他却反對這種主張以爲我們最後的目的固然是快樂然而直接（Immectiate）目前的目的却不該是快樂而是社會的進化。欲謀社會的進化就須實行社會道德社會進化的自然結果固可獲得快樂然不得逕謀快樂以得社會的進化當以博愛正義爲主力期實踐實踐之後快樂亦水到渠成不求自至然而我們心中則仍以不存快樂之念爲宜心不思快樂而唯實行目前之社會的道德乃是達眞正快樂的捷徑

分快樂爲最後之究極目的和最近目的二種觀此點可知 Spencer 也是一個快樂論者。不徑過社會進化爲過程不能達到最大快樂的究極目的這就是他的主眼我們稱他爲進化的快樂主義　稱他和個人快樂主義不同也就在此

（f）　經驗的快樂說與科學的快樂說

從來的快樂說概以人間過去各種經驗之苦快爲苦快道德法則就是由這種經驗概括而生的。所以 Spencer 稱這種快樂說爲經驗的快樂說（Empirical hedonism）

他的快樂說則異於是不僅以經驗之概括來區別善惡邪正乃從一根本原則來推論演繹當

發見這種原則的時候，雖也應用歸納的方法，但基礎上是以演繹法爲本的。他的根本原則就是離却社會進化，人們決不能達到第二個快樂的目的，如欲得快樂，那自不能不有博愛和正義。他這種結論，和經驗快樂說的道德法則相較，經驗快樂說是僅由經驗概括所歸納出來的，而他的博愛和正義的道德法則，却是從社會進化的原理演繹出來的，所以他稱自己的快樂說爲科學的快樂說(Scientific hedonism)。

這兩者的區別，好像古代的天文學是經驗的，現代的天文學是科學的一般。因爲古代的天文學祗曉得用過去的許多經驗來做基礎，從何年何月日蝕，何年何月月蝕的過去概括經驗，來說到此後何年何月也該日蝕，何年何月也該月蝕。今之科學天文學則與此相反，祗須用引力的根本原則來做基礎，以推算天體之運動，即用數學的測算，以爲演繹，就可豫知某年某月有日蝕某某年月有月蝕。

他的科學快樂說，也和科學天文學一樣，祗用社會進化一事來做快樂的唯一條件，道德的法則，就是從這社會進化的原理演繹出來的，照他的研究，他對於社會進化尚有種種方面的考察，惟本書篇幅有限，不能詳述，要之，他的唯一要件，不外用社會進化的原則來解釋個人的各種活動。今舉他書中一部分的大意來說，就是：向來的快樂說，對於快苦。祇不過就個人之所感者以爲斷，而他的學說則以爲一般快苦、須以社會之進化爲斷，而非由於個人。此誠確論。例如我們當愛人的時候，心中一定感覺到快樂。爲人所惡的時候，心中一定感受到痛苦。又如與人仇讐不若與人友善來得快樂。這種感情，都是有了社會進化的結果而後發生的。倘除去進化的原則，我們對於這種心理狀況，就無從說明了。

怎樣叫做進化(Evolution)呢？在生物一方面講來，就是生存競爭 (Struggle for existence) 的法則。譬如地球上新產出的生物，如果個個都能發育成長，食物之供給必有缺乏之虞，於就不能不有所淘汰。人類也是如此，也須遵守這生存競爭自然淘汰的原則。競爭的結果，弱者亡而強者存。換言之，即適於生活之環境者存，不適於生活之環境者亡。這就叫做適者生存 (Survival of the fittest)。 適者這句話的意思，就是說他歡喜做增進生活的活動。如果他對於這種充實生活的活動，感覺快樂，那末他就是對於這種活動的適者，也就是生存競爭場中的勝利者。 存者。反之，對於這種充實生活的活動，感覺苦痛的人，或不歡喜去做這些活動的人，就是不適者。他就得滅亡。譬如講到食品，有歡喜吃滋養物的，有不歡喜吃滋養物的。歡喜的就是適者，不歡喜的

丘景尼

就是不適者，這種適與不適的生存競爭，經過了若干的年月，以迄於今，所殘存下來的都是歡喜吃滋養物的生物了，所以現在的人們個個歡喜吃滋養物，我們可以說完全是進化的結果，決不是隨便的事實，

對於道德的行爲，也是如此，我們施行道德的時候，覺到快樂，做不道德事情的時候，覺到痛苦，也完全是社會進化的結果，因爲道德是社會生活的唯一法則，不實行道德，就是不適於社會生活的人，他既不適於社會生活，所以他非亡不可，每逢實行博愛正義而覺到快樂，他就是社會生存競爭場裏的一個勝利者，完全不歡喜行博愛正義的人，經過長時期歲月，已經漸漸淘汰了，所以現在所殘留下來的人，都多少對於博愛正義的行爲感覺快樂，對於非博愛正義的行爲感覺痛苦，今日社會中，固然也還有若干行不德而感覺快樂的人，然而這就和對於滋養物感覺痛苦的人一樣，終非抵於滅亡之境不可，

今日的社會，尚在進化途中，所以道德和快樂，不道德和痛苦，尚不能完全一致，此後如逐漸再往前進化，人們實行道德，當愈覺快樂，行不德，當愈覺其痛苦，至其極，道德乃與快樂合一，不道德乃與痛苦相併，不過現在離開這個道德即快樂，不道德即痛苦時期還早罷了，例如今日嗜酒之

人雖飲酒至於害及身體，猶覺飲酒之可樂，若是他日人們到了理想的涯境，一定會飲酒未害及身體，固感覺快樂，如一害及身體，就覺到痛苦，苦與樂隨有害與否之程度而相應，故在此時期，祗須問快樂與否，至於有害與無害有德與不得，不須留意，自然行之合宜。現在離這個時期尙早而又早，所以雖覺快樂而實有害的行爲，還往往皆是，這也是在進化途中不能避免的現象。自進化之理言，快樂和適於生活的行爲，當日相接近，相互駢進，人間之活動，乃漸次完全與道德相一致，至其極，苦痛之爲物，乃完全消滅，所餘者唯有快樂而已。

Spencer以化進之說與快樂相結，遂於快樂說中別開一新生面，誠屬獨到之見，嘗觀歷來道德學者中，總以爲快樂是一椿有百害而無一利的危險品，一切罪惡的淵源無不起於快樂之一念，所以禁慾主義者每謂求快樂即係行不德，道德與快樂遂成冰炭，無相容之餘地，Spencr 一出，乃將這兩個絕不相容的東西，融合爲一，證明道德即快樂，快樂即道德，倫理上快樂之位置，至是遂呈一異彩，所以我們對於他的新見解，亦自大有注意之價值。

他用社會進化的原理作基礎來反對從前的個人本位主意說，固是他特創的見解，然而他這種社會本位主義說，又似太偏重社會一方，遂致不免陷於謬誤，眞是一件可惜的事，情他以爲能

丘景尼

動的原動力祇是社會，個人不過是一個無力的被動者罷了。他對於一切個人的活動，既完全以社會爲歸着，所以他這種論調，全然是一種社會萬能論。以前的極端個人主義，固然不妥，然而他這種極端社會萬能說，自然也不能算爲眞理。果如氏說，個人無力，社會萬能，那末個人的活動，都是社會所使然，個人還有什麼責任之可言呢，個人行爲既無責任，道德二字，也沒有什麼意義了。換言之，對於自己所定的目和實行，既加以否認，那末我祇可說負有道德責任的是社會，至於個人是完全和道德沒交涉了。

照上面講來，這種說明，完全是把人當作了一種傀儡看待。社會就是弄傀儡的人，當社會在那兒佈弄這般傀儡的時候，或使之相互爭鬭，或使之自相殘殺，傍人看了，不過付之一笑，再沒有人去責問這種傀儡的道德與否。因爲這種活動，不是傀儡自身的自由決定，所以他不負道德上的責任，倘若我們背後也完全是社會在那兒操縱，我們自身無自由決定之餘地，而要加之以道德的責任，那就未免太滑稽了。人們在這個時候，他的活動可謂與自然界的物質活動無二，如叩鼓則鳴，不過是一種起動原因的結果，而不得稱之爲目的原因的結果了。他這種重視社會的結果，乃將個人沒却，至其極，甚至倫理學本身也爲之破壞無餘，眞是他所料不到的一件事情。並且照他那種見地，堯舜也無所謂善，桀紂也無所謂惡，孔孟也無所謂聖，盜跖也無所謂暴，都是社會所使然，和個人毫無關係。我做盜賊不是我要做盜賊，乃是社會使我做盜賊，我可不負責任，此是善人，彼是惡人，也是社會所使然，不能有所區分。誠如是，更何道德之可言。

上述的結論，就是Spencer 的謬點。他在排斥個人主義一方，固有見解獨到之長，在論社會萬能一方，却仍陷於極端之弊。本篇對他的學說，不能一一詳評，就請以此爲止，而對於快樂說的大體，也請在此告終。底下再將別種比較代表的學說，介紹一二，以玆參考。

（g） 直覺說

直覺說（intuitionism）是一種怎樣的學說呢，簡言之，即創此種學說的人，他們主張一個人生出來就具有一種特別的道德能力。這種能力是什麽呢，就叫做良心（Conscience）。良心這樣東西，可以無須考察，不待證明，也用不着經驗，乃是一種先天的能力。良心之爲用，可毋須推理而能直知，故曰直覺的（intuitive）。怎樣是善，怎樣是惡，就是這種直覺的先天的能力告訴我們的。我們一切行爲，就可以本着這個直接的指示去做。換言之，就是良心告訴我們是善，我們就去做，良心告訴我們是惡，就不要去做。一本於此種良心去行爲，就叫做直覺說。

丘景尼

直覺說所謂良心，乃是一種人們一生出來就有的特別能力，無論老幼男女，古今東西，人盡相同。有生命卽有良心，故良心之爲物，無所謂發達進步之別。然而我們仔細考察一下，試問世界上果有這種樣子的良心沒有，如一詳思，就可知這是必無之事。何以呢，凡良心所謂善惡，有昔日之人以爲善今人以爲非者，東方之人以爲善歐人以爲非者，幼時以爲善長則以爲非者，可知良心對於善惡之判斷，也在時刻變化，靡有止息。如果我們承認這種良心的變遷是事實，那末良心之爲物，也自然是一種經驗的結果，而須由推理考察以養成之了。但是歷來的直覺論者，都以爲人生之初，良心已成。良心之程度，沒有什麼高下的區別，萬人都是平等的，他們的主張如是，就難免錯誤了。須知良心之爲物，不獨因時代而異，且可因人因地而殊，經驗增加，良心亦隨之改易，並不是一成不變的東西。

直覺說尙有其他困難之點，在不過我們在批評他的缺點以前，先該將他的功績來敘述一下。卽直覺說這種主張他的要點，是怎樣產生出來的呢，要明白這層，我們可先該明白道德判斷有兩種的形式。那兩種形式呢，就是法則（law）的判斷和目的（end）的判斷是，換言之，就是道德判斷的標準，有法則與目的二種。怎樣叫就法則呢，就是用正（right）邪（wrong）兩個字來做標準時的判斷。怎樣叫做目的呢、就是用善(good)惡(bad)兩個字來做標準時的判斷。法則是從外部給我們的一種命令規則、目的是從自己內心中反省後所追求的一種基礎標準。

用法則來做標準的判斷、和用目的來做標準的判斷、在道德上看起來、是有區別的。換言之、就是目的的標準是本、法則的標準是末、因爲我們不能光把外部給我們的命令來作道德判斷的根本標準、應該把自己反省後的目的來作道德判斷的基礎。不過從人類一般發達史上看來、法則的標準、常在目的標準之先。從個人發達史看來、自小兒以至成人之間、也是法則居前目的居以後。事實上的發達之順序言、固然如此、但是從道德的意義上言、就應該以目的的標準做基礎了。何以呢、因爲法則這樣東西、用道德意義解釋起來、不過是一種實現目的的時的手段而已。然而目的這樣東西、是要道德意識比較發達的人才始有的、未進化的人民和多數凡庸人、他們所守的、祗不過是外部的法則罷了。

這法則和目的的區別、在我們行動方面講來、就叫做自律(heteronomy)和他律(autonomy)。不訴之以自己的理想和目的來下道德的判斷、而僅知服從比自己威權來得大的外部命令、這就叫做他律、反之、以自己應該去做的事情爲目的來區別善惡、這就叫做自律。

丘景尼

道德的標準、是不宜於他律而宜於自律的。道德和法律的差別也就在此。法律僅僅是他律的、所以可不問你的行爲和你自己的道德理想一致與否。違法卽科之以罪。道德則不然、第一就得和自己的目的相一致而後行動。否則善就不能成立。

以上兩種標準。從人類發達史上看來、固以法則居先、然而人智漸行進化、反省力漸強、乃知外部的命令決不能成爲道德的唯一標準、知外部法則而外內部尙有較善之標準。在直覺說就是從這種自覺的立足點上發生出來的。直覺說在倫理思想發達史上的價值、也就在這一點。然而以外部法則爲標準的缺點、究竟在那兒呢、今請略舉其一二如次、即

第一、外部法則種類過於繁雜、如政治的法則、宗教的法則、道德的法則等等、均各自爲政、發行法則命令、如此種種法則、倘能相互調和、自然不會發生什麼問題、然而一方之命令如此、他方之命令如彼、彼此之間就難免不發生衝突。當此之時我們將何去何從呢。自己欲有所取捨、就不能不另立一個理想的目標了、這就是自律的目的所以發生的由來。如若不然、祇知以外部的法則爲準據、那就不免要淆惑困亂、無所適從了、這就是外部法則的第一個難點。

第二不僅政治宗教等外部法則有此種困難、卽道德法則自身也免不了這種矛盾、例如道德

命令中有勿殺勿盜種種法則如彼此調和之際尙不會發生問題然而法則繁多衝突終是避不了的倘有了衝突我們又將如何處置呢。

今如父母身患重病延醫診視知病不起然而此時爲人子者還是遵守「勿欺」的道德命令直截告訴父母以速其死好呢還是謊言安慰來得好我們倘僅知「勿欺」的法則那末在此時就未免了要和安慰病人的道理發生衝突了。這是第二難點在這種地方道德的法則也不能不用例外了。譬如勿欺的條項底下我們就不能不加上「但對於病人不在此限」的但書。然而在病人面前一切情事都可打謊話嗎這又不對的了。何以呢在病人面前概用謊話不獨有反勿欺之原則且於病人毫無所利。那末我們又不能在但書底下加上「以謀病人之幸福爲限」的註解了倘若個個道德法則都是如此的去用但書和註解恐怕誰也要不勝甚前而且例外之中有例外決非區區之但書和注解所可畢其能事。

第三我們如果僅知一以外部之法則爲標準那就不能不設備無數的規則俾與各種人事相適應然而規則總是有一定的而人事卻是無限以有定應無限縱使規條如網也要掛一漏萬所以規則雖多仍舊是徒勞無功的。

丘景尼

第四、如以外部法則爲標準、則反有使人易於藉口之處。例如自己想作惡事之時、在多數規則之中、一定能找出若干可以文飾己過的規則。如貪口腹者、常以養生爲藉口。嗜酒色者、常以消憂爲遁辭。諸如此類、古往今來、人之藉此以濟其惡者、又不知凡幾。即以學校中之規則而論、其中每多不良學生、假口校規、以遂其私懷。這也不可謂非外部規則缺點之一。

第五、規則如係自己以外的一種東西、那末規則的背後、一定隱有某種的勢力和威權在內無疑了。換言之、道德的褒貶、既爲外界所操、所謂從之則吉、背之則凶、那末規則的背後、就是制裁。我們所以去服從規則、要不外爲對於這種制裁的恐怖與希望罷了。苟如是、我們更從而推原自己不去爲惡的心理、其不爲惡者、非眞欲爲善或不背自己之理想與目的、也祇不過爲外部之法則所制、不敢不守而已。人們行爲的動機、倘皆如此、我們還能說他是眞的道德行爲嗎。所以這一點、也不能說不是法則標準主義的最大弊害。

據上述、可知外部法則、不能做我們的道德標了。我們在幼小時代、或文化未曾十分發達的時期、固然祇知唯酋長牧師或父兄之命令法則是從、等到知識漸開、年齡漸長、一定會覺到這種外部法則之不妥、而發見上述各缺點了。既發見了缺點、自然要想從此外另覓出一個比較適當時道德標準來、所謂直覺說、也就是彌補上述缺陷的一種。

外部的命令、不是眞正的道德標準、自己內部的命令才是眞正的道德標準、這內部的命令是怎樣出來的呢、因爲一個人一生出來就有一種特別的道德能力、存在我們的精神中間。這種特別能力（Faculty）是什麼呢就是良心（Conscience）。服從這內部良心的命令的就是道德上的善、違背這內部良心之命令的就是道德上的惡、直覺說卽採用此種內部良心上之命令以說明一切道德行爲的、所以上面所說的叫做外部法則、而直覺說所論的、卻是內部法則。

直覺說雖比外部法則標準說聊勝一籌、然而仔細考察起來仍舊是缺點很多。最大的缺點在那兒呢。就是對於良心的解釋、何以呢、如果我們一若直覺說者所論把良心當作一種一生出來就有的特別能力我們一切行爲一唯此種特別能力的命令是從、誠如是、試問從這種能力來的命令與外部來的命令有什麼兩樣、試問這種能力和現在的我有什麼相干。既和現在的我無干、那麼、這種良心顯然和現在的我所理想的目標不能相容了。加之、我們各人的我、乃是在社會生活中經過無數的經驗、遭逢無數的環境所漸次發達以抵於成長的、和在社會中漸次養成的我所認爲目的或理想相一致的、才可說是我們道德上所謂善、與我們所認爲不與我們的目的或

丘景尼

理想相一致的，才是惡。今果如直覺論者所言，對於社會的生活和經驗的贊成，一切都不顧了，祗把良心當作一生來就有的東西，我們就去服從這種良心的命令，那末這與叫我們去服從與我們沒有關係的外部命令有什麼兩樣。

直覺論者所講的那種道德能力，從自我二個字看來，實在是一種自我以外的東西，換言之，我們不去服從自我理想上自我目的上所承認的事實，而去服從那與自我無緣的特別能力的直覺的命令，從自我的見地看來，這也是一種他律的。和以自我自已所立的目的和理想爲標準的自律誠大相徑庭，因爲上述的道理，所以直覺說自表面上看來，雖似與以外部法則爲標準者不同，考其性質實在也是一種他律主義，他們所立的標準，既也是他律的，那末他們的直覺說也就無異於法則主義了，何以呢，因爲首先即假定有一種特別能力，此特別能力又與自我之發展如何，自我之狀態如何，沒有關係，就不能說牠不是一種他律的東西了。更進一步說，我們縱承認這特別能力是自我的一部分，如全體的自我須這部分的能力是從自我的見地講起來，也是他律的了。所以除非說良心的命令是從我們全體自我的目的上產生出來的，這才始算得自律，如若不然，僅知使全體去服從部分的命令，這總逃不出他律主義的窠臼。

直覺說之所由起、本在糾正以外部法則爲標準之謬誤、誰知結果還是陷於同樣之難點、這眞是一樁可惜的事情，然而他的錯誤究在何處呢，一言以蔽之、他們把良心解釋錯了，因爲良心決不是一種特別的能力、乃是我們心的全體。全體的心在那兒做道德的活動之時，就叫做良心、所以良心決不是一種特別能力、而是心全體的動作、心全體在普通認識方面活動的時候，就是認知各種內外事相的知識、關於美術方面，就是審美心、關於道德方面、就是良心、我們決不能說我們心中某特別部分是良心、其他某特別部分是普通所謂知識，或其他特別部分是審美心、我們祇能說我們心的全體活動有時是良心，有時是審美心、有時是知識。

要之，良心之爲物、決不是生而具有的一種特別能力、因爲心這種東西，也是漸次發展漸次進化的心令體他自已決定欲如何做、自已立下目的、而後自己本着這個目的去支配或規正心的各部、那時卽所謂良心者出現，心本由於各種要素而成、當全體自我決定其理想之後、於是乃以此理想爲基、而統御或支配其心之各部、此統御或支配其各部、卽各要素之態度、自心而言、則爲良心、所以良心並不是一種特別能力，直覺論者未曾注意及此，遂至走入岐途、以至不可收拾，他們的本意、原欲糾正外部法則主義之失、殊不知反自陷於他律主義了。

丘景尼

良心到底是一種什麼東西呢，簡言之，就是以自我全體之理想為本來統御或支配自我的各要素，這時候的心之活動，就是良心，所以我們服從自己良心的命令，就是服從自己的目的和理想，決不是外部所與的標準法則，換言之，這不是以法則為標準的主義，而以目的為標準的主義，達到自己的目的，實現自己理想，也就是以自己為理想而使自己完全超於發達之域，亦即所謂自己實現，所以此時所謂良心，乃是一種自我實現的良心說。因為這兒是把自己的目的和理想來做標準的，所以不是他律主義而是自律主義

然而我你切不要從字面上將自律他律兩種意義解錯，因為有時雖是外部給我們的法則，如果我們內心覺到他眞眞是善的法則，或應該遵守的法則之時，祇要有了這種自覺，那外部法則也就具有自律的性質。倘若自己不曉他是善也不曉得他是惡，唯知一味尊守一味服從，這就是他律的了，例如父兄所命，復自覺其善而從之，是乃自律，苟心以為惡，乃曰此父兄之命也，不可不從，這就是他律了，是以自律他律之間，其區別雖微而界限則甚嚴，要能一以自覺為主而得良心之認可，方不失為自律的精神。學校教育的重要使命，不在光使學生能夠遵守規則，最好莫如使他們發生自覺，知其為善為道德上應行之事，而後實行之，僅知服從命令，於法律行為則可，於道

德行爲就不成了。因爲道德行爲，全賴自己承認該如此做否，故縱使一般社會以爲善而自己不以爲善，唯因其爲社會之命令而實行之，是亦不得爲道德上之善，所以法律輿論之所謂善，在道德上未必是善也，就在此。由此而言，自律兩個字，眞是道德的生命實踐的中軸。

良心決不是一種心的任意活動，而自律也決不是一種心的任意作用，此事後面固當詳述，然我們即從良心之性質以爲言，也就可明白此理。良心之養成本來是一種社會的，因而各人的良心都有共通之點。服從良心的命令同時也就是服從社會的標準，和良心一致，乃是和自已理想一致，及和一般理想一致，兩方面所結合而成的。我們如僅知服從社會的命令，固然是沒有什麽意義，沒有什麽價値，然而如果是良心的命令，而良心同時又是社會的東西，那末其時的良心命令，不獨可以算得是自已的滿足，也是社會的滿足了，社會的意義，既包含在良心之中，可見得良心的作用，決不是一種任意的東西了。

要之，良心的性質，是各人自己心的內容，同時也是社會一般的共通內容。照這點看來，所以良心是個人的，同時也是社會的，倘若良心所有的，僅僅是個人的性質，那末服從良心的命令，就是滿足私慾了。反之，如果良心僅僅是社會的，那末良心的滿足，當非滿足自已，祗不過是無意義的服從社會罷了，那還有什麼自律之可言呢。所謂個人之價値既失，一切道德行爲也無意義了。所以良心決不是這種樣子的東西，他不獨是個人的同時是普遍的，而且是具體的普遍的，因此我們如服從良心的命令，不獨能滿足自己，而且能滿足社會一般。

照以前的議論逐次看來，可知外部的法則，沒有作道德標準的資格了。事實既屬如此，所以我們不想有道德標準則已，要想有道德標準，就除出以自己的目的和理想來做標準外，沒有第二種方法。然而這種倫理的目的，他的性質上究竟是怎麼一種東西呢。欲明此理，我們先得將此目的分析的考察一下。就是第一，這目的非是一種自覺的在那兒追求的東西不可，何以呢，如果是一種無意識的追求，這就要和生物學上所謂目的沒有兩樣了。因爲動物植物以至於一切生物，沒有一樣不是照着他們的目的在那兒活動的，如植物是在爲他們自己的種族繁榮而開花結實，動物是在爲他們自己的生活存在而爭相恣噬，隱隱中都含有一種目的在，不過他們不能自覺罷了。然而雖不自覺，他們的活動也却能和他們的目的相一致，但是這種目的，我們總不能說他是倫理的目的，自覺兩個字實在是倫理的目的的唯一要點，因爲生物中也祇有人能夠本着自覺的能力去追求他的目的。

第二這種倫理的目的。不可不是滿足自己的目的。何以呢。因爲倫理的目的，是個人的。既是個人的，所以非自己的滿足不可。既是自己滿足的，所以對於他自己而言，一定也是善的東西。倘若不然，那就一定不是他自己的目的了。他自己的目的，對於他既是善，那末，這目的之可以滿足他自己也就無疑了。

僅僅能夠滿足自己的東西，在前面講過，倫理學上將稱他做心理的善。這心理的善，難道就夠得上做倫理目的的標準資格了嗎。這是人人知道他不是如此的，所以除却自己滿足以外，非

第三爲理想的滿足不可。換言之，卽心理的善，同時非道德的善不可。自己以爲善的事情，卽自己滿足的事情，不過是一個動機的一般形式罷了。個個動機未必都能算得是道德上的善，所以個個心理善也未必都能算倫理的善。因之，凡一稱到倫理的目的，固要滿足自已，然而同時又非「非如是以使自己積足不可。」這非如是以使自己滿足不可的格率中，就含有一種「當然」「不可不」的倫理規範在其中了。所以這時候的自己滿足，不僅是部分的滿足，而且是我全體的理想的滿足。因而

第四，這種目的，非是全體自我的目的不可。何以呢。因爲凡是一種目的，都是理想的。換言之，理

丘景尼

想這樣東西，就是現在全體自我所取的目的。既然是全自我的理想，所以那種理想，也是隨着自我全體在刻刻變化刻刻發展。然而我們於此，對於全體自我的目的和部分自我的目的關係，不可不一為深思。須知離開了部分的目的，就不能成其為全體的目的。因為自我這樣東西，乃是種種要素集合而成為一個系統的。從而集合各部分的慾求以成為一系統，這就是全體自我的目的。沒有部分的系統，是不能夠成立的。因此，我們對於全體的目的，固應重視，而對於部分的目的，也不能盡行排斥，不過我們所以對於部分的目的，也得尊重的原因，乃是因為他在全體目的的實現上，有相當的位置。所以部分的滿足，也是為全體之滿足而滿足，而並非為孤立之部分而滿足。據此理，故知部分也不能捨去全體以自為滿足。

關於此點，有不少倫理學者，都把他弄錯了。例如禁慾說，就是其中最著的一種。今略評述之如下。

（h）禁慾說

禁慾說在倫理學中，也是和快樂說直覺說等一樣，是一種很重要的學說，所以我們也應該將他來評論一下。

禁欲說就是把一切感情欲望，當作不道德的根源看待，而想將他絕對禁止的一種學說。所以倡這種學說的人，都以爲要想達到道德的理想，就先談禁止一切感情慾望。這種論調，眞是大錯而特錯。何以呢，因爲我們如果斷絕感情欲望，而思實現道德的理想，這就和緣木求魚樣，全然是一件不可能的事情。你們還記得前面說的道德行爲是怎樣成立的。試問斷絕感情斷絕欲望，怎樣會生出行爲來。我們應該記得動機的成立，是因爲有感情有欲求而始發生意志活動的，那末可知感情欲求，就和蒸汽機關的運轉，須得燒煤一樣，這禁慾說乃是不燒煤而欲蒸汽機關行走，豈非不可能嗎。本來感情欲求這樣東西，他自已的本身，并不惡的。我們如任意以感情欲求爲滿足，固然不可，然而一個人的行爲，本在實現他的理想，要實現理想，就不能不有相當的感情和相當的欲求以爲之動。所以這個時候，感情和欲求都各有他相當的位置和程度，如在那個相當的位置上，感情也動在相當的程度，欲求也動在相當的程度，這就是善的感情欲求，所以這種的感情欲求，在道德上是很必要的。如果逸出這相當範圍之外，這就是惡的感情欲求了，感情欲求本身，本無所謂善惡，就全體理想的實現上，他們在相當的位置和程度實現與否，這時候才生出善惡的問題來。譬如不當食而食是惡，當食而食就是善，當食而不多食是善，當食而食過其量也就

丘景尼

是惡了、至於欲食時之欲求本身、就無善惡之可言。

一說到欲求兩個字、人們馬上就聯想到惡的方面去了、殊不知欲究眞理、欲行博愛、欲爲聖賢豪傑等。也都是欲求、并且這種欲求和別的欲求沒有什麼兩樣之處、如在自我全體理想實現範圍以內、固都是善、一逸出範圍之外、也會變成惡。

要之、要想將一切感情欲求絕對排去之禁慾說、實在不是一種正當的論調、須知人是一種欲求的生物、而欲求又是在自我全理範圍內而動的、因爲人先有理想而後有行動、如并欲求而無之、生命也就莫保了。然而主張讓感情欲求隨意生起以爲滿足的本能滿足主義也不得當、這種主義和禁慾主義都是各走極端、不能算得眞理的中道、眞理的中道、須在爲實現自我全體之理想而統御感情欲求、使其在適當的範圍內得到滿足、這才算適合道德的目的、這才算實現自我全體的理想。

至於與禁慾說極端相反的本能滿足主義、Nietzsche 之說、茲介紹之如次、

(i) Nietzsche說

Nietzsche實在是近代思想界的一個怪傑、自他的本能滿足主義出世以來、一般歐洲人的耳

目，大爲之聳動，我們祇消看到他給他的妹妹和他的親友的書翰，就可知道他是一個同情心極富的一個精神人了。他終身爲感情所苦，至於無可告訴。他因爲這種困於感情的苦，亦自知其心情之弱，於是他發爲極端反對之說，他以爲人不可以有情，不可以弱，不可以怕對人不起，不可以起憐憫心，最好自己任着自己的性子，不要一毫顧慮的去做。對於弱者的同情，實在是人生的禁物，爲他人着想，爲他人的打算的心思，宜絕對排去，我們祇須把一切弱者蹈在脚底下直往前進，因爲優勝劣敗，本來就是進化的結果，要想人世進化，須得先有優秀雄偉的理想人，要想有理想人，就得强者勝弱亡。如果我們去同情弱者，必將使進化的這種遲滯，而使優勝劣敗之效果，也爲之無力了，所以對於弱者，可不必葸葸顧慮，祇管將他打倒。如我們自己能夠被比我們優秀的人打倒，我們也該很樂意的去供他的犧牲，苟能如是向前邁進，這就是真正的道德。他以爲向來的宗教倫等，祇知教人以同情博愛，這不是真道德，所以他稱這種道德爲奴隸的道德，而稱他自己所主張的道德爲君主的道德。他以爲如果人們能夠將弱者速行打倒，使優勝劣敗之事早定，那末最後所留存的勝利者，都是他心目中那種卓越優秀的理想人了。他這種理想人，都是超越於凡庸之人的，這就是他所稱的超人（Uebermensch）。

Nietzsche這種意見，實在可以稱得是一種大胆的發表，他把一切道德規範都髦弁視之，他以爲人們不應受任何道德法則的束縛，祇須任着自己的慾望以得滿足就是了。然而我們推原他所以創這種激烈學說的由來，都緣他覺着他自己的心情過於柔弱，他力思矯正他這種弊病，遂不知不覺流於極端之論了。我們曉得他這種情形的人，固然可以原其心而憐其遇，至於要想把他這種思想來傳佈於血氣方剛的青年，這就應該有審愼之必要了。

如康德等的禁慾說，固然和 Nietzsche 之論正立於反對地位，他們想將欲求感情完全禁止，這種論調，前面也曾講過，當然不是一種折衷的學說，隨感情欲求之生起以爲滿足，固然不對，但一味制止也，是大錯。因爲我們祇能以全體自我的理想和目的來統御感情欲求，並在適當之範圍內以得滿足，這才算是眞正的道德行爲。如果全將感情欲求擯去，道德行爲也無從發生了。由此觀之，可知我們對於道德問題的唯一要點，祇在以全自我之理想目的爲基去支配各種欲求感情，換言之，即在服從自己之良心的命令，以統御感情欲求。並且這種良心，決不如直覺論者所言。是一種什麼一生出來就有的特別能力，而是自我全體活動的一種狀態，即爲一種關於道德現象時之心。是良心一以自我實現之原理爲主，所以他帶有自律的性資，不獨帶有自律的性質，而且還具有個人的和社會的性質在內。（此理後當詳述）人間的心本來就不是一件單獨孤立的東西，而是爲社會生活所養成的，所以含有人之共通的性質。在這種樣子的心，在道德的理想或行動方面講起來，就叫做良心。良心發達的由來，旣含有個人和社會雙方的性質，我們把他來當作一種道德標準看待的時候，也自應以此二性質爲主。據此，則我們以這種標準來滿足自己，其同時是滿一般也無疑了。所以良心主義，從他方看起來，也就是洽善主義或者是公共善主義，這因爲從動機方面言是良心主義，從結果上言就是追求一般善的公共善主義。我們欲澈底明瞭此點，先不可不澈底明瞭個人的同時就是社會社的各個人的心就是社會的心。能知此理，則於倫理學之關鍵，雖不中亦不遠了。

丘景尼

第三編　道德的自我與社會之關係

第一章　社會我

一　自我與他我

普通快樂說，至其極遂流爲極端的個人主義，前章已經講過了。後來 Spencer 因爲要想反對這個人主義，於是唱出一種極端的社會主萬能義來，重視一般社會，以全體爲唯一之實在，而將個人沒却，所以一般人稱這種主義爲普汎主義(Universalism)。

自個人主義言，個人是實在的東西，社會祇不一個空名而已，一個代表多數人的名詞而已。反之，普汎主義，其唯一之原動唯一之實在物，僅是社會，個人之於社會祇不過如汪洋大海之波瀾而已。所以個人離開了社會，就失其存在的效能。這兩種說法，多未免失之平允，各趨極端。何以呢如果祇有單獨孤立的多數個人是實在的東西，他們都沒有何等社會的性質，那末一切人的活動，盡成爲個人的單獨行爲了，這第一就和事實不符。又如果祇有社會之力，個人無任何效能，那末第一又和道德的事實相矛盾了。所以個人萬能說和社會萬能說，都是不能成立的。我們欲明此理，不可不先將個人和社會的關係一爲考察。

個人和社會，決計是不能分開來想的，祇不過是一樣東西的兩雙面觀察罷了。個人之外決有別一個社會，個人的心就是社會的心，社會的心也就是個人的心。一般人因為個人和社會兩個名詞的不同，遂以為是一種完全各別的存在，於是重視個人的人乃大唱其個人主義，重視社會的人又大唱其普汎主義，又有些人以為二者是一種並行的存在物，實在都弄錯了。他們不知同是一物，在這面看來是個人，在那面看來就是社會。

自扼要之點以為言，所謂我即各個人之心，也就是社會我，或社會之心。世界上所有的我，個個都是社會的我，而不是純粹的個人的我。我們個人的心，決不是一種單獨孤立的東西，我們的個人的心的內容，都和他人的心的內容有共通之點，在即以言語而論，也決不是我個人的言語，而是社會的產物。所以能和自他有共通的內容。他如思想感情等等，也決不是個人所獨有的，所以他的思想感情等等，也是屬於社會我的思想感情。至於何以各個人的心的內容會有這種共通之點。這都緣個人自有生以來，經年累月，都在做社會的交際，自己固給他人以種種影響，而他人也給自己以種種影響，相互之間，遂養成今日共通之心。各個人的心解剖，都含有社會我在，差異的地方，不過僅是各個人發達的程度不齊而已。自古至今，迄不會有一個純粹的個人的心。古人

丘景尼

有古時社會我的心今人有今時社會我的心。即如我們在講倫理學，這種倫理學說，也決不是爾我個人的思想，乃是由種種人的思想種種人的感情種種人的影響所養成的我們的思想固不能說他是完全是被動，有時也許給多少之影響於人，然而這總是從各種社會交涉中得來，決不會是純粹個人的思想。所以我們現在所說的，也是由社會所養成，以成爲我們心的內容，決不會是我們純粹個人所創作的思想。Muirhear 曾經這樣說過，當我們著書的時候，萬不宜在書面大書自己之名曰某某著，應該列舉古來的大思想家之名於前，然後將自己的名字小小的寫在後邊，他的意思，也是以爲凡一本著作，決不是著者個人的思想，而是社會的思想所成的。

各個人的我，就是各個的社社我，唯因發展之程度有異，所以從社會我這一點講來，各人有點不能同一，我們欲知社會我是怎樣成功的，先須從兒童的心的發達階段，一爲考察英國心理學者 Baldwin 曾經有下述的主張，他以爲兒童心的發達階段在出世之初，尚沒有什麼明白自覺的活動，比漸漸成長，其注意始及於與彼關係最密之父母師保，而知他們是一種特別的存在物，這種特別存在物的意識，就是人格概念的起始，然而在這個時候，兒童尚未覺到自己也是一個人格，因爲他此時尚沒有反省和自覺的能力，不過他覺到他的父母師保之人格，實在是他認識他的自我內容的第一步、比年齒稍長，自己亦能爲種種活動，或揚其手、或舉其足，則知此手足之動與父母師保者略無以異。繼而知此活動之手足與自己以外之物有所不同、如叩鼓則鳴、自叩其脛、不獨不鳴、而反覺痛。以齒齕物、隨之而碎，以自齕其指乃痛可澈心。當此之時，始覺手足爲我之物，與自我以外之存在物迥異。

Baldwin 稱這種因他人之人格而認知自我之人格時之我爲 Projective self 稱、以他人之自我內容作自己之人格內容時之自我爲 Subjective self。等到自己覺到自身也有這種人格存在了、於是自我人格的反省，也從此開始。更再將自己的人格內容投到他人身上去、而以爲他我之內容與自我之人格即自己所有之內容相同、這種的我、 Baldwin 稱他爲 Edjective self

兒童的模倣性最強、這是人人知道的。這模倣、實在是兒童學得他人之人格內容、以養成自己人格內容的第一步。兒童的性格、不僅喜模倣、而且有一種自尊的心理、祇消看到了和自己不同的人格和內容、就想取爲己有。因爲這種關係、所以凡是一個人格的養成、都是出於社會的。我們各人的人格內容、雖不是完全相同、其大部分卻有共通之點、也就爲此。

丘景尼

兒童不僅祇知模倣他人，而且有時常以自己的內容斷他人也當作是想。例如他在那兒畫一隻犬，他自己一定以爲他所畫的很像一隻犬。就是傍人也必承認他所畫的是一隻犬。然而倘有人說他所畫的不像犬而像馬，他心中一定覺到甚爲駭異，這都因他將自己以爲是犬的自我內容，照樣投出，以爲他人亦必作如是想。今乃不然，他那得不駭異呢？然而傍人說他不像犬而像馬，他的父母師保又說他不像犬而像馬，無論他胸中覺着如何驚異，他也未始不漸以爲他自己所畫的是馬不是犬了。這個時候，就是取他人之人格內容以爲自己之人格內容的一個階段更進一步，這種從他人取來的人格內容，已經變成自己的人格了，於是復根據此種人格，以批評他人之當否，如見他兒童有畫犬者，必將曰若所畫者非犬而爲馬，畫犬須如是如是，是又以取諸他人之人格內容展轉以影響於其他之兒童了。此(take與give) 之間，即相互間共通內容養成之所由來。比生活愈複雜，相互間之交涉亦愈多，共通之內容日豐，各自人格之發展也愈廣了。

由上述，可知各人的自我，決不是孤立的東西，而是由於各各之社會我以成的了。不獨兒童時代是如此，就是成人以後，也脫不了此種關係。我們在日常生活中，自己因常常發揮個人的思想以影響於他人之思想內容，然而也常常取他人之思想以爲自己之思想內容。如讀書看報，莫不取自他人，復自以其文字評論，與人以若干之影響。我們的心，既是由於相互間的影響而成的，那末，我們的心決不是各自的心也就顯然了。

二　社會制度與自我

人心雖不能完全同一，然而却是大同小異。有若干共通之點在。自此共通之點言，就是社會我。由社會我加上各人特異之點，就是個人我。以此大同小異之社會我做基礎，於是從此就生出了種種的社會制度（Social institution）。社會制度所根據的社會我，就是社會心。不過我們須知此種社會心并不是各人之心以外的一種特別存在物，乃是由許多大同小異的各人的心所抽象出來的一種萬人共通的抽象物，決不是一種具體存在的東西。如輿論等，就是一種抽象的社會心。換言之，即抽出多數人心共通之點，就是輿論。所以輿論也不是各人自己之心以外的一種存在物。我們贊成輿論的心，乃是抽象的輿論，加上了其人特有之心的內容。這就是其人具體的意見。這種樣的心才是實在的，也就是他心中所想的輿論。由此觀之，可知具體的輿論，就是各人自己的心。至於輿論的本身，祇不過是一個抽象的東西罷了。

這種大同小異的各人的心，其共通之處，就是社會我，或社會心。實際上各人之心有異，祇不過

丘景尼

此社會心發達之程度不同而已，我們個人固可因社會之位置境遇的關係而有以異，至於社會我的性質，仍舊人人相同，互爲共通。各人與各人間，其相互作用漸次發展，社會我之共通點亦漸次擴大。此種含有社會我之性質的各自的心，就社會上而言，就歷史上而言，都有很重大的關係，和影響。如中國國民自有其數千年之歷史和特別之生活內容，特別之社會性質，所以中國國民的共通精神，就是中國國民各自的社會我。一國國民有了這種共通的性質，而後始有獨立的國民性，和強固的社會生活，所以中國的國民心，就是中國國家的心。如離開了歷史，離開了國家的生活，以言社會我，這就是一件不可解釋的事情了。由是可知我們社會我的養成，除出社會生活中具有特別歷史的國家生活外，便無第二種可能的事物。

通常有所謂國家之心國家之人格等詞，也是由共通的國民心之眞髓中所抽象出來的。實際上社會心之外，并無所謂國家心。國民就是國家，國民的人格就是國家人格，所以具體的國家心，就是國民各自中大同小異的具體的心。

我們各自的心固然有共通的內容而爲社會的，然如前章所述，我們的人格，乃是具體普汎的，這句活的意思，就是說我們的人格內容有共通之點。然而此普汎的人格，並不是抽象的而是具體的所以我們的人格是具體的而又普汎的。

倘若我們設想此後國民的思想能逐漸發展，國家也隨着這國民之進步而進步最後遂成爲一種理想的國家，和理想的國民，其時個人的心和社會的心，全相一致。即各人的具體普汎的且同時爲一致的。所謂今日大同小異之心，至其極致，乃歸於全無同異之可分了。所以在此種理想時、各人之心，決不是抽象的而是具體的，幷且是具體普汎的。

我們各自的心，因爲各各發達之程度有異，所以看上去，好像千差萬別。然而今後如果能順次發展，或者能全趨於一致也未可知—而且這種一致，不是抽象的一致是具體的一致，—不過這種狀態，是一直數千萬年以後的事情能了，目前當然不可能的。目前既不可能，那末說他是一種理想也未始不可。這種最後一致的社會心，既然是理想的抽象的了，然而具體的社會心究竟在什麼地方呢？一言以蔽之，具體的社會心，要不外就是我們各自的社會我、所以中國國家的心，就是中國各個國民的心，中國國民各自的心，皆有共通之點，把這共通點抽出來，就是中國的國民性。所以國民性這樣東西，一方看起來是抽象的，一方看起來也可以說是具體的。

要而言之，社會我這樣東西，是實在的，這社會我一方是個人的，他方是社會的，而且是具體普

丘景尼

況的。由這種道理看來、可知自己的心就是社會的心、真正能夠滿自己的心也就能夠滿足社會的心。由是可知我們真正的即正當的滿足自己、也就是滿足社會、這種滿足、至是已和單單的自私自利大不相同了—此理尙待後章再行說明。

三　言語與自我

要和社會我是怎樣養成的呢?這就和言語有莫大之關係了。因爲人類思想感情的相互交換非有待於言語不可。即我們常由言語之媒介將自己之心的內容與人、而更將人之心的內容收入、不獨同時代的人我們可由言語將心的內容取與交換、即異時代的人我們也可由言語文字以窺知其心的內容、言語這樣東西不僅限之於口、且可筆之於書、其限於口者、可訴之於聽覺、限於書者須訴之於視覺、然更擴充之、則有訴之於觸覺嗅覺味覺者、如盲啞學校之教育就是利用觸覺以交換心之內容的一個顯例。

用言語來交換各人心的內容、這眞是人間特具的一種靈妙作用、這種靈妙作用、與人類的發展相關最密。有言語而後有社會我、正當的社會生活、乃是由言語以交換心之內容而始成的、若無言語社會生活就失其正當之意味了、無言語純粹孤立的單獨我能夠存在、也未可知、然而社會我是決計不會有了言語。這樣東西祇是人類所獨有的，人類以外的動物，就決不會發生言語，自進化論之見地言，他種動物漸漸進化之後，固也許能得到和人類同等的能力，其能力至適當時期，也或許能發生言語，然而就現狀言，他種動物之無言語，已經是斷然的事實了。換言之，他種動物祇不過有成爲人的可能性，這種可能性，現在尙沒有發展呢，

他種動物既無言語，所以他們也無所謂思想交換。動物中能相互交換思想的，祇不過人類而已。然而此言，有種人一定要懷疑，以爲貓犬也能發出種種聲音，他們有時相互交鳴，安知不是也在那兒談話呢？又如有一種猿猴，他們也能發出種種的聲音，而且這種聲調高低抑揚都極複雜，安知他不是一種言語。這種疑問固然也有一部分道理，不過我以爲他們這種聲音，乃是應其時自然之感情所發出來的一種叫聲，決不是可以作傳達思想的一種工具的言語，就是人類也有叫聲，這種叫聲不過是一種自然感情的發表，如悲時則有哭聲，喜時則有笑聲，這種哭聲笑聲，實在是和其他動物的同種類的。至於驚異之際所發之嗚呼悲哉等詞，則已爲言語而不是叫聲了。他種動物祇有叫聲而無言語，動物的叫聲，乃是感情之自然的發現，由相互間直觀的卽可了解，所以還是一種本能的活動，人類一方不僅有動物的叫聲，且他方有靈妙言語之利器，言語這樣

丘景尼

東西、決不像叫聲一樣、是一種自然的發表、須因土地人種而異。如「悲」一語、英人叫做 Sorry 法、人叫做 Fache 日人叫做 Kanashi 說法各各不同、至於所謂叫聲、到處都是一樣了。如笑的作用和哭的作用、中國人如此、外國人也是如此、既沒有一處不相同、這也可作心情自然發表叫做叫聲的一個證據了。無論什麼地方的犬叫聲總是一樣、無論什麼地方的雞啼聲總是相同、美國的犬到中國來既不須倩人作翻譯、中國雞到美國去也無言語不通之苦、他們所發表的祇不過是他們直接感情的叫聲、并不須用到傳自己心之內容於他人的言語、至於記之於書冊或運之以思想等等、他們更可不必了。至於人類不獨有言語且有思想、更可由是以傳佈或影響於他人；所以人類能將從古來以迄於今日的各種思想及發明等保存、以使人類社會之思想愈趨於發達進步、其他的動物就沒有這種能力了、縱使他們也有思想上之進步、然而他的效能祇不過及於一個動物的本身、他自身一死、也就隨着他同時消滅了、這都因爲他們不能相互傳授的緣故；所以他們不能有所謂社會的進步。要之、動物卽有思想也不是社會的、祇有人類的思想是社會的。

觀上述可知我們思想的交換全賴這言語之利器、社會我之成立以此、社會我之發展也以此、以生存競爭中所謂優勝劣敗、適者生存的方法向前進化的、不過是個體的進化、以前代之社會

思想傳諸後代的進化，才是社會的進化，社會進化的要件，卽是相互授受，相互影響的言語，

又其他的動物是沒有教育的，他們所有的祇是模倣，這也是動物界所以和人類不同的一個要點，不過對於他種動物，我們如施以相當的教育，他們的心也能有相當高尚的發展，例如犬，我們如與以相當的教育，他也能做比較高尚的行爲，而且他那種行爲中，也能多少含有道德上的意味，如犬見可食之物則食之，今苟與以訓鍊，而以可食之物（如獵獲物）存貯於犬，他也可不食，這不食并不是他不想食，想食而自抑制不食，這就是他的道德的義務感了。然而犬能發達至此種程度，仍舊是我們把人間的理想作基礎，以教育之，養成之者，但是他們自己的中間就不會有這種教育了，

要之，人間以外的動物，都不會有社會生活，如蜂蟻等，表面上看來雖然也像在那兒做團體的活動，但我們不得稱他們爲社會的生活，何以呢。因爲他們第一就沒有團體的意識，所以他們這種活動，不過是一種團集的活動，一種本能的活動，這都是自然進化的結果，而不是意識的社會活動，他們的活動，既是自然進化的結果，那末他們的行爲也自然是本能的無意識的行爲了，既是無意的本能的行爲，那就無所謂社會我，所以社會我這樣東西，祇是人類中間特有的現象.

丘景尼

上述之事，與道德頗有密切關係，我們的心由社會的以漸次前進，和良心的逐次發展，都是不可相離的。茲將良心與社會的關係，略述如次。

第　節　良心與社會我

人間的心各各都是一種社會心。各自的我，各各都是一種社會我，已如上述。這種的我，各自以其理想爲目的而追求之之時，這種的心，就是良心的狀態。所以良心這樣東西，是社會我的一個方面。人間的心有種種的目的，於是也有各種的欲求，這種種欲求之起，固莫非社會養成之結果，然而這種種可爲欲求對象之各種目的之中，必有其理想之目的在。這理想的目的，詳言之，就是一種「非如此做不可」或「應如此做」的目的。而此種目的和其他之欲求目的，是絕對有區別的。這非如此做不可或應如此做的心，就是社會我的一種活動。這種活動，就是道德心，也就是良心。所以良心，乃是社會我的一種狀態。從而良心的內容，也和前面所說的社會我一樣，是一種共通的東西。因爲一方自己固可容受他人種種之良心內容，以爲自己之良心內容，他方又可以自己之良心內容與人，使他人之良心內容同化於己，這就是良心內容相互影響而帶有社會我之性質的一個顯證。

由於上述之關係所養成之道德思想，決非單獨性質，而爲社會性質，不問可知。蓋人類之理想，一方係受諸前人，一方復傳諸後代，逐漸成爲一種社會的發展。并且人類除却個人的遺傳之外，還有社會的遺傳（Social inheritance）。我們的道德，照着一取一與的方法，遂益行普汎的發展，於是良心乃和社會我一樣成了一種具體普汎的東西。

良心固不能人盡相同，若合符節，然而「社會的」一點却是共通的。人的活動也不能純遵着良心的理想以爲行動，有時反常常選擇與良心相反的欲求以作行動的動機，這種樣子的人當然算不得是道德上的善人，因爲道德上的善人，祇可本「當爲」的良心去做。

我們的心，本來是把一個某種要素來作中心，而更將其他種種之要素使與之相關聯，以作成一個組織而始成立的。即把一個目的來作中心以組織自我的。這個中心目的，就由其時的選擇所決定，故常不一定，因爲本非一定，所以怎樣的組織，須待其時個人自己之決定。此時把自己想做的目的拿來作中心，而使其他諸要素從屬於其下，以組織自我，於是此時有爲實現與道德標準相一致的欲求而活動，有爲與道德標準不相一致的欲求而活動。或彼或此二者，一任其人之自由決定，善惡之途，遂以此而分。我們的行爲所以負有道德上的責任，也就在此點

丘景尼

表示道德理想的良心，在我們心中不是突然而來的，也不是初無是物，至相當時忽突然發生的，有自己意識自己決定自己發展的性質的人的意識中，良心早已有其萌芽了。意識的某種力面就是良心，所以意識之始即是良心之始，不過在起初的時候，祇是萌芽而已，不曾成熟，不曾完全罷了。良心既是我們心的一種狀態，那末心既由着社會的以漸次進化，良心也自然隨着社會的而發展了，所以決不是一種一生出來就有的特別能力。

對於良心起源的問題，歷來也有種種說頭。第一經驗說（empiricism），創此說者，以爲人的起初本無所謂良心，後來受了外部種種的刺戟，積了種種的經驗，到了一定的時期，良心始突然發生的。和此說相反的，就是第二先天說（Apriorism）了。爲此說者，以爲良心這樣東西，我們一生出來就有的，無所謂發達與進化，乃是我們一生出來就有的一種特別能力。

又如 Spencer 就是對於此二說的調停人，他以爲良心雖是由經驗而生，却具有先天的性質在。何以呢？因爲我們現在所有的良心，不能說是我們自身經驗的結果，其大半乃受自先人之遺傳。我們自身的經驗，固可與我們的良心以充分之發展力，然而決不能說可僅由經驗而成，因爲由自己的經驗所發展的良心，不過是僅少的部分，而其他的大部分，却是祖先經驗的結果所以可以說是先天的，這先天的部分，就是不存於自己之經驗的部分，所以這自己的良心，從自己的見地看來是先天的，然而遠溯其由來祖先的良心，也是一種經驗，這種經驗漸漸堆積起來、遺傳於後人更生出新經驗發展不已，以迄於今日還在那兒增加。所以從自己方面看來是先天的。如再一追思，仍逃不出人類的經驗，這就是人種經驗的結果。

從表面上看來 Spencer之論，好像能調和先天經驗二說，實則他仍舊脫不了經驗論的窠臼。他和普通經驗論不同，祇不是把社會的人種進化一層加入其間罷了。所以他所謂良心，還是一種由外部刺激而突然發生的東西 Spencer對於道德起源的問題以爲是種種之外部制裁的結果，如社會的制裁政治的制裁宗教的制裁等）例如惡事是生於社會之所惡，善事是社會之所好，此即爲社會的制裁。行惡則科之以刑，行善則獎之以賞，此即政治的制裁。爲善則神降之福，爲惡則神降之殃，此即宗教的制裁。因先有此種種之制裁，漸次變成習慣自祖先以傳之子孫，經過幾許的遺傳和經驗，人們於是忘外界制裁之所本，而遂變成種種正當之欲望，認其爲自己內部良心所下的命令。我們現在認良心爲先天的，也就是本於這種的原因。

謂良心初無何等之萌芽，祇不過是由外部之刺戟突然生起的，此說固無理由，然而我們可以

丘景尼

這樣說，外部刺戟這樣東西，祇不過是給本來有潛在能力即發達能力的良心以適當的境遇和機會而充分發展罷了。倘 Sbencer 的意思也是如是，那仍不失爲正當的解釋。但是良心須遇到適當的機會始能充分發展，其眞義之所在，本不是說良心在有此適當機會以前沒有存在，今如以爲良心即起源於是，那就錯了。所以 SPencer 的謬誤，是把原因 (Ca ıse) 和機會 (Occasion) 混在一塊。例如植物之發育，須有了太陽光線和水分的外部機會，始能萌芽，以至於逐漸成長。日光和水分固是植物成長的必要機會，然而我們不能說日光和水分的機會就是他的起源。良心之起源須也與此同理。外部刺激固然是良心發達的一種機會，如無這種機會，良心或無從發展。然而我們不能說這種外部刺激的機會，就是良心的起源。所以起原和機會二字，是絕對有區別的。

要之，良心是我們各自的意識，亦即社會我的一種狀態，所以意識之始，即是良心之始。照唯心論的見地看來，心是一切存在物的根底，最初就有的了，良心既爲心之一方面，那末良心也最初就有的了。

如前述，自我這樣東西，乃是以一個某種目的爲中心，而更以種種要素爲從屬而組織之，那個中心的東西如果與道德理想相一致，那末，其時的自我就是道德的善，即所謂道德的善者，乃其時之理想，從良心所示之標準以統合或支配種種之欲望，其時以自我全體所取之理想爲標準，固即爲善，然而理想這樣東西，初非盡皆同一，我們如此後和種種人交換思想，或讀種種之書，或得種種之經驗，那時的理想自比此時的理想還要來得發達。由於這種樣子的發達之後，復以其前之理想爲中心，更進一步以組織自我，這就是更發達的自我了。然而我們對於過去的組織方法往往有反復的傾向，即我們有由習慣的方法以組織自我的傾向，所以我們要組織自我，最好是把更進一步的新理想來作中心，不要仍用過去的中心。如果理想祇管進步，而一方復將習慣的過去的理想照舊採用，那就不能進步了。我們該克服過去的習慣，以和進更一步的理想相一致，這種時候，是要一種特別努力的。因爲一方希望與新理想相一致，而他方的習慣我又常常在那兒防害理想我的實現，如沒一種特別的努力，就不能前進了。所謂道德生活，也就是說我們不要隨着去的習慣，須以新理想爲中心而組織身我，約言之，就是打破習慣我（habitual self）以實現理想我（Ideal self）。這時候的狀態，就是習慣我與理想我之戰，克服習慣我而使理想實現，就是道德的善，反之，就是道德的惡。

丘景尼

習慣與理想既都是社會的所養成，那末由此社會的養成所起之若干欲望中當有「不可不」的理想欲望在把這個不可不的東西拿來作中心所組織成功的自我就是理想我，反之不以不可不的理想或非理想的欲求作中心時所組織成功的自我，這就不是理想的我而是由於其人習慣的欲念所支配所組織的東西，即所謂習慣我了。唯其如是所以其間習慣我知理想我的爭執就生出來了。其時我們如否定習慣我以從理想我，那就是善。因此我們不欲建設理想我則已，如欲建設理想我，那就非從習慣我的成分中將可以防害理想我成立的要素除去不可，所以欲實踐理想我則習慣我之某部分，當首先排去，自屬不可免之事。蓋現今之自我，倘非完全無缺之自我，則不將某部分犧牲，理想就不能實現。這犧牲就叫做自己犧牲（Self-sacrifice），又叫做自己否定（Self-denial），在通常就叫就「克己」

至於要實現理想的社會我以實行良心之所指示，倫理學稱他為自己實現（Self-realisation，）又叫做自己發展（Self-development）凡是自己實現，他方面必定在自己否定，即自己牲犧。此時之自己實現與自己犧牲，當然不是指同一物而言，所謂自己否定即自己犧牲者，乃是為實現理想我起見將和理想相反的習慣我否定之的意思，倘現在的自我，是一種完全無缺的東西，那末，自然也沒有自己犧牲的必要。如有若干缺點，而又想發展進化到一種比較完全的狀態，那就當然非否定非理想部分的不可了。據此旨以解釋自我之性質，則自己否定自己實現二者，不獨不妨使用同一之自己二字，並且這兩個概念同時得以成立，不獨雙方都可以成立且其間尚有缺其一方則他方卽不能成立之不可離的關係存在。

倘良心之爲物，祇有個人的性質而無社會的性質，那末良心祇不過是一種滿足私慾的自利心罷了。反之，倘祇有社會的性質而無個人的性質，那末道德中間就少了一種自律的要素，旣沒有自律的要素，道德的意義也自然要少掉了，因此我們的良心，不僅須有個人的性質，同時且須有社會的性質存在，從滿足一般的中間去求滿足自己，更從實現自己理想中間去求滿足一般，於此二者不失其一，故良心能爲洽善。

良心是一種具體普汎的東西，各個人之間，雖不能完全一致，然而其最大之部分，却是共通的。這種共通之點，卽係人類道德理想相互一致之處，把這共通點抽象出來就是法律的根。據法律旣以此種抽象共通之點爲根據，所以法律是普汎抽象的，而不是具體的。並且法律是一定的東西，而良心則循社會生活之關係，以刻刻進化。良心旣進化到某種程度，以前所定的法律，自然不

丘景尼

適用了，所以法律有修正之必要。法律不能鉗制我們理想的要求，理想的要求却可更動法律，所以道德乃是法律的生命良心好像一個活的動物，法律好像一個死的動物標本，所以法律的根本就是在發展進步着的具體普汎的道德心中的某一個橫切面。不僅法律如是，就是其他種種的社會制度也都是以這具體普汎的道德心爲基礎的。法律以及一切制度祇要一旦設定以後他就不動了，良心却不然，決不會固定，而能仍舊在時時刻刻的進展。經過若干時後，法律和社會制度自然和良心不相適合了。所以此時，我們不能不根據這比較進步的良心來改進法律和一切社會制度，制度之於良心，恰如影之隨形，要能寸步不離，斯可爲善良之制度

至於法律和制度的本身，自他方言，也自有其相當之價值。因爲他們有規制和刺激我們的良心，向前發達的效用。所以法律輿論，以及社會制度等等，都是我們良心進步上所不可少的要素。我們生長於此社會中的人，從小既受了種種社會制度的薰陶，以漸次養成吾人之良心，比良心之發展既超過現有社會制度之上，於是對於已成社會制度不滿的心思也就起來了，這就是社會改良或社會革命的一個重要基因。

道德的根底雖然是良心，然而法律和輿論，却也是間接造成道德心的一個要素。這種法律與

論和種種社會制度，我們可以稱他爲客觀化的良心。即良心本是一種自強不息的具體普汎的東西，把他抽象出來就成了一種社會制度（如前述）。而此社會制度又可促進我們良心的發展，所以我們對於這相互關係的良心和制度，可以用一般化和特殊化兩句話來表明他。一般化（Generalisation）就是平等化的作用，特殊化（Particularisation）就是差別化的作用。一般化的意思即係指前述與論法律等等的社會平均標準而言。使生長在這個社會中間的人可以受他的薰陶，以達於此標準點。社會一般人個個如是，遂成爲一般化或平等化了。然而受此社會薰陶，而一般化或平等化之各個人決不能機械的或純粹受動的整齊化於其中，各個人各可發揮其自身之特色，各人發揮之特色不同，要求也自然不會相同了。那種特別的要求，到了相當的勢力，社會制度至此勢不得不隨之進步改良。所以平均標準至此又發達了一個階段。這種作用就是個人對於社會的特殊化，此既進於此一階段，在這個階段的社會又要使我們各人成爲一般化了。

要之，人之程度各有差異，一方由社會以一般化，而他方復儘量發揮自已之理想，以趨向於特殊化。特殊化最大之人，即爲偉人，如孔子，釋迦，基督，實特殊化之最大者。至於凡庸之人，祇有一般

丘景尼

化，其特殊化之能力，却甚低劣。自己特殊化，而又使他人也特殊化的能力，叫做感化。凡庸之徒，有不能感化其妻子者。聖賢豪傑，不獨能感化其家族，且能由是推及於一國，以至於天下後世，使天下後世之人，都同化於自己之理想。故所謂大人者，不獨一般化於社會，且以其特殊化之力改革社會，俾社會一般標準，更行進步，而社會之一般人，乃一般化於此，更進一步之標準，特殊化進而爲一般化，一般化復進爲特殊化，從而各個之社會，我乃由此發展，社會制度，亦由此改良。

由一般化與特殊化的相互關係，以養成我們的社會，我且以養成我們的良心，由這種關係以養成的良心，他的性質上，一方爲個人的，同時又爲普汎的。所以凡是良心的行爲，一方是滿足自己，同時又是滿足一般。不過這一般兩個字，依各人之程度而異，換言之，就是其人所取社會範圍之廣狹不同，其人之良心的行爲，所生之一般滿足，其一般之所以爲一般，因有大小程度之異。例如野蠻人，其目光中之社會，不過爲一家或一種族，此外皆其敵人，所以他們一以奪得他家或他種族之財產土地，以肥自己之家或種族爲理想，爲公共善。比漸進於文明，他們心目中的社會範圍，也逐漸推廣了，而他們的理想目的和公共善，也自然和以前不同，要增大了。以個人論，他的社會之大小，全視他的社會生活狀態爲何如而定。而良心所命之公共善的範圍，也由此以分範圍愈、廣道德亦愈進步，範圍雖有廣狹之分，然而其人須一從其良心之所示以爲公共善或道德的善，這却是古今東西毫無變異的。阿非利加土人以爲道德的善文明人視爲道德的惡的事固然不少，譬如那種土人秉良心之命令以殺戮其自己以外之種族，自文明視之，當以爲大惡，然而自土人視之其冒鋒鏑以衛種族，却是無上光榮之事。所以公共善之範圍雖有大小，自良心之所示，卽自道德的善之所以爲善言，則不論東西古今，或文或野，均莫不一致，毫無差異。

自己和自己的良心命令一致，這就是道德上最可寶貴的事情，道德的善之所以爲道德的善，也就在此。良心所認爲善之內容(實質)固因事而異，其與良心相一致之形式却是不變的，故道德的善，自其形式上言，常爲同一。內容卽實質上古今東西既各不相同，那末我們如不問其時之文化程度何如，四圍之情況何如，而遽判斷其爲善爲惡，自不能得當了。故欲判斷阿非利加土人之道德價值時，須以其土人之社會生活，及良心發達之程度爲前提，欲判斷文明人之道德價值、亦須以其時之社會生活，及良心發達之程度爲前提。能如是，然後再可以下一個正當的道德判斷。

我們對於兒童教育，也該採用此種方針。卽當教育兒童之時，宜使兒童自認其良心上以爲善

丘景尼

之理想，以養成他常常本着自己良心的理想去行爲一切的習慣。不過我們也不能放任他們去任意獨行，其是因爲兒童的良心自程度上言，倘未全臻發達之域，所以他方面，我們還該充分供給他們的養料。換言之，卽利用種種機會，將成熟的道德理想來注入兒童心中，俾他們的良心上，可以受到種種的感化和影響，能如是，一方兒童固可發展其自己之良心，他方又可不致陷於獨以自己之良心爲善之弊。

然而世界上的人，往往自以爲善，而其實却和良心不能一致的行爲，比比皆是。所以良心至是，也有一個眞僞之分，高下之別。要之良心一方固須自己承認是善，他方却又不能任意去承認他是善。因爲良心須有普汎的和社會的二種性質來作根據，始能確立。因爲有這二種性質，所以滿足良心的行爲，也就是公共善的行爲。自他方看來，也就是自我實現的行爲。

第二章　道德理想之性質

一　道德理想之進步性與具體普汎性

上章所述，蓋一以社會我之性質爲基礎，以說明良心之意義。我們於是可知滿足良心的行爲，就是實現自己理想之所由來。要想以理想爲中心，來組織自我，自前章言，就是否定習慣我來成立理想我，這習慣我與理想我有些學者稱他爲否定小我以實現大我，或取消部分我以成就全體我，或制止一時的我來滿足永久的我。名詞雖各各不同，要之，都是將其時良心所示的目的，來組織自我。所以道德上所謂善的行爲，即是以其時之道德的善爲中心所組成之自我之行爲，由於這種與自己良心相一致的行爲，遂使自己逐漸發展遞次實現，更由此發展實現之自我，再進一步，新理想，又由此成立。如是不斷的以追求理想而實現之，於是自己從此進步，同時理想亦從此而進步。

據上所述，可知理想，完全是一種進步的東西，所以我們把理想當作一種一定的物事看待，就誤錯了。理想之性質，既如是，那末，我們若把最後的目的當作一種固定的物事看待，也自然不可能了。縱然我們認定自己可以發展到一個終極的地方而認那個地方的理想是一個究極的理想，這也不過是一個空想的東西。何以呢，因爲我們所取的理想，應爲現前應行之事。以此類推，那末那究極的理想也當然非滿足吾人現在之理想不可。所以理想這樣東西，是和現在這個瞬間的吾人是有關係的。照這種意味看來，理想固是一種相對的東西了，然而然我們不能不與此理想相一致之點言，理想又含有絕對的性質在內。惟其如是，所以理想是進步的東西，同時又是絕

丘景尼

對的東西。

道德理想因人而異，自毋待言。然而他方由於社會生活的關係，我們的理想，遂成就了一種共通的內容，而帶有普汎的性質。各自的理想既同時帶有共通的性質，所以理想又是一種具體普汎的東西。據此而論，那末分析自己的理想和分析他人的理想當然沒有什麼大兩樣，祇不過是大同小異罷了。然而這種大同小異當然不是一種偶然的結果，乃是人格的社會性質上必然所發生的大同小異。我們可以不必過慮自己良心上之理想以為善的東西不一定是社會公共的善，也就因這良心上本來就帶有普汎的性質，從而自理論上言，我們是服從自己的理想，自實踐上言，我們也是服從公共善，服從與論，服從社會制度。

社會制度和與論原以具體普汎之各人理想為基礎而始成立，故社會制度與與論，其自身無具體性，而僅有抽象之客觀性。自理論上言則社會制度和與論好像都不能做我們眞正的標準，然而要知此種客觀的標準，乃是從多數個人之共通理想所抽象出來的，那末自實踐上言，卽把他們來作標準，亦自無不當之處。理論和實踐二者，其關係之微妙，一至如是，我們亟宜注意。

所謂純粹的客觀上東西實際上是不會有的，所以除掉具體普汎之人本主義之各人之主觀而外，無關係之客觀標準，決不能存在然而人本主義的具體普汎的人格，乃是一種有共通性的東西決不是一種什麼單獨孤立的存在，故此我們又可由這個社會的普汎性上，抽出一種客觀的標準來，這也就是自己和自己的理想相一致，所以和客觀標準相一致的一個根本理由實踐上是客觀的標準，理論上是具體普汎的各自的標準，二者而外，別無所謂道德標準之存在了。

我們的理想，是具體的，而且是進步的，其間又因境遇不同，社會生活有異，所以各各養成了他們的特殊的發展，然而至於應從具理想之所以爲理想之處，又是絕對的。所謂那種應與標準相一致的道德命令，無論何時，無論何人，都是以同樣的態度爲表示道德命令，所以是絕對的道理，也就是指這種態度而言。換言之，與這種命令相一致的行爲，是德道的善，反之，就是道德的惡這種的善惡，統古今合中外，是無以異的。申言之，卽自與具體普汎之理想相一致之形式言，其爲道德的善常同，所有不同的，祇是實質(內容)而已。昔人之所謂道德的善，與今人之所謂道德的善，亞人之所謂道德的善，與歐人之所謂道德的善，實質上固有雲泥之差，然而自善之所以爲善之形式言，實毫無二致

形式實質二詞，本來也不是兩種可以分離的東西，祇不過是思想上一種抽象的區別罷了。卽

以良心而論，具體的良心，也祇有一個，並不是眞有所謂良心之形式，和良心之實質之分，也不過是我們從思想上的方便，將渾一的良心，作爲形式與實質二種之觀察罷了，可以做我們的標準的東西，也祇有一個，就是那實現理想我時所不能不服從的良心命令，此標準自實際方面言，就與博愛，正義，公共善等相一致。無論何種倫理學說，也決沒有把公共善和博愛等等除外的道理，其所以異的地方，祇不過是對於這種東西說明有些不同罷了。

進步（Progress）兩個字，實在是道德所不可缺的一種重要性質。如離開了進步，道德生活就沒有意義了。道德生活是什麼呢，就是覺到自我之狀態不完全，不是理想的，是已不能滿足，而更思努力以進於理想的，滿足的，完全的生活。這種努力的生活，就是道德生活，換言之，也就是理想的生活，因求理想而向上之生活。反之，我們倘若除去了進步，道德生活就消滅了。何以言之，今假定我們各自的生活，都是理想的完全無缺的，沒有再比現在完全的東西，也沒有再比現在更理想的東西，那末，該如此做和不該如此做的道德法則，也自然不能存在，從而道德的責任，也沒有了，善惡的區別也消滅了。這種狀態，好像自然界的活動，在跟着引力的法則，在那兒走一般，沒有一個違背引力法則的東西了。既沒有違背引力法則的東西，那末，非服從引力法則不可的命令，也自然不能存在了。然而物質界固然可以依着這個引力的法則而行，人事界却非另有一個道德的法則不可。所以道德法則祇有在人間尚未抵於理想之域之時所能存在。

二　現實我與理想的涯境之關係

人們爲求理想而向前進展已如上述，由是可知人是進步的，而理想這樣東西也是進步的，然而理想這個名詞，雖然相同，其中的眞義，却大有變化。例如小學時代的學生，讀到偉人的傳記，心裏想做一個偉人和他入大學以後想做一個偉人的理想內容，就有莫大的差別了。何以呢？小學時代所想做的偉人內容，尙很空泛，等到大學時代，就知偉人之所以爲偉人，並不是一件簡單的事情，如對於人格上的修養，學問上的鍛鍊，都是缺一不可的。比大學畢業，側身社會之後，他那成爲偉人的理想內容，又要發生若干的變化了。這也是因爲自我進步，理想內容也隨之進步的一個明證。理想這樣東西是永遠不會離開自己的，除非他不想做一個理想的人，至於眞正成爲一個理想人了，他也不會感覺不足，也不要何等活動，其自身全體平均，亦無所謂進步，所謂一種非活動的寂靜的狀態了。這種狀態的涯境，然而我們可以說終究是不會有的。

Spencer分倫理學爲二類，一爲相對的倫理學（Relative ethics），一爲絕對的倫理學（Abso-

丘景尼

Inte ethics。絕對倫理學是假定一種完全進化之理想人格，爲基礎，而加以倫理學上之解釋者，反之，相對倫理學，乃是以進化途中之現實人間爲出發點，而施以倫理學上之說明者。他所想像的理想人格，乃是以完全進化的社會中的完全進化人爲最高點。以作倫理學之基礎，他這種想像，是否爲一種眞正的理想，殊不敢必，況且人類進之極致時之狀態，决非今日吾人所能想像。因爲關於理想人之思想，和眞正理想人之本身之心，完全是兩種的東西。理想人之心的狀態，我們是不會知道的，因爲我們還不是理想人。即以Spencer自身而論，他自己的如再向前發展，他的理想觀，自然也要發生變化。所以上面的說頭，祇不過是他思想中的理想人罷了，並不是眞正的理想人。

Spencer以理想狀態爲完全得到平均的狀態，即更無再起新活動之必要之涯境，然而須知進化之所以爲進化，乃自自我應順自我之環境始。應順不止，進化亦不息。苟應順眞已完了，自我當再無何等之新活動。然而人生果能復存於此種寂靜狀態之下嗎，此種狀態，實在與生活二字是不能相容的，祇有和死一字，到還可以相容。又人們果以此種寂靜之狀態爲理想，而希求之嗎，連一毫也不能再活動的狀態，我恐誰也不願得之。這都因爲得一理想而更求一他理想，常生新之活動，而爲永久之變化乃是人性之自然傾向，反之，就是逆自然而行了。

要之，以窮極理想或最後理想爲一定不動之物，這都是一種空想。縱使有此涯境，也不是人們現在所應取的理想。除非我們現是已經到了那個最後理想的狀態，不然，這就是和現在的我們毫無關係的理想，無何有鄉的理想

我們所應取的理想，乃是我們所應爲的事情，並且是我們所能爲的事情。苟與吾人之力不相應，而爲力不能及之事，祇不過是一個觀念上的想像罷了，決不是理想，理想有使我們意志發動之力，且有欲爲則得爲之之自覺與自信。如男之欲爲女，或欲挾泰山以超北海，都是一種觀念，決不能變爲理想，以動吾人之意志，反之，欲飲，欲食，欲爲長者折技，就可成爲理想，所以理想這樣東西，是和抱那理想的人的心之程度是有關係的。因爲這種理由，所以對於進化極致時那種最後完全人格的理想，對於我們，並不是理想，祇不過我們把他當作一種最後的理想看待，而向之以向上罷了。這種最後理想，實在也是我們現在的心所想出的一種東西，在心理上言，就是一種憧憬的精神狀態。此種憧憬之情，到了極熱烈之處，遂把那最後之窮極理想，當作一種實有的存在物看待了，這也恰像絕對精神，永久精神一樣，本來不是一種實在的東西，因爲憧憬之心，遂以爲

丘景尼

眞正有一種永久意識之存在了。此點在哲學上說來，就是絕對主義和人本主義所以不同的地方，一定不動之永久的窮極理想，實際上是沒有的。除出與今日之自我相關之具體的普汎的理想而外，更無所謂理想。

至於人本主義和現在我們所講的道德有什麼關係，此處却有略述其大概之必要，即所謂人本主義，乃是以意識爲本，一切客觀界之存在，及其意義，都是由這意識出發，以爲規定。換言之，意識就是宇宙的支持者和說明者，吾人之意識發展了一步，對於過去宇宙的解釋，就要不滿足了，於是亦更進一步，以新理想爲基而立一新說明，宇宙之意義，至是亦更進一步。我們的意識對於昔人之意見，不會樣樣事都滿足的。例如牛頓以前，對於物之下墜，也有一種說明，牛頓出世以後，他對於那種說明就不滿足了，於是牛頓更以牛頓之意識，用引力之法則來說明物體之墮落。現在的人，大概還承認他這說明是一個眞理。由此觀之，可見能滿足人們理想之要求的，就是眞理，眞理如離掉了我們的要求。他的本身決計不能存在。所以離開了我們的意識，實在的眞理，是不能存在的。意識是一切事物的說明者，意識之理想要求，是一切事理成立的由來。用這種見地來解釋一切，就是人本主義的主張道德也可由上面所講的方法來說明他。即社會有種種制度，其間就有種種的道德關係存在，如夫婦關係，父子關係，朋友關係等。我們的良心，對於這種關係，就有種種的要求。例如父子須相親，夫婦須相愛，朋友須相信，這種的要求，就是我們良心意識的表現。此關於道德方面之意識，即良心之理想的要求，既在進步，那末上述種種的道德關係也自然隨之而進步了。由昔日之道德以進於今日之道德者，也就因爲良心意識的理想要求，在那進步的緣故。這也好像物理方面，知識之理想要求進步，宇宙之解釋也隨之而進步一樣。意識是萬有的支持者與說明者，良心是道德的支持者與說明者。

以良心爲本，社會制度亦隨之進步，此進步之社會制度，復刺激良心，以與吾人以改良發展之新機會，前章已經講過了。由此觀之，可見我們的道德，是永遠進步的，是永遠發展的。自我發展理想亦隨之發展，故理想決無有止境之時。這種向前的活動，就是求較目前爲善之心情，這種心情就是自己感覺不足感覺缺乏的一個由來，因欲補充此種不足和缺陷，人們於是就永遠的追求着理想向前而走。

三　厭世樂天二理想之極端說

丘景尼

然而因爲上述的不滿和缺陷，永無補足之一日，於是有些學者，基於此種事實，就創出一種厭世主義（Pessimism）來了。創這種主義的人，以爲我們無論怎樣努力精進，總是不滿足的。進化是永久的，所以缺陷也是永久的。常常感到缺陷，即是常常感到痛苦，所以世人總常常在痛苦之中。由此觀之，這個世界決不是一個好世界，而是一個最惡的（Pessimus）世界。這種的最惡觀，就是厭世觀主張最烈的人Schopenhauer，他首先說明人生充滿了種種痛苦，而後再說到怎樣可以解脫此種痛苦

Schopenhauer 以爲萬有的本體，就是意志，而意志作用是常常有種欲求的努力在那充滿着的，所以對現在的狀態，總感着不滿和缺陷，從而我們常常感覺着痛苦。如欲解脫痛苦，就非先將此惹起痛苦之根源之意志作用否定不可。然而意志果用何術可以將他打消呢，我們當陶情於藝術美的時候，祗不過其時之一瞬間，可以脫離主我之意志因藝術美而忘我之瞬間，就是人生脫離苦痛的瞬間，然而這不過是暫時的脫離，尙不能解脫永久的痛苦，所以要想完全解脫痛苦，單靠藝術還是不中用的，因而此外還得竭力去做那出世間的聖者的生活。聖者的生活是什麽呢，就是斷絕一切欲念，例如養成不辭貧困之心，力行獨身主義，人毆我時，不獨不怒其毆而反歡

之由是力行不已，終至不知何者爲善而喜，何者爲惡而嫌，無喜無嫌，意念不生，亦不求生，亦不求死，至此境界，始是出世間之聖者境界，人生苦痛至此方可完全脫離。

Schopenhauer 雖主張厭世觀，然而不贊成自殺。以爲自殺這樁事情，不是拒絕意志，而反是用絕大的意志自殺，乃對於生活有所關心而來的，若毫不關心，我們就無所謂惡生，也無所謂樂死了。若無生命之煩悶，我們活到了那個時候，也自然會死，所以用不着去自殺。生同死實在是同樣的，倘眞死了，那就全然是到了寂靜的涯境。

他這種拒絕(否定)意志說，一方雖有若干理由，然而仔細看來，却是不能成立的。何以呢，因爲求無意志也還是一種欲求，以欲求而絕對否定欲求，當然是一種不可能的事了。

他是以進步爲痛苦的，然而反對方面却又有一種學說，以爲進步乃是一種快樂，這就叫做樂天主義(Optimism)此種主義承認世界是一個最善(Optimism)的東西，所以他們主張一種最善觀，這最善觀的代表者就是法國的 Malebranche 他以爲我們得到了一個理想，因爲再求一個理想，於是始把前理想放棄，獲而復棄，獲而再獲，就是樁無限興趣的事情，我們一生一世常常在追求着理想，所以我們常常在滿足快樂的中間。他這主張與 Schopenhauer 之說相對照，恰立於

丘景尼

反對之地位，這也好像同觀一物，各認其黑白一面，雖由於他二人之立足不同，亦由於他二人之氣質有異，所以完全成爲一種反對觀了。然而此二說都是緣於上述自我是永遠進步的，由此永遠進步之一觀念，遂分出厭世與樂天之二極端說來了。

丘景尼

第四編 結論

一 良心之三方面

良心是進步的，而且是具體普汎的，既如上述。更追溯前章，則知良心即爲吾人關於道德方面之意識，至意識爲何物，心理學已具言之，自其作用而言，約可分爲知情意三方，良心既爲意識之關於道德者，所以良心也可分作知情意三方以爲觀察。

良心的知的作用，就是一種表示道德理想是什麽東西，怎樣是善，怎樣是惡的一種識別作用。良心的情的作用，就是在爲一善事之前，或爲一善事之後，所起的一種快感，及爲一惡事之前，或爲一惡事之後，所起的一種苦痛之感。這種快樂與苦痛的心情，就是情的作用。至於良心之意的作用，乃是指良心命令威權之態度而言。此作用係由前二作用結合而成，使我們不得不行其所當爲之事。即以此作用爲其原動力，在這一點講起來，這就我們去惡行善的一種動機，由此觀之，可見良心之爲物，於此三作用，兼而有之。然而世人往往有舉其中之一，即以爲可以代表良心，如有些人僅舉其知之方面，以爲良心是一種識別善惡的能力。有些人僅舉其情之方面，以爲良心是一種爲善則覺快，爲惡則覺苦的作用，這多是偏於一見，不能算公允之論。須知全體意識之表現於道德方面者，然後是良心的作用，所以良心之作用，是兼有知情意三方的。

良心既兼有知情意三方，那末，他的發展也自非此三方面之發展不可。自其知的方面之發展言，理想進步，良心亦隨之進步，因知的方面有發達變動，故良心之判斷，亦有時而錯誤。如發達之良心判斷，與未發達者較，未發達之良心判斷，當不不完全。然而我們良心所示的理想，就是絕對的標準，此外別無其他之準據。今我們說良心判斷，亦有時而誤，豈不並將此良心標準之絕對威權都推翻了嗎，其實不然，須知我們說自發達後之良心觀之，其時之判斷不當者，乃以發達後之良心為立足點而批判以前之良心判斷，並不是說其時之良心不是一個正當的標準。所以其時的良心判斷，在其時仍有他的絕對威權，仍可為他的最後標準。所以我們說良心判斷有時而誤，對於良心之絕對威權，仍舊毫無損傷者，即以此。

自良心的情之方面之發展言，道德感情須以鍛鍊修養為主。有好些人以為情是可以不受知識之束縛的，殊不知感情若未經過理知的洗禮，祇不過是衝動，是肉慾罷了，不得稱為眞正的感情，養成高尚之道德感情，在教育上是很應該注意的。我們應就種種機會來利用正當的感情，如讀傳記和文學作品，也是修養感情的一種。

丘景尼

自良心的意之方面之發展言，好善惡惡之心益強則意志之發展益大，凡是我們自己承認的理想，無論遇到如何困難，如何障碍的事情，也應該能够勇敢的和他奮鬥，所謂富貴不能淫，貧賤不能移，威武不能屈，這就是意志修養的要件了。

要之我們各自欲使道德進步，均非使此三方面平均發達不可，道德進步之要件有三，卽第一，養成高尙之理想，因爲所抱之理想愈高，則愈自覺其自身之不完全，知自身之不完全乃始有道德上之進步。所謂眞正的道德生活，乃是不斷向理想以前進，而和那與理想反對的欲念奮鬥。故此眞正的道德生活，完全是一種苦鬥的生活。苦鬥與煩悶在道德生涯中乃是一種必不可少的過程，如身心薄弱之人，或在此種過程中，因煩悶而自滅者，亦往往有之，所以我們如果一覺悟自己不完全的一點，差不多自身就是一個罪惡的淵藪，好像終究不能救治，非趨於絕望不可。一般人因爲如此，所以他方生出一種宗教救濟的活路來了。此卽自己覺悟自己的力量決不能將理想完全實現，也不能將自己的罪惡完全克服，故此時，非賴他力，卽絕對者之救濟不可。比他力信仰之心機一轉，於是全身喜悅之情，咸因絕對者之力而生出新活動，這就是宗教的意義了。不過從倫理方面言，這仍舊是自己向着自己的理想方面前進，乃是以新理想以滿足舊日不完全之理想，並不是什麼眞正外力的救濟，還是內心的轉機。第二，須養成與正善相結合之感情。第三條件，爲養成獻身的意志，此條爲實踐上必不可少一件。此種意志我們稱他爲自己犧牲的意志，或自已否定的意志或克己的意志。如沒有這種意志，道德是決不會進步的。此種克己生活，卽苦鬥之生活，以孔子之聖，須至七十歲始能竟克己之功，得從心所欲。至於平常之人，如一時一刻不自己犧牲，恐怕一時一刻就不能自己實現了。

二　永遠之進步

良心之作用，雖可分爲上述之三方，然因種種脩養之結果，亦可變成一種習慣的品性。對於一切道德的行爲，更不須辨別審慮，自能行之合宜。到後來，好像是一種本能的衝動的機械作用。有如目之於色，耳之於聲，一遇事物卽能直接感知。我們的理想能由脩養之結果，以至於此種之涯境。所以有些學者主張我們身體上除出視聽嗅味觸五感之外，還有一種道德感(moral sense)存在。然而我們仔細想來，這種特別的道德能力，也斷乎不是我們一點不用理想，或一點不用辨別力所能做到的，要不過是由脩養以成爲習慣的結果罷了。

有些學者想用知覺的動機(Wahrnehmungsmotive)一名來代表上述的作用。卽不須考察推

丘景尼

理，而能爲適當之行爲，就叫做知覺的動機，用這個名詞的人，就是 Wundt。他將德道的動機，分作三種，其中之一，即現在所講的知覺的動機，還有兩個，一個叫悟性的動機(Verstandesmotine)，一個叫理性的動機(Verunftmotive)，實在講起來我們把動機這個名詞，用之於非考察的行動上，是不妥當的。有思慮有辨別而後再選擇決行，這才是正當的動機。至於以知覺的動機爲本之行動，不過是一種衝動的行動罷了。例如今見孺子將入於井，乃毫不思慮，匍匐往將救之，這種的行動，就是Wundt所謂知覺的動機了。

所謂悟性的動機，乃是以幸福或利益爲目的，更考察的以打算利害之後，再行活動的行爲。所以這和知覺的動機不同，不是一種非考察的，例如今見孺子之入井，他所以去救他，或爲欲納交於其父母，或爲欲邀譽於鄉黨朋友，這就是悟性的動機了。

理性的動機，又與此異，並不因爲利益或幸福之目的考察而起，乃是完全以道德理想爲基礎而生的行爲，所以這種動機，就是和良心命令相一致的合理的行爲了。

理性的動機與悟性的動機，都是考察的，都是有思慮辨別作用的。知覺的動機，乃是非考察的衝動的性質，自心理上之作用視之，知覺的動機雖很單純，却大有注意的價值，倫係最初知覺動機，如小兒之吸乳，本能上就能爲之，這固然沒有什麼道德上的價值，倘這種知覺動機，如係由於理性動機屢屢反復之結果而成爲了一種道德上的育慣，這就在道德上有莫大之價值了，由此觀之，可知知覺動機的本身是沒有什麼可貴的地方，若有道德修養的結果，一成爲品性，才可貴了，孔子七十而從心所欲不踰矩，這就是一從其知覺之動機以爲善行之境地了。常人就不能到這個地步，如免强本着他的知覺動機去做，恐怕反是善的時候少，惡的時候多。

據上面的理由講來，可知這以本能的非考察的行動爲本所成的一種特別的道德能力，卽行謂道德感者，並不是一種正當的解釋。這種的行動，仍舊還是由於良心考察作用，屢屢反復所成的一種道德習慣，照實踐方面講來，這種考察的知覺動機，實在是行動上最安全的一種方法，如果有此種動機，我們最好順着他去做，倘爲種種考察，以爲這樣是善，那樣是惡，三思而後行，却反生出危險來了。何以呢，因爲人這樣東西，每逢考察思慮之時，往往是喜以自己之私欲爲中心的，如果對於一件事情，再三考慮之後，就必以私欲滿足而又爲理由所認可之事爲遁辭，去行動了，所以道德感這樣東西，在這個地方，是很有用的，是的確可以做我們行爲安全之指導的。

上述者，也不過是指日常最普通之事，以爲言，至於遇到一個大問題的時候，却應該愼重將事，

丘景尼

不宜一任知覺動機之所爲了。關於此點，我們在此還要略述數言。即所謂道德的行爲，本來是由於理想的自覺，和與此理想一致以動的意志作用相合而成的，此道德意志之活動，於斯頗有價值上之關係。即可由意志之强弱以區別道德價值之高下。若意志絲毫未動，僅係由習慣的機械的以爲行爲，其行爲之本身是毫無道德上之價值的，換言之，即自其成爲機械的習慣或良善之品性，固有道德上莫大之價值，苟自其習慣行動之本身言，就沒有什麼道理了。例如小兒之吸乳雛鷄之啄食，都是一種本能的行動。這種本能的衝動道德範圍中是不討論的，道德範圍中所欲論者是以和自己的理想一致與否之行動爲限。是以認爲道德上當爲之事，以意志實行之，就是道德上的善行。不當爲之事，而以意志實行之，就是道德上的惡行。由於有意的以避惡趨善，養成習慣，最後，遂致不須理想觀念，無所用心，行之自合於道，在這個時候，就是聖賢了。這時行動的本身，固已由修養而成爲一機械的狀態，其行動之時，亦已不須有道德上的打算。然而他的品性，至此時，實已到了最高價值的地方了。孔子七十歲的時候，是到了這個境域

學者中有分善（廣義）爲三個階段者。一爲自然的善，如嬰兒之吸乳，是這種的善，在道德上是毫無價值的，二爲意識的善，這種的善，始有道德上的價值，即有理想的自覺，而又能以意志的努

力，使其行爲與理想相一致。三爲無意識的善，此卽上面所講的，由於修養之後，無所用其心，亦能行善的一種品性了。從表面上看來，這第三種和第一種固有些相像，自實際上而言，就有天淵之別，因爲第一種祇不過是一種本能的動作，而第三種，却是經過了若干意識的反省，和實行，而始造成的習慣，換言之，卽第一種最初就沒有經過什麼道德上的許價，第三種，却先是經過了道德的評衡，才始成功的。故第一種的行爲，無道德的價値，第三種的就難能可貴了。

上述第二階段，也可以稱他爲積極意識的階段。第三階段，又可以稱他爲消極意識的階段，因爲在第二階段時，對於一件事情的當爲不當爲，須俟意識之指導，而後以爲行動，所以是積極的意識。至於第三階段，已經不消意識去積極活動了，雖則不消意識去積極活動，然而遇到偶然做錯的時候，這意識也馬上就會出來把他匡正，所以這時候，并不是沒有意識，不過意識常潛伏在內，不是必要的時候，不表現出來罷了。故此，這時候的意識，我們可以稱他爲消極的意識。

我們一般平常人，却係常常彷徨於第二意識階段之中，昨思爲善，今復爲惡，其道德上之品性，常無定形，所以人人淸夜自思，每覺善不敵惡，也就是這個原因了。

道德問題至是已大致說完了，以下再請略述數言，以作結論。

丘景尼

綜前述，我們已知良心之爲物，不過是社會我的一種表示。社會我不純粹是個人的，其內容是人人共通的，譬如今日的社會我中却含有古人的心在內，因爲我們的心多少是受了古代人的感化的，所以我們的心不獨含有中國古代偉人的分子在內，換言之，卽我們的心中，不獨含有孔子等的分子在內，就是印度的釋迦，猶太的基督，在今日之下，他們的心的內容也多少影響到我們的心上來了。不僅這種東西古今偉人的心，就是平常人的心也多少可以做他後代人的意識的內容，由此觀之，古代人的意識，既可成爲現代人，而現代人的意識，又可傳諸後人，那末我們說意識這樣東西是不滅的，也未始不可。是則在作成社會我的內容和貢獻社會我之發展上看來，這意識是永遠存在於社會我之中的了。

由此觀之，古往今來，生亡代謝，這社會我仍舊是不滅的了。不獨不滅，而且日日在生長發達，社我我的生長發達就是道德本身的生長發達，所以孔子說「天行健，君子以自強不息」，康德也說

「存乎吾人之上者，輝耀於太空之星，存乎吾人之中者，道德之法則」。

Der gestirnte Himmel uber mir; das moralische Gesetz in mir,

終

政治學講義目錄

劉彥

劉彥

劉彥

第二節　國家與社會之區列

第三節　國家與民族之區別

第四節　國家與政府之區別

第五節　國家之定義

第二章　人民

第一節　種族

第二節　民族

一，民族之構成及其發展

二，民族之國家

等三節　社會諸團體

一，教會

二，政黨

三，經濟集團

劉彥

劉彥

劉彥

一，統治機關之總攬

甲，行政領袖之總攬立法權

乙，行政領袖之總攬司法權

丙，行政領袖之總攬行政權

二，軍政之統帥

三，國際之表體

第三　行政領袖職權與總統制內閣制之關係

第二節　內閣

第三節　行政官署

一，行政官署之組織

二，官吏之任用

第十二章　司法機關

第一節　司法機關之職權

劉彥

一，決定事實
二，應用法律
三，解釋法律
四，防止犯罪與侵犯權利
五，處理財產
六，否認違憲法律

第二節　司法機關之獨立
第三節　司法機關之獨立
第四節　行政裁判所
第十三章　公民團體
第一節　選舉權

一，選舉是公民應做之事務
二，選舉是國家報酬之權利

三，選舉是一般人民之天然權利

四，選舉是大多數人民之權利

五，選舉是一種公共職務

第二節 直接立法權……創制權，複決權

第三節 直接罷免權

政治學

劉彥

第一編 緒論

第一章 政治學概觀

第一節 何謂政治學

政治學是研究人類的心理。及人與人在政治社會上之一切關係。此種關係之現象。無具體之物質可見 非若研究自然科學。如植物學，動物學，等。皆爲有形之物件。可以使人一見瞭然。所以政治學不容易惹起人之注意。然而人類在社會上不能過單獨之生活。無論在何時何地。皆須與旁人相接觸。即與政治生關係。蓋人類在社會上。不能無擾亂秩叙、及侵害權利，種種之事實發生。因此社會上之秩叙。須由政府維持。人民之權利。須由政府保護。凡此等現象。都是政治學之材料。即是政治學發生之淵源。

國家是社會集團之一種。而比其他社會集團。有特殊組織。及特殊權力之不同。政治學研究之對象 就是國家。在政治學三字未產出以前。舊觀念對於此種學問。認爲國家學。可知政治學，是完全以國家之一切關係。爲研究之對象。如國家之性質若何。國家之組織若何，國家如何發生。如何進化。政治之根本觀念若何。其原理原則若何。又現在國家。如何改織，現在政治。如何改良。以應付現在之政治環境。以解决現在之政治問題。此皆爲政治學所有之事。

第二節　政治學在科學上之地位

政治現象之特質。變化無窮。非有一定秩叙。永久確定。而不變更者可比。所以有許多人不認政治學爲科學。因其不能用嚴格之科學方法研究之也。法國學者孔德（Comte）否認政治學爲科學，有左記之三理由。

一，關於政治學的方法，原則，和結論，政治學者無共同之意見。

二，政治現象，不能無間斷的發展，

三，政治現象是不能預先察覺的。

吾人欲判別此種主張之合不合。須先說明科學二字之定義。究竟何謂科學。科學之性質若何，必先澈底了解。乃能明白政治學與科學之關係。

劉彥

凡研究宇宙間萬事萬物之現象。致組成精密而有系統之學識。謂之科學。凡是一種科學。不是憑空結撰之幻境。足用人類之知覺。就宇宙間萬事萬物之現象。用分類法。將其分爲若干部類。而在某部類之範圍內。就其現象的原因結果之理由。施以精密之研究。又就其所得各部類之研究。在一定法則秩叙之下。調和統一。而成一完全的體系。是謂系統的學識。即謂之科學。（否則爲各片斷的知識）故宇宙間萬事萬物之現象。其未經人種知識之研究。或研究而不精密。又不成系統的解釋者。皆不能謂之科學。

科學有左記三種之重要性質

一，科學是假定之眞理

二，科學是進步的。

三，科學是現在總用之工具，

所謂科學是假定的眞理者。因爲宇宙間萬事萬物之現象。其眞理尚未發明以前。殊不容易明瞭其究竟。縱或猜着其一部份。當然是一個不完全的解釋。或是一個暫時假定的解釋。所以科學家求科學律例。至少有三層工夫。第一在搜集事實，此種搜集之方法，有二。一爲觀察　卽考察事物之自然現象。及自然變遷是也　二爲試驗。卽設定方法。使物變化，觀其結果如何是也。第二在暫定假設，此種假設之方法。是將研究之對象。暫時假設一理。是眞是錯。不能預定。不過據此以觀後效而已。第三在實地試驗。多求事實。考查其結果。看能不能合乎預想的假設。如果處處與預定之假設相合。便是科學律例。故科學在未證明眞理以前。不過是一個假定。到證明以後。纔認爲適於現在之應用耳。

所謂科學是進步之物者。因爲科學的方法。雖然在考求往事。但其目的。却在發明新理。宇宙現象。是一個無窮之謎　猜着一層。還有一層。學問亦無終極。發明一部。再進一部。所以無論何種學問。在最初發生時。總纔著許多迷信的解釋。與錯誤的解釋在內。到後來纔達到比較正確解釋之程度，愈精密。愈適用。愈近乎眞理。所以科學是進步的。而非往復循環　毫無長進的。

所謂科學是現用之工具者。因爲科學是人造的。是爲人造的。是造出供人用的。就人類行爲上判斷科學之功用。全視其人生實際上生出何種效果以爲斷。故科學實爲現在應用之工具。以之應付環境。解決事實。並引導人類行爲之指南針也。

劉彥

依上述三種性質看來，可知科學的範圍，非常廣大。宇宙間一切現象。和萬事萬物。均是科學的材料。政治學是發源於政治社會上羣衆所需要之一種組織。即國家是也。而政治學之目的。是要研究人與人在這種有組織的社會中之動作。即政治是也。政治學既以國家與政治爲對象，所以政治學是科學的國家知識。當然包括在科學範圍之內。

且政治學之原理原則。皆是人造的假說。以期解說政治社會中萬事萬物之現象。此種原理原則。均是應付其時其他的環境之一種工具。環境非永久不變之堅定物。因此原理原則，亦不得不新陳代替。原理原則既有更改。於是政治組織，亦因之而改革。譬如歐洲中世紀。是四分五裂時代。其時之政治學。都想把國家主權法律秩序等觀念。造得特別尊嚴，當時之政治組織，遂大受其影響。十八世紀以後。人民惡國家法律的干涉太嚴。且蒸汽發明，機器發達。生產增加。人人皆想自由向海外發展。所以當時之政治學，趨重於個人主義與放任主義。政治組織，因之漸加改革。至十九世紀下半期。以自由競爭之結果。資本家大佔便宜，一般無產階級之勞働者，被壓倒於四層社會。所以現在之政治學。無不含著社會主義之意味。欲用國家之權力。以調濟經濟上之不平。因此政治組織又大受其影響。如最近蘇維埃制度。是露骨之表現也。依此等事實。足以證明政治學之原理原則。均是從某時某地某種環境之下。找出一個理由來。爲救濟某種環境之工具。所以政治學之性質。與上述科學之三種性質。完全相合。故政治學當然是科學。

政治學既是科學。然則屬於自然的科學。（Natzral Science）抑屬於社會的科學（Social Science）蓋科學原分兩種。一是研究天然現象。如天文學，地理學，物理學等，即以所謂自然的科學。一是研究社會現象。或人事現象。如社會學。經濟學，政治學等。即所謂社會的科學。政治學既屬於社會科學中之一種。當然非自然科學。但其性質大致與社會學（Sociology）無大區別。然社會學之範圍廣。其所研究者。爲人類社會之一切。不問中外。不問有無政府。與國家無直接之關係。政治學則不然。其範圍狹。其所研究者。純是關於國家與政府的人類社會一切之事。與國家有直接之關係。所以政治學之範圍。比社會學之範圍小。政治學在科學上之領域。實屬於社會的科學領域之中。此卽政治學在科學上之地位也。觀左表自明。

劉彥

- 科學
  - 社會的科學
    - 研究人與人的關係
      - 研究人與人在社會上之關係……社會學
      - 研究人與人在社會上經濟方面之關係……經濟學
      - 研究人與人在政治組織之社會中的關係……政治學
    - 研究個人的動作和知識—心理學倫理學等……
    - ……哲學
  - 自然的科學
    - 研究各種自然的現象，如天文學，地理學·物理學·動物學，植物學等，

第二章　政治學與其他科學之關係

無論何種科學。必與其他科學有關係。政治學是社會科學之一種　所以政治學除與自然科學不生關係外。其他各種社會科學。皆與之有密切關係。

第一節　政治學與社會學之關係

政治學是社會科學中之一種。不過範圍狹小不同。又與國家有直接關係。或僅有間接關係之不同。已於上章述明。蓋社會學，是一切社會科學之基礎。其所研究者。凡社會組織之勢力，之形式，及其發達之情形。皆爲其必要之研究。政治之組織。即是社會組織中之一種。所以政治組織。是建築在社會組織之裏面。當然與社會的現象。有密切關係。殆無嚴格的界線可以分淸領區。然而實各有其顯著不同之點。社會學以個人爲單位。其所研究者。爲一切人類所組織之社會。換言之。就是研究人類社會組織之科學。殆不問有無政府。亦不注重國界。其範圍甚廣。政治學以國家爲單位。其所研究者。爲人類所組織之特別社會。（國家）換言之。就是研究人類政治組織之科學。專以國家之組織。及國家之活動（政策）爲目標。其範圍較狹。

第二節　政治學與歷史之關係

歷史是研究已往之事實。明瞭過去之現象。而從過去之現象中。比較長短。尋出公例。歷爲現在或將來作事之指導。政學之目的。是要創造現在或將來之現象。欲達此目的。先要研究已往現在之制度。如何發生。如何變遷。如何進步之原理。以爲改良現在制度

劉彥

或創造將來制度之槼臬。因此政治學與歷史有密切之關係。福禮門曰。(Freemen)歷史是過去之政治。政治是現在之歷史。柏哲士曰((Buryess)歷史而無政治。雖不是個死屍。也是個跛子。政治而無歷史。是閉着眼睛。在黑暗中摸索的人。由此可知歷史是政治學之中心。政治學萬不能不以歷史作研究之材料。

第三節 政治學與經濟學之關係

從前之經濟學。就是現在之財政學。中世紀以後。經濟學從國家的方面。趨向到國民的社會的方面。遂變成爲人類謀幸福之工具。自社會主義之經濟學發生以後。政治的組織。漸趨重於經濟方面。國家又似變成爲謀經濟發展之工具。國家之制度。由經濟情形決定。國家之政權。由經濟活動之人民管理。所以近來之政治學。幾與經濟學成爲一體 各國社會主義派所組織之政府。事實上將國家當作調劑經濟發達之唯一機關。又近來關於經濟學之根本問題。如國家對於爲經濟原素之土地，勞力，資本，三項。應如何支配。對於生產分配消費。應如何管理。此等問題。至今日已變成爲政治學之根本問題。經濟是人類生活之基礎。政治卽是建造此種基礎之事業。所以現在之政治學。萬不能離開經濟學而獨立。

第四節　政治學與倫理學之關係

倫理學，由道德觀念而來，以研究人生在世之行爲，應該如何，爲目的。古時無論何國，皆非法治，全憑人治。換言之，道德觀念，即是政治觀念。書曰，若稽古帝堯，曰，欽明文思安安，允恭克讓，光被四表，協和萬邦，黎民勿變時雍。孔子曰，政者正也，子帥以正，孰敢不正。又曰，書云孝乎，唯孝友於兄弟，施於有衆，是亦爲政。諸如此類，皆是本個人之道德，以爲政治。政治之優劣，全繫於個人道德之有無以爲轉移。後世文化漸進，法律漸明，於是個人道德，與國家政治，乃漸漸分開。然而個人對於國家之義務，與對於法律之遵守，仍多由道德觀念而來。所以現在社會上之倫理觀念，有許多可以作政治上之政治觀念。蓋倫理學，是使人應當如何行爲之工具。政治學亦是使人應當如何行爲之工具。國家之職務。在謀人類最大之幸福。與其公共安甯。倫理學之最終目的。亦在乎此。而政治學則爲在指導國家。使其如何謀人類最大之幸福。與其公共安甯者也　所以政治學與倫理學實有密切關係。

劉彥

學之目的。與此全相符合。而政治學之職務。則爲指導國家。使其如何謀人類最大之幸福。與其公共安寧者也。所以政治學與倫理學有密切關係。

第三章　政治學分析的觀察

政治常識。是生存於政治社會上羣衆之所需要。政治學是促進政治社會上羣衆需要之工具。然則政治學之眞面目，究竟若何。分下三節說明之。

第一節　政治與政治學

政治二字之解釋。歷不一致。有主張人與人關係中。凡涉及團體組織之行爲。皆必政治。此爲廣義之解釋。以僅限於形成之國家。與形成之政府而言也。有主張凡國民與國家機關之行爲。直接關於國家根本的活動。爲政治。此爲狹義的解釋，偏就於行政一方面而言。而將國家之組織。置諸政治之外　最近孫總理對於政治二字之解釋　曰。政是衆人之事，治是管理　管理衆人之事。便是政治。照此解釋　頗能將國家之組織。及國家必要之行爲。皆能包括在內。可謂語簡而意該。

政治二字之意義。既如上述　然則政治學則又如何。余已於第一章第一節說明政治學是以國家之一切關係。爲研究之對象。即國家之組織。及國家必要之行爲。皆爲政治學之題目 而政治學將此等題目。研究其如何發生、如何進化。如何改組。纔可應付現在時局之需要。與解決現在時局之政治問題。此政治學所有事也。明乎此則知政治與政治學之分別矣。

第二節　廣義政治學與狹義政治學

廣義政治學。是關於國家諸學科之總稱。凡政治史，政治地理，政治統計，及國法，行政法，國際公法，國家原論，政策原論，行政學，社會經濟政策。（如農工商業各政策等）等。無不包括在內。至狹義政治學。則僅就事實方面 研究國家之現象 及其應用之政策而止。如國家原論，政策原論，是也。狹義政治學，當然包括在廣義政治學之內，廣義政治學。有屬於純理的。有屬於應用的●狹義政治學。亦有屬於純理的 亦有屬於應用的。觀左表則知廣義政治學之系統。與狹義政治學之歸宿。

劉彥

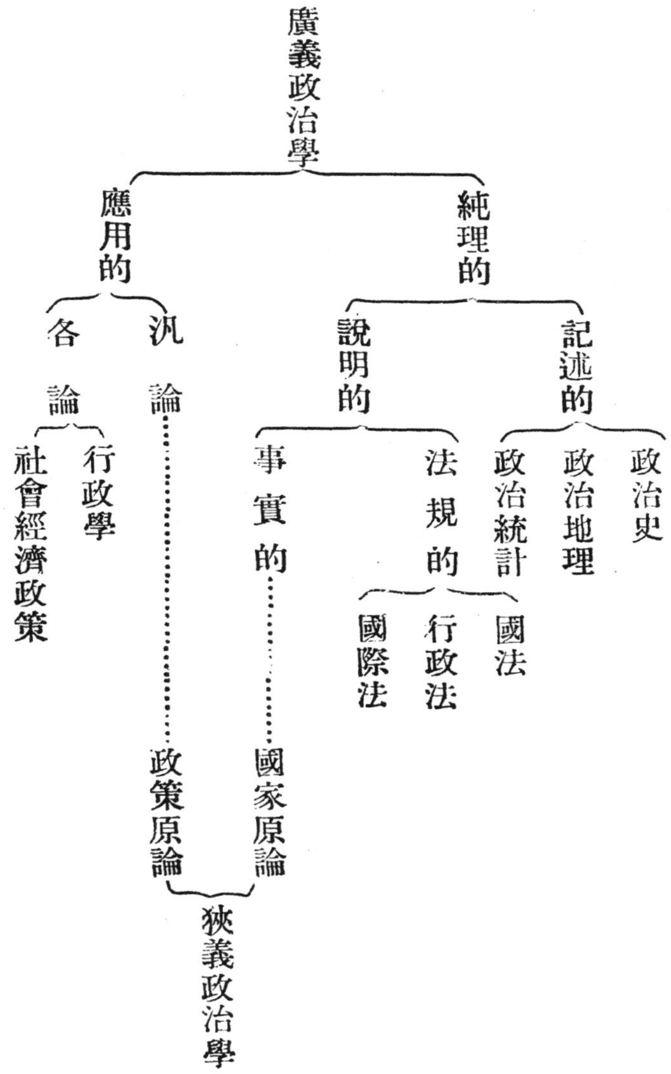

第三節 靜的政治學與動的政治學

當政治學被認爲國家學之時代。其範圍廣漠無限。凡法律學，經濟學，等一概包括在內。其後進化。法律與經濟。皆發達到獨立成爲一學科之地位。於是政治學之範圍。乃逐漸縮小。然而又因進化之故。法律學雖實際離開政治學之領域。而經濟學却處處與政治學犬牙交錯。而不能實際分開。所以現代學者。對於上節所述廣義之政治學。嫌其不能脫國家學之範圍。而對於上述狹義之政治學。又嫌其範圍太狹。乃主張建設一個新的政治學系統。將政治學分爲靜的與動的兩部份。所謂靜的政治學。是含純理的學，與形式的學而言。如國家性質，國家起原，國體，政體，主權，總統制，內閣制，三權分立，國會選舉，人民自由權，參政權等類是也。以其屬於政治學中靜止的一部份。所以稱爲靜的政治學。至所謂動的政治學。是研究社會上流動的主力所在。即社會經濟問題是也。原社會經濟問題。即是最重要之政治問題。因國家要解決政治社會上之一切問題。而施行其各種政治之政策。却處處受社會經濟勢力之影響。於是政治幾不能單獨進行。而與社會，經濟，二者發生連環性。必政治，社會，經濟，三者相互間所發生之關係。皆趨於一致。乃可以進行。此非 的政治學所能講到。必研究政治，社會，經濟三者混合

劉彥

流動之狀態。乃可以明白之。此所以政治學新系統上。不僅研究政治組織之靜的部份而止。並進一步研究政治，社會，經濟，三者合流之動的部份。以完全政治學之本能。蓋動的政治學，是研究社會經濟問題。及國家對待此種問題之政策。以求政治的正當組織。及國家之正當方針與施設。是佔政治學上之重要部分也。又靜的政治學。僅供給政治組織上之智識。動的政治學。則供給政治實用上之智識。靜的政治學。接近法律學。動的政治學。接近經濟學。靜的與動的二者合一。方造成一個新政治學系統。本講義即依新政治學系統。分靜動二部分編述之。其大要如左表。

- 政治學
  - 靜的政治學
    - 政治基礎（如國家人民之類）
    - 政治制度（如國體政體總統制內閣制之類）
  - 純粹的政治政策
    - 國防政策
    - 外交政策

- 動的政治學
  - 社會經濟政策
    - 勞工政策
    - 農民政策
    - 商業政策
    - 人口政策
    - 土地政策
    - 殖民政策

劉彥

第四章　研究政治學之方法

第一節　自然科學研究之方法

因自然科學成立發展之後，社會科學，始建築發展之基礎。此爲社會科學家所以不能否認此兩種科學。既有如此關係。所以學者有主張政治學。亦用研究自然科學之方法去研究之。從生物學方面看來。國家也是一個有機體　國家生活之進化。殆完全與生物之進化相同。從物理學方面看來。凡物體之構造。其裏面有無數之最小細胞分子。國家由人民構造而成。人民即是國家裏面之細胞分子。此派學者。講究分析之研究。而注重個體。謂全部進化。原由於個體進化而成。國家亦然。孔德斯賓塞等　爲用此種方法研究政治學之最著者。

惟此種觀念　是將國家之分子。認作無目的。無獨立之生命。無自由意志。不齊認人民爲國家而生　國家非爲人民而設。故自國家工具說大盛之後。此種研究方法。已失其價值

第二節　法理學研究之方法

以法學的態度。去研究政治。是認國家爲法律之客體。而不知法律由國家所創造。幷以國家由法律所創造　如果將國家認作法律之客體。此外如政治勢力。社會勢力。民衆運動。一概不注重。不但將國家範圍看得太狹。幷對於使國家進化之各種原動力。一概抹煞矣。故此種研究方法　亦無甚價值。

第三節　比較研究之方法

比較現在各國制度　與從前各國制度。分別其優劣。以求得政治上之新觀念。新方法。新模範。以便應用於現在之實際方面。自爲研究政治學之最要方法。然而無論何國之何種制度。皆有其所以造成該種制度之特別原因。若不研究其特別原因。而僅取其制度。以施行於人民性質不同。經濟狀態不同。法律標準不同。政治經驗不同，歷史習慣不同之國家。則未有不生重大之錯誤。所以比較研究之方法。當伴歷史研究之方法以併行。方無毛病。

第四節　實驗研究之方法

實驗方法。原是一種極重要之科學方法。詹姆士（Wi liam James）謂，「凡眞理都是

劉彥

我們能消化受用的。能考驗的。能用旁證證明的。能稽核查實的。如果不能如此。便是假的。「政治學之眞理。當然亦是如此。雖則政治學上事項。不能如自然科學之問題。可以到試驗室內去實地試驗 然而無論何種政治制度。或在歷史上經過時、或在社會習慣上逐漸生長時。或在目前施行時。如果認爲有價值之制度。當然是曾經實驗其有效果之所致。蓋政治學是人生應付政治環境之工具。其價值全由實驗所得之效果決定 如現在之代議政治。平民政治。皆是曾經多年之試驗得來。所以實驗方法 實爲研究政治學之最要方法。

第五節　歷史研究之方法

無論何種制度。斷非憑空突起。必因其時其地之環境所需要。然後由人工製造一種制度以應付之 又無論何種制度。斷非永久不生變化。亦因其時其地之環境所需要。又由人工將其改造而變化之。政治學者。對於一種政治制度。雖明白其現在之情狀。及將來之變遷。必先對於該制度當初發生之情狀。及其以後變成現在之情狀。之各種原因。皆有精密之觀察。與係統之研究。然後可以尋出進化之原因。與其進化之路線。以爲現在或將

來改革政治之南針　此卽是歷史方法之研究。爲政治學必由之路也。英人有恒言曰。英國之憲法。是生長的。不是創造的。此語卽足以證明政治制度。斷以憑空突起。是有多歷年所之歷史關係而來。雖非有機體。亦殆如人生。然由嬰孩而兒童。由兒童而青年。由青年而壯而老。其過程中。因年齡體氣。智識之不同。不知生多少變化。乃至於現在。此所謂長成的也。亦即進化律也。政治制度。既爲長成的。既離不開進化律。此種態度。即是歷史的態度　歷史派之學者。有主張政治學是應用的歷史學。又有主張歷史是過去之政治。政治是現在之歷史。此種主張。雖有偏重歷史之嫌。然歷史實不失爲政治學之基礎。舍歷史學。則政治學無根抵。由此可知政治學與歷史研究之方法之重要也。

第六節　心理學研究之方法

近來研究政治學之方法。比從前有一顯然進步之趨向。亦可稱爲對從前研究政治學之大革命。卽將從前客觀的政治論。一變而爲主觀的政治論。是也。從前學者。多用自然科學之方法研究政治學。認爲社會爲有機體。用生物學物理學之方法。以解釋社會現象。將社會看作自然會生長。自然會發達之物體。及國家工具說倡導之後。於是政治學者。趨

劉彥

向到人的方面。認社會是人類精神造成之團體。以求達到人類心理之希望。故國家非自然生長之物。而爲人類欲達到心理希望所造成之物。人民以爲國家而生。國家實爲人民而設。人民非以國家爲目的。實以國家爲工具。以爲達到人類心理之希望。此說一倡。政治學遂來一重大之革命。蓋將國家退到客體的地位。而將人民進到主體的地位。換言之。從前之客觀政治論。失其價值。現近之政治學。趨重於主觀的政治論也。

此種主觀的政治論、何以認爲是心理學之研究乎。心理學大家詹姆士認定心理學之基本觀念如左。

凡認定未來之目標。而選擇方法與工具。以求達到該目標。此種行動。就是心的作用表示。

心理學之基本觀念。既然如此。則人類之知識思想。皆是心的作用。由此種知識思想。認定人類生類生活未來之目標。而選擇一種制度。一種社會。以求達到此種目標。之方法之工具。皆爲心的作用表示。自無疑義，而此種心的作用表示。即是國家與社會所以造成之原因。亦毫無疑義 由此可知人類生活現象。皆爲心理作用之結果。國家社會之所以成立。皆爲心理作用經過之陳蹟。國家社會裏面之一切制度。皆爲心理作用之產兒。以爲達到人生目的之工具。簡單言之就是認定國家爲人類達到目的之工具。國家爲人而設。非人爲國家而設。故國家爲客體。人爲國家之主體。此即用心理學方法解釋政治現象。與政治制度。而爲現代研究政治學之進步之趨向也。

第七節　結論

以上各節，所述研究政治學。共有六項方法。除自然科學與法理學之兩項方法外。其他如比較的研究。實驗的研究。歷史的研究。心理學的研究　皆爲最重要之方法。尤其心理學之政治論。最爲扼要。故吾人研究應用之政治學。應先認定人爲國家之主體。將一切政治。看作人類心理作用之表徵。而後用歷史的研究法。尋出政治現象進化之路線。又用比較與實驗二法。考究各國各時代各種政治制度與政治現象之長短優劣。以爲吾人對於現在政治應用之方針。或開創未來政治之局面。所以政治學須用綜合的眼光光去觀察、不可僅執一二種方法去研究之。況現代政治之應用方面。與社會經濟有合流之必要。所以政治學之領域、亦不能堅壁清野。殆時時處處不能與社會學經

劉彥

濟學脫離關係。如研究靜的政治學時。已不能排開社會思想與經濟思想而不顧。若研究動的政治學時。則以社會經濟政策。佔其大部分。所以研究政治學須用綜合的眼光去觀察之也。

劉彥

第二編　本論上……靜的政治學部份

第一章　國家之要義

第一節　國家之解釋與性質

政治學研究之對象為國家。故國家為政治學之中心問題。然則國家二字之解釋，究竟若何。為政治學最先必要明瞭之問題。古代國字解釋。與現在不同。其在我國。周禮注說。『大曰邦，小曰國，』論語，『顏淵問為邦。』其不問為國者。以國小於邦故也。禹會諸侯於塗山。不期而會者八百國。周武王滅殷之後。封同姓異姓之國甚多。至春秋之初　猶有一百四十四國。而此等諸國。無論在國土之大小，其諸侯仍為王室之臣　其領土仍為王氏領土之一部份。故其時之國。絕對非現代國家之意義，自秦始皇。廢封建制為郡縣制。凡從前之所謂國。一概廢除之。自是以後。凡統一之局。則無國號。非統一之局。則有國號。如魏蜀吳相爭。則號三國。五胡之亂。則號十六國。而漢晉唐宋元明清統一之局。則只稱為大漢天下。大晉天下。大唐天下。大宋天下。大元天下。大明天下。大清天下。而不稱為漢國，晉國，唐國，宋國，元國，明國，清國。所謂天下者。即顏淵問爲邦之邦也。孔子曰，修身而後家齊。家齊而後國治。國治而後天下平。此可見各朝之稱天下。斷非國字之意義也。清朝與外國訂條約時。自稱大清國。然不過對外之權宜稱呼。其實大清國三字。不但非中國之國號。亦並非清朝入主中土時所定之國號，要之自始皇廢封國制後。凡統一之局，皆無國號。蓋即認國小於邦之觀念也。自辛亥革命。我國乃定國號曰中華民國。當時臨時約法第一條之規定曰。中華民國。由中華人民組織之。第二條曰。中華民國之主權。屬於國民全體。第三條曰。中華民國之領土，爲二十二行省，內外蒙古西藏青海。第四條曰，中華民國以參議院臨時大總統國務員法院行使其統治權，依此等規定與組織。於是我國之國號。始與現代所稱國家之意義相同。由此看來。我國四千年來之所謂國家。事實上足以證明今昔解釋之不同。

其在歐西。對於國家之解釋。亦古代與近代不同。希臘人用（Polis）表示其所謂之國家。譯成中文。爲城市之義。故希臘之所謂國家。就是城市國家。羅馬時代。亦正相同。故當時所稱有名之羅馬國。就是單指羅馬城而言。凡意大利與其別的部份。皆不包括在內。到中世紀以後。國家觀念。始擴張其範圍。即從城市國家之觀念。擴張到全土

劉彥

的國家觀念。意大利政治文學中，首先用『國家』名詞。表示凡在城市統治權下所有之屬地。至十六十七世紀。英法德各國文中。通用 tat e tat staat 這個字。始含有現在通屬之意義。由此看來。足以證明歐西各國、對於國家之解釋。亦今昔互異。

又歷代學者。對於國家之答案，亦不一致。有認為是必要之創造品。有認為是自然之生長物。有認為是社會契約之結果。有認為是神造的。有認為是法律創造的。有認為盜賊之團體。有認為是人類之仇敵。有認為人類必要之物。有認為絕對不為務之物。此種見解。各不相同。各有其是處。亦各有其錯處 要之吾人討論現在之國家。要排除此種舊觀念。而專從社會學上立脚 以說明社會的國家觀。蓋人類因需要而組織之團體。皆謂之社會。如血統關係之社會為家族。宗教關係之社會為教會。生計關係之社會為各種生計組合。如商會工會農會之類。此種各項社會。常有互相衝突。各爭勢力之時。如宗族社會得勢。則將其他社會 壓迫在宗教勢力之下 而成古代宗法的國家。如宗教社會得勢 則將其他社會 壓迫在宗教勢力之下，而造成羅馬宗教的國家。此種情狀。在歷史上造成多少偏枯不平之事實。而起社會之大紛擾。國家亦為人類社會之一種。而爲政治關係之原因。所組成、其目的在維持各社會之和平秩敍。並並裁制各社會之爭議。因此國家雖是社會之一種　而獨具一種特殊權力有支配一切社會之權、同時有保障一切社會之責任、此卽社會的國家觀念、亦卽現代之所謂國家也。

第二節　國家與社會之區別

上節業已述明國家雖是社會之一種。然國家具一種特殊權力。有支配一切社會之權。同時有保障一切社會之責任。此卽國家與社會之區別、換言之。卽有無強制的法律是也。蓋法律爲國家之特徵。各社會之組織、雖各有其種種條規。如章程之類。然不得謂之爲法律者。以其對外無強制力故也。無強制力之社會。卽國家以下之社會。有強制力之社會卽社會所成之國家。所謂強制力者。卽國權也、卽統治權也。國家依法律之付予　而行使統治權　能使全國人類。皆受治於範圍之內●而莫之能越、社會則不能有之　又社會只有人與人之關係。而與土地無關。故社會成立。不限定占領一定之土地而國家則必以有一定之土地爲原素。所以華僑之商會。可以設之於外國。而猶太人民雖多、以無一定之領土、卒不能成爲國家、又社會中之社員　可無國籍之限制。如無論何種公司或學會

與文政治

劉彥

中外人可以共同組織。而國家之人民。則必以本國國籍之人民爲限。無論何機關。不能與外國人共同組織。又社會不限於政治一方面。而以世界爲範圍。國家則專限於政治一方面。而以國家爲範圍。此皆國家與社會之區別也。

第三節　國家與民族之區別

民族二字。外國文各國含義不同。現在政治學所講之民族。含下列三種要義。

一，種族關係。—由一個血統或一個人種傳下來之民族。

二，地理關係　—在一個山脉河流之地方住居。爲氣候地勢所陷。不容易與他族來往。

三，文化關係。—有同一語言。同一文學。同一歷史。同一風俗習慣。同一道德觀念，

此三項爲民族之要素　有此種共同性質。自然發生共同之感情。而組織一種統一的政治團體卽國家。然雖共同組織之國家。却是民族自民族　國家自國家。以民族卽國家。一如社會與國家各有其區別也。蓋各民族皆有自然之團結力。雖統一在同一政治組織之下

然民族之區別。究不能消滅。無論被征服之民族。當受偏頗之待遇。即久已統一之民族。亦常有其待遇不平之衝突。現在之民族主義。要應用國家之權力。將同一政治組織下之民族。令其各有平等發達之機會。而不令其發生國內民族之衝突。此即國家有支配民族之權。而民族不能支配國家也。

第四節　國家與政府之區別

政府是國家行政之機關。是行使國家主權之工具。是國家最重要之要素。然絕不能說政府即是國家。在前清專制時代。往往認君主就是國家。所以法國路易十四，有朕即國家之語。我國從前。亦同此觀念。凡朝代之滅亡。即認爲國家之滅亡。所以只有忠君之訓。而無愛國之說。殊不知政府不過爲國家行政之一副工具而止。國家是有永久之性質。而行政工具則不妨隨時更換之也。且君主不過爲政府中之一部份。蓋所謂政府者。凡上自君主或大總統。下至於街道上站崗之巡警。皆爲政府之一部份。若認君主滅亡。即是國家滅亡。然則街道上站崗之巡警。被匪殺死。亦認爲國家之滅亡乎。此非常之謬見也。後近代之國家。對於政府改組無論其爲依法改組。（如大總統期滿改選）或革命改組

劉彥

。（如我國辛亥革命）皆不過認爲行政機關之變更。與國家之存在。毫不相干也。

第五節　國家之定義

上述各節之情形。旣經明瞭。於是可以言國家之定義矣。國家者於一定之土地內。有統治組織之繼續的人類社會地。此語含義頗深。應分釋之，如後。

第一　國家者人類社會也

人類於外。凡生物之集合體。皆得以社會名之。然國家爲人類之集合體。故曰國家者人類社會也。至集合之程度。必得多少人。始可以爲國家乎。則至少必適於統治之組織爲度。多則雖畢全球人類。合而爲一大同之國家可也。

第二　國家者有一定土地之人類社會也

土地爲國家要素之一。所謂一定土地。卽領土是也。遊牧民族。有土地而無領土。有社會而無國家。以其無一定之土地故也。有一定之土地。又有土著之人類社會。是爲國家組織上不可或缺之點

第三　國家者有統治組織之人類社會也

强制組織。爲國家之特性。行其强制力者。謂之統治者。受統治者。謂之被治者。此種强制組織。亦曰統治組織。卽統治權也。統治權者。國法上最高之權也。此權之有無。卽爲國家與他種社會之區別。有此權則爲國家。無此權則非國家。

第四　國家者繼續的人類社會也

集合體之人民。必含有繼續性。又能搆成國家。若偶然之集合。決不能成爲國家也。蓋國家爲永久之社會。若國家分子。而無繼續性。則不能成爲國家可知。惟國家在人類歷史上，亦不過爲一時之事實。故世界初無絕對永存之國家。亦無預劃存在期限之國家。故不曰永久。不曰一時。而曰繼續的人類社會。

人口增減与統計分配之關係分節述之於下

劉彥

第二章　國家之第要素—人民

人民爲構成國家基本上之第一要素。蓋國家爲人民之集團。人民以外無國家。此種認識。不但在近世民主國家之組織上。至爲顯著。即在古代君主專制時期。亦有充分之了解。書曰，民爲邦本。本固邦寧。孔子曰，百姓不足。君孰與足。孟子曰，民爲貴。社稷次之。君爲輕。趙威后答齊使曰，苟無民。何有君。凡此皆爲我國古昔君主專制時代。明確之認識也。

惟人民所以構成國家之原因。非如石卵之堆積。毫無粘連之關係。亦非如叢林之樹木。各自獨立之情狀。蓋有種種相互連合。不可解脫之結緣。而且日益錯綜複雜。乃自然構成一國家。綜核其構成國家之原因。與其繁榮國家之關係。有下記之幾種事項。一爲種族。二爲民族。三爲社會團體。四爲社會圈。五爲人口增減。六爲人口分配。七爲人口統計。分節述之於下。

第一節　種族

種族與國家構成。固有絕大關係。且有原始之關係。蓋種族之基礎建築在血統關係之上。凡有血統關係之人民。自然能發生一種特別同情之感覺。此種感覺。即是組織政治團體之原動力。蓋血統關係。尤以父系母系最親血統成立之家系，爲最密切。由家系擴張，成爲族系。其間家長指揮家人。族長指揮族人。實爲樹立治者與被治者關係之雛形。卽國家之原始雛形也。且種族觀念。有一種無形之特殊勢力。對於異族。自然懷一種不合作之觀念。並且視同仇敵。故每有異族對峙。於是本族之政治組織。更爲進步。所以種族與國家構成。有極大關係。

種族於內政上尤有重大關係。在種族單純之國家。其內部當然少一種種族衝突之原因。然在種族複雜之國家。其內部種族問題之衝突。恒與政治之實用問題相抱合。此種事實。非尤起於人種學上之異同。而多基於種族觀念之濃厚、與其偏見。之所釀成。近世種族複雜之國家。多能融和種族之界限、而相依爲國。如瑞士國內之人民。有意大利種。有法蘭西種、有德意志種。有比利時種。及其他各種。然各能相安、毫無種族之爭鬥。又北美合衆之人民。除英吉利人，德意志人，法蘭西人，意大利人，及其他各國人外。尚有黑人。亦絕少國內種族之衝突、乃致其國於富強。又我國合漢族滿族蒙族回族藏族

劉彥

爲一國。素極調和親睦。惟清末政治腐敗。國民不得已起而革命。一時以排滿之名義相號召。及清廷退位。改造共和。仍然五族一家。如民國元年制定臨時約法第五條之規定曰。中華民國人民。一律平等。無種族階級宗教之區別。至民國十三年國民黨改組之後。孫總理更澈底的主張國內各種族有平等權。當時第一次全國代表大會宣言曰。國民黨之民族主義。有兩方面之意義。一則中國民族。自求解放。二則中國境內各民族。一律平等。此爲民國以來。我國內政上。融和種族界限。以謀相依爲國之特徵。

種族於外交上。亦有重大之關係。因異國之間種族不同。其所發生國際的實現利害問題。恒與種族相惡之感情。與種族相爭之事實。常相抱合。如西洋歷史，中代初期。德意志蠻族。由北方南下。驅逐異族。建立德意志蠻族諸王國。是其特徵。又最近一千九百十四年歐洲大戰之開端。實始於俄德兩國。對於巴爾幹半島。一爲斯拉夫族之族長。一爲條頓族之族長。互相保護其族人。以致德俄開戰。後乃演成世界大戰。此可見種族與外交上關係之重大也。

第二節　民族

第一　民族成立及發達之原因

民族與種不同。種族基礎建築於血統關係之上。民族基礎。則建築於國內各種族。有共同精神，共同習慣，共同利害，各關係之原動力，而來。故民族，一方爲種族分出之支流。又一方爲種族各關係歸併之合流。換言之。是爲國內政治關係上產物。現代之國家。卽根據於民族發生。民族統一運動。卽是要建設民族之國家。所以民族與國家有極重要之關係。

民族之成立斷非憑空突起。偶然發生　實有長期的歷史之所造成。孫總理曰民族是由天然力造成的。所謂天然能力者。是就血統，生活，言語，宗教，風俗，習慣，各項而言也。蓋血統是民族成立最大之原因。凡祖先是某血統。其遺下來之子孫。便成爲某血統下之民族。其次爲生活。因爲謀生之方法隨環境不同。在同一生活環境下之人類。便可成爲一種民族。其次爲言語。凡言語不同。便容易發生異族之感覺。言語相同。則容易發生同化之力量。故因言語同。卽可結成同一之民族。其次爲宗教。古代與中世紀。宗教信仰。爲人民結成團體之最大關係。對於宗教不同之人。以異族視之。對於同一宗教之人。便可結成一種民族。至於風俗與習慣。亦爲成立一個民族之重要原因。大約每一民族。必有其獨立的風俗習慣。人類中如果風俗習慣相同。積久自能結合而成一個民，。此純就天然力造成而言也。

然近代構成之民族國家。其民族之成立與其發展。有非僅由天然力之所造成者。尚有下記之三種原因。促其結合而發達。一爲民族之小者。不足以圖存。因環境之關係。不能不與附近相異之民族。結成一體。以謀合力防禦外部之侵凌。一爲帝國主義。以武力奪取弱小民族之領土以後。施行同化政策。强制其使用本國之言語文字。與其風俗習慣。久而久之。溶化於無形。於是成爲一大民族。此殆爲近世民族國家構成之主國。一爲民族精神之發煥。此爲民族中之各分子。因有榮辱盛衰興亡與共之意識及情感。而成爲一牢不可破精神上之團結。此類精神之發煥。對於國內人種的民族主義。漸次薄弱而消滅。而對於國內政治的民族主義。則濃厚而力行。蓋由於國民之各分子。希望自己民族自强自立自發展。以增民族之光榮。與世界各民族爭優勝之地位。此爲近世民族之特徵，觀於美國人之精神。凡事皆自負爲世界第一。日本人之精神。不但自負爲亞洲民族之冠。且有凌駕美國人之概。我國人從前亦自稱爲華夏。目外人爲夷狄。此種自負。當然由民族精神出發。然至今日。我國民族。雖佔世界人口十分之四。而不能與各民族取得平等之地位。其原因雖不一。然國民分子。皆失却民族精神。不能努力圖自己民族之自强自立自發展。有以致之。處現在民族國家主義方興時代。研究政治者。對於民族精神發煥之點。不可不三致意也。

第二　民族的國家

所謂民族的國家者。是將同一之民族。於一定土地之內。建設獨立生存之國家也。故民族國家之基礎。是建築在地理的統一。與民族的統一之上。此種制度。非古昔各民族所製造。而爲近世條頓民族之創制。亦非條頓民族杜撰之制度。融合希臘城市國家之地方自治。與羅馬世界帝國之統一。又融合社會的民治主義與國家中央集權之幾種制度。而始造成者也。

原各民族之政治能力。互不相同。所以各民族之政治組織。亦各互異。我國雖有數千年之文化。然政治組織。於世界無甚貢獻。亦以與世界各大民族相隔絕。故未能顯出特

劉彥

別能力也。日本於最近數十年來。始有政治活動。其能力如何。尚不能斷定。比較值得政治史上之記載者。還是歐洲方面幾個著名之民族。

一爲希伯來民族（Hebrew Peoples）此民族對於世界文明之貢獻。全在宗教方面。凡猶大教，耶蘇教，回回教，皆爲此民族之所創造。宗教本爲天然力造成民族之一大要素。然而希伯來民族。其團結力雖大　而却未造成一個大國家。奉仰主義之熱力雖弘。而却不能組織一種特殊之政治制度。此可見其政治能力之薄弱。然其所遺傳之宗教。其影響於政治甚大也。

一爲希臘民族。與斯拉夫民族。此兩民族之能力。善於組織小團體。凡鄉村社會。與城市國家。皆能組織完善。實開地方自治之先河。但是此兩民族只善於小組織。而不能統一全體民族。組織在一個大政治團體之內。所以全體民族。不但不能統一。而反自相衝突。希臘民族屢被外人征服。俄國斯拉夫族。被異姓皇帝統治數百年。直至最近勞工革命成功。始組織民族的政府。將來蘇維埃制度如何。現在尚不能斷定。

一爲羅馬民族。此民族之政治能力。非常偉大。一方以武力造成世界帝國。一方以法律統一之。故其貢獻於全世界者甚大。卽政府組織、法律統一、中央集權、國家主權。之各觀念。皆自此始也。惟其中央集權之極。遂不免犧牲個人自由。又犧牲地方自治。是爲羅馬政治制度之缺點。

一爲條頓民族。羅馬滅亡。條頓民族繼起。條頓民族之政治組織。是一方鑒於羅馬之長而取法之。又一方鑒於羅馬之短而補救之。卽將羅馬之統一組織。與其中央集權。又將希臘之地方自治。與其民治主義。融合於一爐。而造成一種新制度。卽近代之代議制度。與民族國家是也。所以民族國家之精神。是由希臘之地方自治。羅馬之帝國統一。社會的民治主義。中央的主權觀念。融合而成一種新的政治組織也。

現代政治發達之趨勢。皆注重於組織民族的國家。所以國家最重要之任務。須將國內屬於同一民族之人民聯合起來。若在同一土地之內。有二個或二個以上之國家。其人民亦非同一民族。則或用聯邦之方法。或用合併之方法。將多數國組合爲一大國。將多數民族。組合爲一大民族。現在我國主張以三民主義建國者。其目的卽是要組成一個民族的國家。以人種的民族主義論。則我國有五個民族。漢滿蒙回藏是也。以政治的民族

劉彥

主義論、則應將漢滿蒙回藏之人種觀念。完全打破。而實行其五族一家。卽將家族之團結力擴張到民族　以榮辱盛衰興亡與共之意識與情感、結成牢不可破之集團。以發煥其民族精神。則我國亦不難實際的成爲民族的國家。要之於一定土地之內、爲自己民族之獨立生存。而建設之國家、是爲民族的國家。

第三節　社會諸團體

人民相互之結合。其已成有組織，有體制之形態者。卽爲社會的團體。此種團體　與國家之諸機關。皆爲構成國家之骸骨　所以旣是國家　則社會諸團體。自然存在於國家之內　而與政治發生密切之關係。假使國家之構成。僅由人民直接之單結合。而並無社會諸團體之存在。則國家不過有外部之形態。而無內部之實體、卽不啻爲散沙堆積之集團。而無相互關係、相互聯合之黏着性　則不能發生政治關係。卽不能實際的成爲國家也。又假使有社會諸團體之存在　而此等社會諸團體。與國家相混　或與國家對立。則國家政治上。必發生左記之兩弊害、

一，國權爲社會强有力之團體所兼倂。如歐洲古代教權與國權相混之國家、

二，社會團體。與國家對立相抗　如近世新發生之絕對多元論之國家。故欲認識常態的國家之眞像。不可不究明社會諸團體與國家之關係。與其特殊的不可相越之職能　惟社會諸團體。係由經濟政治宗教文化及其他之各種關係所結成。種類甚多。不遑枚舉。茲特就過去與現在。於政治上有顯著密切關係。如教會，如政黨，與經濟集團。之三項。分別說明於後。

第一　教會

人民基於精神上，對於神之共同信仰。成爲體制的形態之結合。是爲教會。教會與國家之關係。非常重大。證之歷史與現在。凡教會立於國家之地位。或與國家地位相混合。或與國家相對抗。此等國家。政治上發生無窮之紛亂。以陷於滅亡。卽淪於衰頹。譬如印度。其社會之組織。分四大階級　第一階級爲僧侶。居國家最高地位。第二階級爲王族武士　不過爲宗教之護從。其第三階級之平民。與第四階級之奴隸。更無地位可言。政權全操於教會。所以爲他國所滅亡。回教以刀劍，經典，貢獻，三者聯而爲一。卽教權與政權相混合也。故其所建諸國。皆不永祚而亡。現在維新之土耳其　則由於近年

劉彥

革命使政教分離之結果。中世紀之基督教。或教權居於政權之上。或兩權對抗。所以造成歐洲中世紀之黑暗時代。近世歐洲文明發達　為宗教改革。與政教分離以後之事。世界有數千年歷史之國家。毫未曾發見政權與教權相衝突者。惟我中國而已、中國社會對於神之信仰。雖甚複雜。又中國列朝之皇帝。雖間有迷信佛教。與優遇耶穌教者　然不過為私人之信仰而止。絕對非如印度之尙階級。回教之提刀劍。耶教之主神權。使政治受宗教之束縛者比也。

第二　政黨

人民相互之結合。其直接影響於政治上之利弊者。為政治上之結合。卽政黨是也。

人民對於國家之根本大計　或對於現行之政治。其觀察與主張。多不相同。因之對於圖治之理想。與救濟之方策。亦多不相同。然斷非人人不同。必有志同道合。立於同一主張之下者。此等同一主張之人。聯合起來。結成團體。是為政黨之組織。故無政見之組合。不能謂之政黨。卽有政見。而不抱參與政治之目的。亦不能成為政黨　政黨者是與政治發生直接之關係者也　在積極的時期。必握政權。以圖本黨政見之實行。卽在消極的時期。亦負監督政府之責任。故政黨之目的。是以國家之利益爲目的。而非以黨員之利益爲目的。如以黨員之利益爲目的。則非榮私狗黨。便是亂國叛黨。當然不能代表國家。當然不能稱爲政黨。蓋政黨至少有下記之三種特性。一，有利國福民之目的。二，有確實具體之政策。三，有詳細精密之組織。凡任何政團。苟非完具此三項特性。皆不能稱爲政黨也。

政黨發生於人民同一政見之結合。既如上述。則無論何國之政黨。當然在兩個以上。因全國人民。絕無永久在一個政見下之事實也。英國爲政黨發源之國家。當一六七九年頃。國會中已分兩派。一爲王黨。一爲民黨。其後王黨變爲保守黨。民黨變爲自由黨。英國內閣制度之圓滿成功。卽由於該兩黨分立之所造成。自由黨執政時。保守黨在野監督。保守黨執政時。自由黨在野監督。最近工黨勃興。其勢力與自由黨保守黨相埒。其進而執政。與退而監督。一如自由黨與保守黨之情形。英帝國之統治方便。與其政治修明。全由於此。所以英國之政治，卽是政黨政治。所謂政黨政治者。政府與政黨不能分開之謂也。

劉彥

美國亦有兩大政黨。一爲民主黨。一爲共和黨。美國之政府。雖不如英國由一黨組閣。然而美國政府。若離開政黨。則一切政務。皆不能施行。因美國行剛性的三權分立制度。又中央與地方之權力。分配甚嚴。非有一種特殊勢力，調和於其間。則不能使政有權得有效之運用。政黨恰好合於此種調和之勢力。所以美國政黨。在政府中之地位。非常重要。其力量亦甚偉大。

歐洲大陸諸國之政黨。則與英美二國不相同。蓋非兩大黨制。或三大黨制。而爲多黨制也。如現在之法國。其主要之政黨。在六七以上。法國爲實行內閣制度之國家。然內閣不能得一個强有力之政黨。以爲後援。所以只有短命內閣。殊不容易完成政治上之大計劃。自然爲政治上之弊害。又現在德意志聯邦共和國。亦有五六個政黨。惟因總統有解散下議院之權。又內閣在上議院有極大勢力。所以內閣之存在。比法國較爲穩固。

中國之政治組織。始於前清末造。康有爲組織立憲黨。孫中山組織同盟會。雖皆在海外組織。不能歸國。然影響於政治甚大。清廷之預備立憲。辛亥之革命成功。皆其效果也。民國成立之後。同盟會改組爲國民黨爲我國有正式政黨之始。同時雖有其他小黨。

皆不合政黨條件　進步黨比較有勢力　然無政見　惟以反對國民黨之主張爲政見。其後段祺瑞之安福系。梁士貽之交通系。只得謂爲營私狗黨。禍國亂黨。未具政黨之特性也。現在國民黨一黨專政。是訓政時期之暫時辦法。非永久性質　蘇俄與意大利。亦皆爲一黨專政。亦皆爲暫時辦法。無論何國斷未有全國人民。永永在一個政見下之事實也。依以上之事實看來。社會諸團體之政黨。其與政治生直接之關係。實非其他社會諸團體所能比。惟政黨與政治之關係。其利弊亦相等。從事政黨者。須圖絕其弊而收其利。庶乎得之。茲舉其利弊於左。

政黨之利

一，使人民對於政治有興味。

二，因共同活動、發達種種之智德才能。

三，對於優秀人才。供給聲譽與地位。

四，團結人民。抵制專制。

五，對於當局　與以有力之批評監督。或後援。

六，使人民富於政治之訓練。以爲將來當事之準備。
七，使國家之政策。與人民之政見相近。
八，洩減政治上之陰謀與內亂。

政黨之弊

一，黨派心之增長。對於眞理與正義。感覺遲鈍。
二，欲得多數之故。使用不正當之手段。
三，仗恃多數。壓迫少數。
四，濫用公職。
五，分割公共生活。增加政爭。
六，使高絜人士。遠離政治。
七，借民衆之名義。逞少數之專橫。
八，使人民爲不自然的區分。防害眞正之輿論。

第三　經濟集團

劉彥

經濟關係。爲人民相互結合之最大基礎。因經濟關係。範圍甚廣。凡人民個身每日生活上之需要。及其他一切財產，所有各關係。乃至於國家徵收稅捐。等等。皆爲經濟關係。亦爲人人生活上之密切關係。所以無論何等階級之人民。殆無不入於經濟團體之範圍。此等經濟集團。其對於政治上之影響。非常密切。卽國家之政治組織。恒與經濟組織相關聯故也。西歐經濟學者謂。「經濟組織之發達。必與政治組織相伴。因而有某種的政治組織。必有同種的經濟組織」。亞里士多德謂，「社會中財富的性質 爲國家形式不同的主因。「洛克謂，「國家起源和目的。皆根本於財產。」所以經濟的組織，其影響於國家政治的組織者極大。根據過去現在之比較實驗。可分左記之三項。

一，在家族經濟的國家。促家族政治之堅固。

二，在產級經濟的國家。促代議政治之發生。

三，在國民經濟的國家。促平民政治之發達。

第一項所謂在家族經濟的國家 促家族政治之堅固。中國是其最好之例。原家族經濟。在古代幼稚之國家。大抵相同。然維持最久。經數千年而不變者 惟我中國。我國

劉彥

之經濟組織。以家族爲單位。從家族之組織上。與國家之法令上。皆足以證明之。蓋我國家族之組織。非僅以夫婦子女爲單位。實含直系傍系之大家族而成。一家之經濟。依家長之命令。共同從事生產。其產業上之損益。由一家共同負責。亦共同享受。子弟不能蓄私財。其有恣用家產者。不但有家法。亦犯國律。如前淸大淸律規定。「同居之卑幼。不由尊長之命。而私自擅用其本家之財產者。每十兩笞二十」又「凡祖父母父母在。子孫別立戶籍。分異財產者杖一百。」凡此足以證明我國之經濟組織。實以家族爲單位。卽家族經濟的國家也。

我國數千年來之經濟組織。旣是家族主義。所以我國數千年來之政治組織。亦是家族主義。天子稱爲人民之父母。人民目爲天子之赤子。聖天子之資格。是能將對於家族之道德推廣以及於天下。所謂仁政是也。堯舉舜於畎畝之間。而禪帝位者。以其事父母孝。對弟友愛。能齊其家故也。孔子曰。身修而後家齊。家齊而後國治。國治而後天下平。可見中國之政治哲學。實以家族之道德。爲政治之原理。而事實上是將家族形成之方式。與其成立之精神。推廣應用於天下。故曰天下一家。惟其然。所以數千年來。

政治與道德。混合於一。而無所謂法律。與近代之國家。全異其趣　而人民亦甘爲赤子。以待爲民父母之仁政。而毫無自治民治之思想。與現代之民主主義。亦全異其趣　此種家族政治。實由於家族經濟之關係而來。由此可知我國政治制度之不進步。實因經濟集團。極其幼稚之故。

第二項所謂在產級經濟的國家。促代議政治之發生。歐西之政治。是其例也。歐西之歷史。自羅馬解體。至十九世紀之初葉　王侯專制之力窮。便發生代議政治。但所謂代議。幷非代表普遍的一般人民　實不過代表國內一般資本階級而止。卽所謂產級是也。如英之國會。有僧侶諸侯士紳市民之四級代表。法國國會　有僧侶貴族及第三產級之代表。瑞典國會。有僧侶貴族市民農民之代表。其代表之意義　與其謂爲基於一般的公共幸福之觀念。無寧謂爲基於國內各級資本家之經濟力　允爲確當。此種政治制度成立之原因。實由於產級經濟之關係而來。從歷史上攷究代議制度之起源。不外下記之兩大原因。一，由於別特的經濟集合。反抗王權之專制。二，由於攻守戰爭。國庫匱乏　產級代表。被召供給。英國之大憲章。及下議院之來源。卽由於此。由此可知代議政治制度。實爲經濟集團之產兒。

第三項所謂在國民經濟的國家。促平民政治之發達。美國是其例也。中古時代之代議制。由於當時產級之經濟關係而成。至近世世界交通日益發達、經濟的變動極大、其與僅在國內交通時代之經濟狀態。迥然不同。卽個人於經濟上之地位。亦大有改變。因此產級經濟之限界。不能不擴張到國民經濟的範圍、加以個人主義、及自由平等之學說日倡。於是平民政治之組織。遂不得不取中古的代議制度而替之。何況美國新大陸之社會。原無如歐洲中世經濟上之分級 所以美國成爲國民經濟模範之國家。而美國平民政治之基礎 即建築在國民經濟制度之上。由此可知平民政治之發達、實與國民經濟有密合之關係。

第四節 社會圈

人民相互之間、或因精神上之生活。或因物質上之生活。自然發生種種異同之關係。如在關係相同之範圍內。而毫不發生親和之感情。與結合之意識。則是各個孤立、與叢林之樹木無異。不足以言社會。然而人類斷不如此。必因精神上的相同性。或物質上的類

似性之關係　而發生一種自然之聯絡或結合。此種自然之聯絡或結合。謂之社會圈。其不謂之社會團體者。則因有左記三點之不同。

一，社會團體有組織。有體制　社會圈則無。

二，社會團體有共同之目的。社會圈則無。

三，社會團體爲顯像的存在。社會圈爲潛像的存在。

有此三點不同。故不能目爲社會團體。而稱爲社會圈。然社會圈實爲社會團體之基礎。明瞭社會圈的意義，從而加以組織。形成體制。則社會團體。於焉實現。故社會圈於國家之政治。非無關係。不但具新陳代謝之資格。且政治之新生命力。實潛伏於此種未成組織結合。

蓋業經組織　業成體制之結合。固然在全體政治社會之構造上。占極重要之部份。但既成組織。既現體制。其結合已成固體。假使其間。無有未成組織。未現體制之結合。（未成固體、介於其中。以營變化伸縮新陳代謝之作用。則固體之結合。必成殭屍。生命卽從此停止。譬之生物之生命。雖存於感官臟腑各部固體之機官。然僅就此觀察。

不能根本了解生物的生命之所在。因爲其間。尙介有未成固體機官之細胞集團。其在全體的生命。是爲不可缺少之根本要素。國家亦然。其業已組織。業成體制之結合。爲顯像的機官　而尙未成組織。未現體制之結合。爲潛像的細胞集團。此種細胞集團。既未加入於政府。又不屬於政團　然其對於政府團體。實具有變化伸縮之功能。與其新代謝之作用。眞正的政治新生命力。全在於此。

昔齊桓公九合諸侯。一匡天下。爲管仲相齊之功。然管仲桓公之仇也。因鮑叔牙少與管仲交遊。深知其賢。（世所謂管鮑之交）力薦於桓公。乃爲齊相。乃成覇業。故齊國之霸。雖成於管仲當國之日。而其根本的生命力。實潛伏於管鮑交遊之時。舉此一例足以證明未成組織之結合。其與政治生命力關係之大也。有志青年。宜自勉之，

第五節　人口增減與統計分配之關係

一國人民之數量。或是增加。或是減少。皆與國家政治上經濟上發生密切之關係。所以國家對於人民數量之或增或減。不能不有統計。有統計之後。然後人民之狀態畢現。政府爲調節人口。不使生疎密偏倚之弊　乃行使人口分配之法。此三者皆政治上之重大關

係也，分別敘之於次。

第一　人口之增減

人民之數量，因生育死亡，及移入移出之比較。而發生變動。是爲人口之增減。於國家政治實質上。有極大之關係。從經濟方面立論。僅爲人口與食料之關係問題。於此有悲觀與樂觀之二說。樂觀說，謂人口增加。則食料亦必增加。因文明進步。財富可以隨人口而增高。故對於人口增加。認爲樂觀之事。悲觀說，謂人口爲等比例數之增加。食料則爲差級數之增加。雖是文明進步。財富斷不能隨人口之等比例而增高。故對於人口增加。認爲悲觀之事。遂主張人口與婚姻有加限制之必要。前說以亞丹斯密斯（Smith）及瓦格勒（God win）爲代表。後說以馬爾沙斯（Malthus）及葛德文（Wagner）爲代表。

從政治方面立論。則因國內土地之廣狹。民族之多寡。及實現的利害問題。而異其政策。如古代希臘以城市爲國。土地狹小。則發生限制人口之理論與法制。羅馬帝國時代，取大國家主義。則獎勵結婚。力圖人口增加。現在之日本。土地雖狹小。然雖利用人

劉彥

口過剩。食糧不足之理由。以行其侵畧主義。則力行其獎勵人口增加之政策。又地廣人稀之國。則招來異種人居住。以充實其隙地。以開發其事業。若住民已多。業經發生居住問題，與失業問題之國家。則排斥異人種。而限制移入民。此皆按本國政治上之利害。而定增減人口之策略也。

至於國內人口增加。或減少之實際原因。當然因生育率超過於死亡率。或死亡率超過於生育率之所致。在未開化以前。人民生育。非常繁殖。然因文化不開。死於疾病。死於災荒。死於鬥殺者甚多。故人口並不能增加。及文明進化之後。衞生術大進步。可以減少種種之疾病。經濟組織甚完備。可以免除種種之災荒。時世安寧。可以減少種種之戰爭。尤其國內法治。毫無私鬥。所以人民死亡之數目。比從前非常減少。然而死亡率雖比從前減少。而世界人口。亦並不見增加。則因文明愈進化。生育率愈減少之故。觀於左記各國近數十年生育率統計表。可以知之。

各國近數十年生育率統計表（表中數字以千爲單位）

年別＼國別	英格蘭	蘇格蘭	愛爾蘭	德意志	奧地利	匈牙利	法蘭西
一八七一年至一八八〇年	三五，四	三四，九	二六，五	三九，一	三九，〇		二五，四
一八八一年至一八九〇年	三二，五	三二，三	二三，四	三六，八	三七，九	四四，〇	二三，九
一八九一年至一九〇〇年	二九，九	三〇，九	二三，〇	三六，一	三七，一	四〇，〇	二二，二
一九〇一年至一九〇五年	二八，〇	二七，八	二三，二	三四，八	三一，四	三七，二	二一，三
一九一〇年	二五，九			三〇，七	三三，〇	三五，九	一九，二

歐俄			四九，二	六四，〇	四六，八
比利時	三二，三	三〇，二	二九，〇	二八，〇	二四，四
荷蘭	三六，二	三四，二	三二，五	三二，〇	二九，〇
伊大利	三六，九	三七，八	三四，九	三二，四	三二，三
西班牙		三六，二	三四，八	三四，〇	三三，二

觀此表，可知各國近數十年來之生育率。有減無增。其原因有四。一爲實行遲婚。與道德之制裁。二爲人民智識愈高。擇配愈嚴。每不輕於嫁娶。三爲生活程度愈高。夫婦不容易維持生活。與女兒之教育。因而裁制生育。四爲藝術愈進化。預防生育之方法愈多。

歐西各國人口不能增加之事實與原因。既如上述。然則我國奚若。我國最近二十年來。人口非常減少。其原因非如上述文明進步之四大原因所致。而正與文化不開之原因相合。一爲自民國以來。年年內戰。其直接死於戰爭。與間接死於兵禍者。不知若干人。二爲毫無經濟組織 重以兵連禍結。其餓死於旱荒水荒蟲荒者。又不知若干人。三爲兵災之處，必有病疫。衞生無術。其死於病疫者。更不知若干人。此二十年來死亡率之特別增加也。至此期間之生育率。當然減少。絕無增加之理。此爲我國人口問題之極大事件。論政治者所宜注意也。

第二 人口之統計

統計人口之增減。爲一切內政實施之根本。我國魏之徐幹中曰。「民數者庶政之所自出也。莫不取正焉。以分田里。以令貢賦。以造器用。以制祿食。以起田役 以作軍旅。國以建典。家以立度。五禮用修。九刑用措者 其惟審民數乎。」周制，「小司寇登民數。自生齒以上。登於天府。司民掌萬民之數。登於版。辨其國中。與其都部 及其郊野。異其男女 歲登下其生死。及三年大比。」戰國梁惠王問孟子曰。「鄰國之民不加少。寡人之民不加多何也。」此皆我國歷來統計人口之證。

劉彥

我國之人口統計　我國統計人口　起於上古禹平水土之時。迄至清朝。歷代皆有人口統計。雖法制不精。未能確實。現在外人稱我國人口有四萬萬。亦非詳確調查。茲將我國歷代人口統計。述之於左　俾窺知我國人口發達之歷史。

夏禹王時	一三五五三九二三人
周成王時	一三七〇四九二三
戰國時（秦與六國）	一〇〇〇〇〇〇〇
漢平帝（元始二年）	五九五九四九七八
漢光武（中元二年）	二一〇〇七八二〇
漢桓帝（永壽二年）	五〇〇六六八五六
隋煬帝（大業二年）	五五五〇〇〇〇〇
唐玄宗（天寶十四年）	五二九〇九三〇五
宋神宗元豐二年	五〇〇〇〇〇〇〇
元世祖（至元二年）	五八八三四七一一

明憲宗（成化二年）	六五四四二一六八〇
清雍正十九年	一〇三〇〇〇〇〇〇
清乾隆十四年	一七七四九五〇三九
清乾隆四十八年	二八四〇三三七五五
清宣統二年	三四二二六三九〇〇

歐美之人口統計　近世歐美各國之統計人口。法制精良。調查確實。其辦法，有定期統計。與常年註冊之兩種。定期統計者。與我國周制『三年大比』之義相同。大淸會典。亦有『五年編審直省人丁一次，』之規定　亦定期統計也。惟我國調査不實。各國則編制周詳。歐美之定期統計。始於現在之一百三十年以前。卽一千七百九十年美國第一次調査人口之創制也。現在美英兩國。皆十年統計一次。法德二國。皆五年統計一次。至其常年註冊之辦法。卽我國周制「小司寇登民數。異其男女。歲登下其生死。」之制也　各國皆於全國各行政區域。設立常設機關。專管人民生死嫁娶轉移註冊事務。

定期統計。與常年註冊。之兩種辦法。有相互功用。蓋有常年註冊。則人民每年生產

劉彥

若干。死亡若干。嫁娶若干。轉移國外若干皆得而知之。有定期統計。則一國人口之總數若干。各年級增加若干。或減少若干。換言之。卽人口盛衰消長之情形。皆得而知之。

原國家之立法與行政。皆依人民之狀態爲標準。有人口統計。則人民之狀態畢現。一則可以知全國民數之多寡。及國內各區人口之疏密。二則可以知人民之生產率。死亡率。婚姻率。轉移率。三則可以知老幼男女之比例。四則可以知全國有服兵之男丁若干。有入學之青年及兒童若干。有比等確實統計之後。於是政府或分配行政區域。或分配選舉區域。或均派賦役。或興辦產業。或舉教育。或舉衞生。或舉舉養老救貧之慈善事業。或舉其他一切。庶政。庶幾乎皆有一定之標準。而無閉門造車之弊。故曰統計人口之增減。爲一切政治實施之根本

第三　人口之分配

人口分配。與民族轉移不同。如上古遊牧民族之逐草水。猶太民族之遷徙。德意志民族之南下。與現在地球上各部份爲各民族所分配。此皆屬於民族之轉移運動。而非人口

分配。所謂人口分配者。是依政府之力量。與其政策。使一國人民。相應其職業之種類與區域之大小。人口之多寡。保持其調節。不使生疏密僻倚之弊。致發生社會上經濟上種種困難之義也。管子曰，「定民之居。成民之事。」梁惠王曰。「寡人之於國也。盡心焉耳矣。河內凶，則移其民於河東。移其粟於河內。河東兇亦然」皆是我國古代認分配人口爲治國之要政。

自十九世紀以來。歐洲各國。因工業發達之故。鄉村農民。皆遷入都市。棄農業而從事商業。田舍人口因之減少。都市人口因以增加。致發生左記之三大弊害。

一，地方衰落　凡地方從事於農業林業等之壯丁。皆去鄉土而赴都會。其殘餘者。皆爲老弱之民。以故地方事業。歸於衰落。

二，都市充塞　都市爲商工業之中心。亦爲政治文教之中心。人性趨勢利。少壯者皆集於此。以求地位與職業。於是發生人口過多。街市充塞之弊。

三，生計困難　都市充塞。則物價昂貴。生活增高。加以人浮於事。不易尋求職業。遂發生生計難困。

劉彥

四，社會墮落。生計困難之故。無產者日益多，貧富階級日益懸隔，富者日益奢侈。貧者不顧禮義。社會愈趨於墮落。

有此種之弊害。各國乃研究人口分配之法。近時美國各州所行之居宅制，（Homestead）羅馬尼亞，塞爾維亞各國，皆相率仿行之，他如瑞士及法國之家產制等。皆不外本於人口分配調節之精神。

第三章　國家之第二要素……領土

領土爲構成國家基本上之第二要素。所謂領土者。人民所占有以爲生活上永久根據之土地。而爲國家權力所支配之一定範圍。謂之曰領土。遊牧之民，逐水草而居，雖有土地　而無領土。所以不能成爲國家的社會。猶太人雖具備一個國民性。其結合力亦甚强。然以其無一定土地之故，所以猶太人雖遍天下。然天下無猶太國　至一九一九年。由巴黎和會議定，以巴尼撒坦（Pa'estine）爲猶太人領土。於是猶太人始有政治組織。世界乃猶太國出現。故雖有人民。若無領土，不能成立國家。所以領土爲成立國家之第二要素。

領土爲國家要素之認識，爲人進步以後之事。其在上古。各民族擧其團體。專營移動之生活。毫無一定之住域領土觀念。當然毫不存在　迨人漸進。人口繁殖。生活根據地之競爭。日益激烈。於是領土之觀念乃生。迨其後人類之文化愈進。生存之競爭愈烈。强國每侵奪弱國之領土。大國每合併小國之區域。一部世界戰爭史。概括言之。皆土地爭奪戰也。所以國家與民族之盛衰興亡　恆與領土發生至切至大之關係

雖明領土與國家之關係　須瞭然領土內所受自然環境之影響與所受社會環境之影響而後可　蓋領土內之自然狀況。恒影響於人民之經濟生活。與其政治生活　世界各國。有文化程度甚高者。亦有甚低者。同是人類。同是生活於地面。却發生許多互異之現象者。大抵多因領土內之自然環境。各不相同。有以致之。至社會環境。恆影響於領土之存亡。或被他人支配。故研究領土之關係。不能僅以自然環境爲止。所謂自然環境者。如領土之面積　領土之境界。領土之形勢。領土之氣候。領土之生產。皆屬之。所謂社會環境者。如領土之位置。領土之種類。皆屬之。分別述之於次。

第一節　領土之面積

劉彥

一國領土　其面積之大小　恒與其國家在世界上之地位。有重大之關係。亦與其國政治之利害。有絕大之影響　譬如面積大之國家。有左記各長所。

一，人民眼界擴大。少偏狹的心理。容易獎勵大規模的經營。以促進文明之發達。

二，物質的供給。各地方相互補助　不因一部份之災禍。而影響於全部之衰微。

三，自然界之貯藏力　豐富無窮。開發之程度。無易於窮盡之虞。

四，遇國際戰爭。不容易壞壞中心。

五，軍需品供給之基礎大而厚。

又面積大之國家。亦有左記之各短所。

一，充治困難。

二同化困難。

三，民主政治。不容易施行。

四，相鄰接之國既多。交涉亦多。紛爭的危險亦多。

五，兵力不容易集中。

面積大之國家　其於政治關係之長短。既如上述。然則面積小之國家。其於政治關係之長短。爲何如。則簡單答之曰。大面積之所長。故是小面積之所短。大面積之所短。就是小面積之所長。

古代國家。無論我國與歐西　其面積皆甚小。孟子曰。「天子之地方千里，不千里不足以待諸侯。諸侯之地方百里。不百里不足以守宗廟之典籍。」是爲我國古代國家領土面積甚小之明證。其在歐西，如希臘時代之國家。大都市爲大國　小都市爲小國　其面積之小。更可想見。迄至中世紀。歐洲之國家甚多，其面積亦當然皆小　如現今之法國，德國，意大利，西班牙，在中世紀時。皆分爲多數小國。到十七世紀以後。這多數小國　始逐漸併合起來。而成現在之幾個大國。至近代因競爭劇烈　武器戰術。同時進步。凡强大之國家。各努力擴充其領土之範圍，於是小國不足以圖存。所以今日歐洲之土地，歸於數大國之手。其間雖有若干小國。不過爲各强國特設之緩衝　而保其存在。美洲之大。亦以合衆國爲獨强。南美中美各國。皆不過立於下風。非洲之大。無一獨立國。皆被歐洲各國所瓜分。或為其殖民地。或為其保護國。亞洲獨立國。惟日本暹羅與中國。中國面積之大。遠過於日本與暹羅。本應占世界上特殊之地位。無如以社會環境之壓迫。致消失其天然環境之利益。所有大面積之長所。無一而實獲。而大面積之短所。則無一而不畢露。可謂政治學上之例外事也，

第二節　領土之境界

領土之境界。與國家有重大關係。因國家主權。可以行使於境界之內。而不能行使於境界之外。若境界不分明。則易惹起國際之衝突。尤其大陸諸國。犬牙相錯。國境即為交界各國主權範圍之界限。故境界實為國家之重要問題。然境界非僅屬於陸地而已。水域亦然。近以飛機發達。領空之境界問題亦極重要。

一國之境界。有天然境界。與人為境界之分。人為境界者。即協約境界。由接境之國相互承認。或以經緯度為界。或立石碑標徵為界。而以協約協定之。惟石碑標徵。容易消滅或撤廢。易生國際的爭議。天然境界者。如海洋山岳河流湖沼之類。依國際慣例。如山岳為界。則就水分綫（山峰）為界線。如以航行之河流為界。則以航路之中央線

爲界線。如以不能航行之河流爲界。則以該河之中央爲界線。如以湖沼爲界。亦以湖沼之中央爲界線。如以海洋爲界。則在潮水低落時候之海岸爲起點。以近海岸三英里之水面爲領海。（各國不一致。米國獨立戰爭，宣布玖馬島周圍六海里爲領海。西班牙自一千七百六十年以降。以六海里爲領海，又關稅取締。英米兩國以四海里、瑞典以六海里爲領海。）近以無線電與飛機之大進步。空間之領有問題。與領空問題。爲國際上尚未解决之事件。因國家在領土境界內。有保障本國一切之權。故與別國接壤之水陸境界。必須明白劃清。若現在之飛機。不由水陸之邊界來。憑空而至。可以破壞領土內之一切設備。故領空問題。若不解决。則領土之境界。亦將等於虛設。

第三節　領土之形勢

領土之形勢。係專就天然形勢而言，天然形勢者。卽水陸分布之天然狀況。如憑着海河川山脈高原平原以立國，是也。就水之關係言之。如古代埃及。沿尼羅河（Nre）而肇國。歐洲人奧於底格里斯（Tiynis）幼夫拉底斯（Euphrqtes）兩河之間。印度之古文明領發達於印度河（indus）與恒河。（Galges）中國開國。沿於黃河揚子江。此可證明

劉彥

河川與國家關係之重大。又如希臘羅馬迦大基（Garttage）利用沿地中海而致富强。西班牙，葡萄牙，荷蘭，英吉利，利用沿海洋以資發展。此可證明海洋與國家關係之重大。

就陸之關係言之。古代民族。適於建設極狹小之國家。故以占領狹小之土地為便。如希臘邱林伏起。河水縱橫。適於最小的區劃。所以希臘比各民族而早成國家。巴爾幹（Balkan）半島。山脉縱橫。邱林無數。人民行於榛莽之間。宜於防禦外敵。所以各民族形成種種之部落。各得建立小天地之國家。但是山林起伏之地。雖便於防外敵。然有碍交通經濟之發達、雖便於民族分據。然不適於國民融合之治化，雖便於古代小國。然不便於近世之大國。今之國家。皆以大陸平原之地為利。如俄國之大平原。美國之大平原。我中國之大平原。皆為天然形勢之最可貴者也。

但天然形勢之利不利。得依人為的形勢以為轉移。利者可以使之愈利。不利者亦可使之為利。如鐵路之敷設。運河之開鑿、橫河貫山。以打破天然之阻碍。此所謂人為的形勢也。故天然形式。可以限古代未開之民族。而不可以限近世科學進步。技術發展之國家。

第四節　領土之氣候

領土若在寒帶地方、天寒地凍、物產不豐。人民生活困難、當然無力量向文化上政治上去發展　領土若在熱帶地方、物產雖豐。人民謀生活雖容易、然以熱度大過之故　人民腦力、大受影響　無論於文化上於政治上之思想能力、皆以非常減退。惟有溫帶地方、以氣候溫和　物亦豐足之故。乃能產生高等文化之國家。而又高等政治之組織、歷史上所有之大國、大都發源於溫帶地方　現在世界之各獨立國。亦悉在北半球溫帶之內。又現在世界人口三分之一。屬於植民地。而植民地人口四分之三。皆在熱帶地方。由此可以知氣候與國家關係之大也。

人民犯罪之種類。亦因氣候而異、在暖熱之地方、殺人毆打強姦等罪爲多、在寒冷之地方、則以盜竊賭博犯罪爲多。蓋暖熱之地。一則富於物產　謀生甚易。二則人口發達。人民相接觸之處甚繁、故其犯罪　大抵屬於人事、寒冷之地、一則生活困難。二則人民稀少。互相接觸之處較少。日迫於衣食。故其犯罪、大抵屬於物事。由此可知人民之道德觀念，亦因氣候而不同。而國家之法律。遂不能不受氣候之影響。

以上所講之氣候。專就寒熱而言。（寒熱氣候屬於地球表面與太陽光線直射與否之差別。）此外尙有物理之氣候。換言之。就是乾濕之氣候。（乾濕氣候屬於海面上之高度，近海之程度。及潮流風流之差異）亦影響於人類之身心。因而亦影響於國家政治之發達。歷史上有一可注意之事。凡在高原居住人民。恒可以組織大國家。而有征服他民族之力量。其原因不外受空氣稀薄之影響。蓋空氣稀薄　則可以發展人民之肺臟與體力。日得以養成非常之勇氣故耳。

第五節　領土生產

領土之生產。應分生產力，與生產物，之兩方面言之。所謂生產物者。植物動物礦物是也。植動礦，三者。影響於國家之發達極大。凡植物不繁盛地方。動物亦不能發達。生產當然稀少。人民當然窮困。高等政治組織。當然談不到　所以最初國家之發生。大抵在植物豐富之地。如中國，埃及，印度，墨西哥，秘魯等。皆發生於天然倉庫之地方。是其明證。植物既繁。加以牧畜。動物自然繁殖。國用愈足矣。至於礦物。尤與人文之發展、及國民實力之進步、有絕大關係。學者對於古代文化進步之時期、分爲石器時代、銅器時代、鐵器時代。之三期、可見人民利用礦產之知識、卽是文野之區別、與其進步之情形。現在煤鐵二物、非常重要。國內煤鐵稀少、則國家危、煤鐵豐富、則國家強、蓋工業國以煤鐵爲生命。農業國以植動物爲生命也。

所謂生產力者、指人力之舉廢，而言。管子曰。「行其田野。視其耕芸。計其農事。而飢飽之國可知也、」又曰「民非穀不食。穀非地不生。地非民不動、民非作力。無以政財、天下之所生、生於用力。力之所生、生於勞身。」由此可知國家雖地大物博、若民力不舉、等於無土而已。我國人皆自翊地大物博。然而農不能供一國之食、工不能供一國之用、非無生產物也。無生產力也、人力不舉也、

土地之肥瘠、亦屬於生產力、亦當然影響於政治。肥地天產豐饒、人民易謀生活。人口亦易稠密。高等政治組織、容易實現、瘠地生產稀少。不利於人類生活。政治社會。不容易發達。中等之地、勤勞則有相當報酬、否則反是、因此可以鼓勵勞動、人民富於獨立自營之精神。於國家之發展。最爲適當。

劉彥

第六節　領土之位置

此節所講領土之位置。與在經緯度間之位置。別爲一問題。經緯度間之位置。屬於領土所在之地帶。已於第三節領土之氣候說明之。此節所講之位置。屬於領土介在四圍鄰國間之地位而言。爲四圍環境之政治問題。換言之。因四圍鄰國之大小強弱。影響於本國之內政外交經濟各關係之問題也。故前者屬於自然環境。此則屬於社會環境。

本問題之中心所在係測定國家周圍所有政治壓力（Dr ck）之情形。德國最近有名地理學者蘇旁氏（Supan）以自國之人口。除隣接諸國人口之和。所得之商。名曰壓力商（Druck Auatient）。此簡單方法。本不足以測定一國周圍所有的政治壓力。然足爲此問題中心所在之說明。

一切之國家。尤其是弱小國爲最。常有從周圍受壓迫之狀態。不過程度上有多少之差別而已。例如「滕小國也。間於二大國之間。事齊乎。事楚乎。」鄭國介於晉楚之間。屢被晉楚興問罪之師。歐洲大陸。犬牙相錯。愈呈周圍壓迫之情狀。其設比利時瑞士爲永久中立國者。列強各自減少其周圍之政治問題也。萊因河以位於德法之間。所以常爲兩國之戰場。巴爾幹半島各國。以位於俄德法奧之間。所以常受各國之壓迫。朝鮮若不與日本為隣。何至遽亡其國。東三省若不與日俄接壤。何至有遠東巴爾幹之稱呼。反之英日兩國。為天然界所阻。而無强鄰接境。所以少受外國兵力之屈服。凡此皆為國家受四圍政治的壓迫之情狀。而緣於領土位置之關係而來者也。

第七節　領土之種類

領土分類。標準不一。茲從經濟上法律上二者之分類。說明於次。

一，經濟上之分類

以經濟上之種類言之。凡國家領土。有以農業為主者。有以商工業為主者。故有農業國。與商工業國之區別。如美國之富裕。其大部份實由生產物之豐厚而來，然美國生產物之比較　農產物居第一位。鑛產次之　工業又次之。其外國商業。亦不足與本國之農業比。故美國是以農業為主之領土。中國以農業國著稱　以現在商工各業比較之　當然以農產物居第一位、故中國亦為農業為主之領土、俄羅斯澳大利亦然。英國則反是。其工。製造。海外貿易之隆盛。皆冠於世界。而農產物反不振。本國人民食料。其十分之八

劉　彥

皆仰海外供給。故英國非農業國。而以工商業爲主之國。荷蘭比利時亦如之。法國則農業與工商業約相等。德國農業佔國富十分之六。工商業佔十分之四。但工商業之發達。尙非常猛進。故法德兩國。不便於經濟分類。

經濟上之分類。雖如上述。然國家對於發展農工商業之政策上。不能偏重一方。而犧牲他之一方。譬如偏重工商業。則人口集於都市　農業衰落。都會人口塡塞。失業者衆。所以英國現亦注重、奬勵農業。

二，法律上之分類

以法律上之種類言之。則分本土與殖民地兩項。所謂本土者。卽國家固有的一定之領土也。所謂殖民地者。國家於本土以外。得行其領有權。或支配權之土地是也。此爲廣義的殖民地之總稱。按法律上之性格。殖民地分別爲左記五種。此五種殖民地之關係。非屬於天然環境之結果　而屬於社會環境之結果。

一，單純的殖民地。

二，保護國。

三，租借地。

四，勢力範圍。

五，委任統治地域。

第一種之單純殖民地。爲殖民所居之地。由母國遣官治理。對於其領土。無條件行使其完全統治權。對於其土著。於本國憲法之外。與本國法律之外。另制定一種殖民地法統治之。故其行政權與法權雖毫無限制、然究與本國之領土不同。其政治上及經濟上之組織　亦皆具一種特殊之體系。而爲種特別的統治區域。如現在歐洲各國之於非洲。及太平洋諸島是也。

第二種之保護國。在國際關係上。該被保護國。尙有國家資格之存在。但爲有優越權之强國所支配。其外交權完全由保護者之外交機關代理之。其內政亦由保護者置統監。或置高等理事官監督之。其政治上經濟上之關係。全然與殖民地無異。

第三種之租借地。甲國對於乙國領土之一部份。依條約之規定。於一定期限內。有租借權。租借期間。甲國對於租借區域得完全行使統治權。與經濟上之經營權。對於租借地

內之乙國人民　視同單純殖民地之土著辦理。而以本國憲法及普通法以外之特別法管轄之　惟根據條約期間滿了之後。不可不將其地交還乙國。但事實上到期交還不交還。爲另一問題。此制度世界無先例。惟我中國有之。如九龍威海衛爲英國所租借。旅順大連爲日本所租借。廣州灣爲德國所租借。而旅順與威海衛　皆已期滿　日英皆不交還是也

第四種之勢力範圍。有兩種場合。一爲强國要求弱國，承認某地域不得租借或割讓與他國。如日本要求我國福建省法國要求我國兩廣雲南不得租借割讓與他國之類。一爲兩個以上之强國。對於弱國之領土　以條約協定　相互承認其勢力區域　或經營區域。并約定互不侵害　此種條約並不使弱國參加。亦不管其承認與否。而逕行協定之。如一千八百九十九年英俄協約，相互承認在中國勢力範圍之類，以上兩種。皆爲勢力範圍之劃定惟當劃定之時　其於指定地域。並非卽時獲得領土之主權　惟基於將來獲得領土之野心。而締結豫防國際衝突之條約也。

第五之委任統治地域　始於一千九百十九年。巴黎會議。處分德國與土耳其之領土。各强國依國際聯盟之委任　立於國際聯盟監督之下。以統治其領土　惟統治之方法。各

不相同。要視其地域之狀態而定。如地域有國家之資格。則依保護國之例統治之。否則依殖民地租借地之例統治之。

以上之五種殖民地。除二三四五。尙未與本國合併外。其第一種之單純殖民地。實已成爲本國之領土。然而各國對於此等地域。仍稱爲殖民地。而不稱爲本土。然則本土與殖民地之區別安在，則以本國憲法。是否實施於該地域與否爲區別。現在世界有殖民地各國。其本國之憲法。尙無一國肯施行於殖民地者。因認新附之土地與人民。不能與本土人民平等。故母國之憲法。斷不肯施行於後附之地域與其人民。即不認殖民地人民。能與本土人民享同等之參政權。與同等協贊憲法政治之資格也。現在世界有大殖民地者爲英國。而殖民地文化大進步。有與尋常國家立於同等地位之加拿大，濠洲，南阿非利加等。皆爲英國之殖民地。一千九百十九年巴黎會議。制定國際聯盟。凡加拿大、濠州・紐西蘭，印度，皆得各派委員。參加國際聯盟。可知此等地域。已與尋常國家。立於同等地位。然而英國本土之憲法。不適用於此等地方。而寧可承認加拿大，濠州，南阿，各殖民地。自行制定自身之憲法。而立於各別的特殊立憲政治之下，（完）

劉彥

第四章　國家之第三要素—主權

主權爲構成國家基本上之第三要素。自有國家以來。主權其物。卽與國家同時發生。亦與國家同時存在。蓋與人民領土。同爲構成國家之要素。不過人民與領土。爲構國家物質上之要素。而主權則爲構成國家精神上之要素。徒具物質要素。當不能成爲國家。必備此精神要素。而後國家之存在。乃能證明。

主權二字，在英文爲 Sovereignty。政治學上當有統治權一名詞。在英文爲 Reigning Power。主權與統治權。本爲一物。其所以名詞不同者。因其所指示意義之方向不同。而有異耳。蓋統治權係指國家對內之支配權而言。卽國家對於人民，對於領土，及對於其他所有範圍內一切事物之支配權也。主權係指國家對內最高，對於獨立，之自主權而言。所謂對內最高者，卽只能出令。而不能受命之義。所謂對外獨立者。亦不能受命之義。惟每因場合不同。有時用以專指對內之最高權。有時用以專指對外之獨立權。有時用以指對內對外之自主權。學者宜因其所用之場合而細別之。

主權之研究。在政治學上佔極重之地位。應將主權之解釋。主權之性質。主權論之派別。主權之組織。主權之行使　分別述之於次。

第一節　主權之解釋

關於主權之解釋。有左記六方面之重要解釋。

一，法理學之解釋

此解釋認主權是國家的自主權。其涵義有二。一爲對內最高完全。出令不受命。二爲對外獨立不受命。

二，社會學之解釋

此解釋認主權是由人民意志所結合，而成之國家意志。其涵義亦有二。一爲人民對於國家。不可不服從國家的意志。因爲國家意志。就是人民自身之公共意志。二爲國家對於人民。不可不尊重人民之意志。因爲國家意志。是淵源於人民之意志。

三，心理學之解釋

此解釋亦認主權是國家之意志。但意志是意識之活動。故主權是國家意識之活動。而意識是心的醒覺狀態。則國家意識。即是人民對於國家心理上結合的醒覺狀態。假使

劉彥

人民無此醒覺。則根本上無國家意識。即不能發生國家意志。更何從發生眞正主權。

四，歷史學之解釋

此解釋認主權爲統治人民之中心權力。謂任何國家。自國家之發生。以至於國家之發達。必有一個權力之中心 以統治人民。此統治人民之中心權力。就是主權。握此中心權力者。謂之主權者。（亦稱主權機關）此主權者。或爲一人。或爲少數人。或爲多數人。雖因君主國，貴族國，民主國之別而有異。然考其進化之次第。則由一人進到少數人。由少數人進到多數人。或將進到全人民之時代。要皆不能離開此中心權力。蓋無中心權力。卽主權無實體之存在也。

五，物理學之解釋

此解釋認主權爲有腕力的强制力。謂主權在法理學上爲最高的支配力。在社會學上爲結合的意志力。在心理學上爲意識的活動力。在歷史學上爲中心權力。因此從物理方面來解釋。主權其物。必含有腕力的要素。不然遇反抗之來。卽不足以固其最高之支配力。亦不足以防其結合之解體。亦不足以防其活動之阻碍 尤不足以維持中心之位置。

故主權之最後意義。實爲有腕力之强制力。

六，倫理學之解釋

此解釋認主權爲合乎正義而有規範之權力。謂主權若背乎正義之規範。則不能維持法理學上之最高性。亦不能維持心理學上之活動性。而社會學上之結合性與歷史學上之中心地位。亦當然不能維護。即在物理學上。亦必激起反動之腕力。所以主權必爲合乎正義而有規範之權力。

七，主權之定義

綜合以上六方面之解釋。可下主權之定義如次。

主權　是人民對於國家之公共意志。以主權者爲中心。而結合的。有一定之規範，與强制性，之完全最高支配權。

第二節　主權之性質

主權之解釋與定義。雖如上節所述。然主權尙有性質上之分析。如左記四種。

一，完全最高性。

劉彥

二，有限活動性。

三，最終强制性。

四，惟一中心性。

所謂完全最高性者。因法理學上之國家主權觀念。對內完全出令。而不受命。對外亦獨立不受命。則是對內對外。皆無臨駕其上之權力。故國家主權有完全最高性。

所謂有限活動性者。因國家主權之完全最高性。既從法理學上之根據而來。則國家主權之活動。其對於法理學上之條理。自不能違背之。又倫理學上之規範。社會學上之公意。皆足定國家主權活動之範圍。故國家主權。爲有限活動性。

所謂最終强制性者。國家主權活動。雖云有限制，然因其有最高性。無臨駕其上之權力。則對於其範圍內之支配與强制。當然爲最終。故國家主權。有最終强制性。

所謂惟一中心性者。因國家主權之實現。必有其中心。則必寄託於主權者。始爲具體之存在。否則不過爲一抽象之名詞而已。然主權既有最高性。又有最終强制性。則主權者，不能有二。有二，則是兩個中心。各行其最高最終之權力。是爲國家之破裂 故國家主權。有惟一中心性。

第三節　主權論之派別

主權論之派別。其大者有二。一爲一元的主權論。一爲多元的主權論。分別述之於次。

第一　一元說的主權論

一元說的主權論　淵源於十六世紀布丹（Bodin）之主權說。及經德國哲學家黑格爾（Hegel）極力倡導之後。於是關於主權論。遂以一元論爲正制。故一元的主權論。不但在最近數百年之政治思想上　佔重要之位置。而且爲當時各國政治組織之實際根據。蓋十六世紀之歐洲大陸。教會勢力。與封建勢力。非常偉大。各國國王。皆退處於無權。教皇與國王相爭　貴族與國王相爭　貴族與貴族相爭。貴族與平民相爭。社會紛亂。達於極點。人民之生命財產。毫無保障　此種無政府狀態之下。無人不希望有一個統一之政治出現。以救濟紛亂不堪之時局。布丹診察當時政治情狀之病脈。而開根本救濟時局之藥方。乃破天荒創出一元說的主權論。

劉彥

原一元說與多元說之兩名辭。係從宇宙哲學上用以說明宇宙本體之數而來。學者不過借用此名詞加於主權之上。以說明其主張之意義耳。一元主權說之論據。一謂無論何地方。一元儘是發現在多元之先。多元儘是由一元之所發生。或結果仍歸於一元。又無論何事。要有秩叙。必先將多元抑制在一元之下。如非一元有管理多元之權。則公共事業。無從建設。統一是萬物之基礎。當然亦是各種社會生存之基礎。

所以一元說的主權論者。將主權一物。認為是國家至尊無上之權力。亦認為是國家絕對無限制之權力。又認為是國家惟一不可分之權力。謂如果主權不是至尊無上。則國家不能超乎國內各人民各團體權力之上。便不能稱為國家。如果主權不是絕對無限制。則國家不能對內對外皆不受何種命令。即亦不能稱為國家。如果主權不是惟一不可分。則一個國家。必致生出多個主權。但是一國變成多國。而為國家之破裂。

此種主權論。認國家為萬能。認主權為國家所獨有。認主權背後。不能另有何種法律上之權力。足為主權範圍之限制。認國家裏面之人民。及其一切社會團體。皆沒入於國家之中。而無獨立存在之權利。此種一元說的主權論。即是一元說的國家論。其流弊為後來專制政治之張本。然在十六世紀歐洲大陸政治紛亂之時期。實爲救時之良方。故其結果。打倒羅馬普通帝國之舊思想。推翻中古教會一宗之勢力。消滅封建諸侯及各貴族之淫威。進而擴張王權。統一政治。建設歐洲新式的民族國家；皆受此一元說的主權論之影響而來。並且近代的國家。其位置立於人類一切社會之上者。亦由此主權論之所抬高起來。所以一元的主權論。不但在政治學說上，與政治思想上。佔重要之地位。而實爲近世各國政治組織之實際根據。此可見其影響於近世國家之偉大也，茲將該主權論之要義。標示於左。

一，至高無上。——超乎人民及各種團體權力之上。

二，絕對無限制。——對內對外皆不受何種限制。

三，惟一不可分。——此涵義有二。一爲國家主權，惟一不可分割。二爲國家所包含之團體及個人。皆不能有主權。而爲國家所持有。

第二　多元說的主權論

多元說的主權論。爲一元主權論之反動。一元主權論　在十六世紀，與十七世紀，雖

劉彥

為歐洲大陸政治紛亂時。對症下藥之良方。然實為以後君主專制之論據。法國路易十四。英國詹母斯一世及沙爾一世等之王權神授論。皆與民權說極對不相容。路易十四說，我輩帝王。都是上帝的化身。詹母斯一世說。如有說君主某件事能做。某件事不能做。便是大逆不道。此種絕對君主專制之結果。遂發生歐洲重大之革命。故一元主權論。當然因時局變遷。而起嚴重之駁議。尤其在事實上。自一七八九年。美國聯邦成立。一八一五年德國聯邦成立之後。學者解釋聯邦與各邦之權限。多主張聯邦與各邦。各有主權。亦各有主權之範圍。於是對於一元的主權論。從根本上加以否認之論證。其論證如次。

甲，聯邦之權限。既稱主權。各邦保留之權限。為固有的。尤當然是主權。故聯邦之主權。與各邦之主權。為平等的。卽證明聯邦之主權。非至高無上。

乙，聯邦與各邦之主權。各有其範圍。出乎範圍便受限制。故聯邦之主權非絕對無限制。

丙，聯邦之主權。由各邦之主權分割而來。而各邦當保守其餘之主權，故聯邦之主權。非惟不可分。

此等事實上之例證。將一元的主權論。打破無餘。然不僅聯邦制之國家。足以證明一元主權論之不合。即非聯邦制之國家。亦有證明一元主權論。不合之事實。如英國之議會。與英國地方自治之兩件事實。足為例證。

蓋英國之主權在議會。議會為英國政府之最高機關議會制定之法律。非何人所能反抗然而英國議會。在事實上不能任便議法法律。必審定人民之需要。與社會之趨向。然後制定合宜之法律。乃能施行。蓋法律之能實行。不在乎國家之強制力。而在乎全體人民之承諾與否。故主權之眞實意義。事實上足以證明不在乎國家有強制之權力。而在乎人民之共同承諾。

又地方自治。為英國發明之製造品。極至於殖民地之加拿大，濠洲，南阿，等處　皆有其各自製定之憲法。在其一定範圍權限以內之政務。非母國之權力所能干與。在一元主權論當時。夢想不到後來有所謂地方自治。故惟以中央集權為目標。到地方自治制發達之後。便隨處皆與主權論相衝突。此又為一元主權論。事實上不適用於地方自治制度

劉彥

之證明。

以上爲多元的主權論學者。以事實上之根據。證明一元主權論之謬妄。而多元主權論。在理論上之根據。則皆不承認國家超出於各團體之上。而只承認國家與各團體對立。因此不承認主權爲國家所特有。謂凡國家內之各團體。如教會團體、工會團體、農會團體、乃至於中央以外。凡省縣鄉村之各地方團體。皆各有其獨立權。卽是主權。彼此不能相侵。又不承認主權是絕對的。謂國家之權力。有時爲種種勢力所限制。而人民亦不僅受國家權力之支配。也時常要受各團體權力之支配。如教會工黨家族。皆有權力支配個人。所以人民與團體不能復入於國家之內。依此等理論。認主權是多元的。而不認爲是一元的。對於一元主權論、標示之三要義。則全然相反。其標示相反之要義如左。

一，非至高無上。——與其他團體及個人之權力爲平等。各有其範圍。互不可侵越。

二，非絕對無限制。——主權出乎自己的支配範圍。卽受限制。

三，非惟一不可分。——主權可以分割。而且非國家所特有。卽其他團體及個人之獨立權、亦得稱主權。

第三　一元多元主權論之長短及主權論折衷案

主權的研究。爲政治學上最重要之問題。而一元說與多元說之絕對相反。不能達到同一之斷案者。其最大原因。是由於各重主觀之成見。而輕客觀之研究所致。主張一元論者。原存一總體爲重。部份爲輕。之主觀見解。故視國家爲絕對超乎一切以上之物。因而解釋主權之性質。爲至高無上。爲絕對無限制。爲惟一不可分。此派之所長。在能闡明國家之統一性。而其所短。則在抹煞各團體各個人之獨立性。　主張多元論者。先存一部份爲重。總體爲輕之主觀見解。故視國家爲非絕對超乎一切以上之物。因而解釋主權非至高無上的。而爲平等的　非無限制的。而爲有範圍的。非惟一不可分的。而爲與其他之主權相對立的。此派之所長。在能說明各團體各個人之獨立性。而其所短　則在抹煞國家之統一性。

要之此兩派之衝突　由於各重主觀而來。若由客觀之見解。則該兩派實爲相成之學說。而幷不相反對．蓋各得其一面之眞理．若合其主要之論點。而去其極端之推論。則可以得到主權之折衷案。

劉彥

蓋近世一般政治思想，與各文明國之憲法上所規定，國權與民權。不但不相衝突。而且是互相維護。人民之個人與團體。在法律上各有其獨立權。此種獨立權，亦可稱爲自由權。亦可稱爲主權。但是此種自由權或主權，並非絕對的自由。並非至高無上，蓋所謂自由者。分積極的與消極的兩種。積極的方面。固然是欲發揮其自己自由之意志與行爲。而消極的方面。則不能妨害別人之自由。不然。一個人之自由權，可以侵犯別個人之自由權，一個團體之自由權。可以侵犯別個團體之自由權，則自由權必根本消滅。爲保護自由權不根本消滅。則不能不定自由之界線。爲保護自由界線之尊嚴。則不可不組織一最高權力以支配之。此種組織。便是國家。此種最高支配權，便是國家之主權，國家有此主權。然後可以設定人民或團體之自由界線。亦有此主權。然後可以維持此種界線之尊嚴，換言之，人民或團體之獨立權，（亦可稱爲自由權亦可稱爲主權）一方由國家所賦予，一方由國家護持之，則可存國權與民權。不但不相衝突，而實互相維護。然而國家所以能賦予人民此種自由權，並能維護自由界線。使人民不敢互相侵犯者，則以其有超乎人民及各團體權力以上之最高主權之故，若如多元論者，主張國家主權，與其他團體及個人之權力爲平等。則國家安有維持秩序與統一之能力。又人民及團體之獨立權。旣由國家所賦予。則人民及團體於獨立權範圍之內。可以自由。若如一圓論者　認國家主權。絕對無限制。則不但國家可以無故侵犯人民與團體之自由權　而且根本不承認人民與團體有獨立性。是與現在之立憲政治。水火不能相容。又國家對於人民及團體。旣賦予獨立權。則此種獨立權。卽是人民及團體之主權。一元論者認主權惟一不可分。認爲國家所特有。則現在之立憲國家。或劃定中央與地方行政權之界線。或劃定聯邦與各邦之權限。或規定人民有信教居住言論等項之自由。以承認人民與團體各有其主權而何。以承認主權分割而何。所以吾人居今日之世。綜核近世一般之政治思想。與各國之憲政情形　以定主權論之折衷案。可以下左記之四項標示。

一，主權不限於國家所獨有。其他之團體及個人。亦各有其主權。

二，國家之主權，與其他團體及個人之主權。各有其特性。國家之主權。是全部的最高性。團體及個人之主權，是部份的自由性。故國家主權。以是與團體及個人之主權爲平等的。

劉彥

三，國家主權。對於團體人民獨立權之範圍內，不可侵入。然有其普及之支配力。

四，因有上之三種論據。故國家主權之性質。實如第二節所述爲完全最高性，爲有限活動性，爲最終强制性。爲惟一中心性。

第四節　主權之組織與國體分類

主權與統治權。名雖不同，實爲一物。不過因所用之塲合不同。而意義有異。已於本章之首說明之。此節所講主權之組織。卽是統治組織之一部份。惟統治組織。關係國家各項政權全部之分配。須另以專章說明。此節所講之主權組織。係單就主權者（卽握統治權之主體）之屬於何人。或屬於何團體。又主權者依何方式產生。之兩點，說明之而已。關於主權者之屬於何人或團體。是爲主權組織之中心機關。關於主權者依何方式產生。是爲主權組織之意志元素。此卽本節所講主權組織之範圍也。蓋學者雖將主權抬得如何之高。然國家不過爲玄想之虛設。並無本身之存在。國家既無實體之存在。主權何所寄託。何由實現。此所以不能不有主權之組織。換言之。就是不能不有一個主權者。以爲統治權之主體。

但是政治學上之主權組織問題。與國體分類問題有聯帶關係。近世國家。有所謂君主國體。貴族國體。民主國體。又有所謂單一國。複合國。此等國體。究依何種原則。以示區別乎。則簡單答之曰。依主權之組織。爲其根本標準耳。蓋國體之所以分類。即是依主權中心機關何在。與主權意志元素如何構成。之兩點。而定。該兩點有一點相同之國家。即是國體相同之國家。兩點皆不相同之國家。卽是國體不同之國家。茲將主權組織之中心機關　與主權組織之意志元素。分別說明於次。以明主權組織與國體分類之關係。

第一　主權組織之中心機關

國家主權之存在。必有其具體的中心機關之組織。主權始有寄託　乃能實現。因此中心機關所屬（主權者）之不同。遂出生國體不同之分別　有屬於一個純粹之自然人者。如君主國體之國家。其主權所屬之中心機關。爲一個純粹自然人之皇帝　有屬於合法組織之團體者。如共和國體之國家。其主權所屬之中心機關。爲一個合法組織之民意代表機關。故君主團體與共和國體之分別。卽是依主權中心機關。或在自然人。或在民意代

劉彦

表機關之一點。以爲準則。

又共和國合法組織之團體。亦有兩種區別。一爲合法團體。專由國內貴族階級而組成者。此爲貴族共和國體。在此種共和國。其主權之中心機關。當然操之於一階級之手。如古代希臘羅馬之共和制。其主權握於貴族階級是也。一爲合法團體。由全國國民組成者。此爲民主共和國體。在此種共和國。其主權之中心機關。當然操之於民意機關。如現今北美合衆國。及法蘭西等國。其主權或在國民選擧之議會。或在國民選擧之大總統是也。故貴族共和國體與民主共和國之分別。即是依主權中心機關。或在一個階級或在全民代表機關之一點。以爲準則。

又共和國尚有直接民主共和國體。與間接民主共和國體之別。其直接共和國體之國其主權之中心機關。由全國人民直接組織而成。例如瑞士國。除小兒，婦女，罪犯，瘋癲，白痴，之外。凡全國人民。達到一定之年齡者。悉集一個會場。議決國家大政。故瑞士之主權中心機關。是直接由人民組織而成。故瑞士國謂之直接民主共和國體。除瑞士之外。現在世界其他之各共和國。皆屬於間接民主。其主權中心機關。皆由國民代表組織而成。故此等共和國。皆謂之間接民主共和國體。其所以區別爲直接共和國體。與間接共和國體之原因。則依主權中心機關。由人民直接組織。間接組織以爲斷。惟大勢所趨。已有傾向於增加直接民主之要素。如複決權，創制權，罷官權，已爲瑞士國與美國西北幾州所採用，是也。孫總理之建國大綱。主張國民有直接選舉官員權 有直接罷免官員權。有直接創制法律權。有直接複決法律權。亦此旨也。

第二　主權組織之意志元素

所謂主權組織之意志元素者。指人民之意志而言。蓋國家之主權。即國家之意志。國家意志之構成。由於人民意志之總結合。已於第一節說明之。故人民意志。就是國家主權之意志元素。此無論何種國體之所同也。但由人民意志構成國家意志之形式 則因國體不同而互異。如在單一國體之國家。其組成國家主權之元素。則單純由人民意志直接結合而成。而不雜以其他複結合之意志。故謂之單一國。如中國如法國等是。若在複合國體之國家。其組成主權之元素。則由人民意志直接結合之外。尚加入各種團體之意志而成。故謂之複合國。如德意志聯邦國。如北美合衆國等是。故單一國體。與複合國體以行政使之不同為政體之區別；以組織之不同為國體之區別。

劉彥

之區分。是依主權意志元素。究竟由人民意志單純結合。抑或非單純結合。以爲準繩。

第三

此外身合國，物合國。邦聯國，皆不能認爲是一個國體。事實上爲兩個國家。或兩個以上之國家。不過國家間有一種聯合關係。根本上與聯盟無異。不得視爲一個國家。本節所講之主權組織。即是國體分類之根本論。身合國，物合國，邦聯國，既不是一種國體。所以與本節所講之主權組織。不相干係。茲將主權組織中心機關之分類。與主權組織意志元素之分類。列表於左。以示主權組織。與國體分類之關係。

主權組織中心機關之分類

- 君主國體國……純粹的自然人
- 共和國體國……合法團體
  - 貴族共和國……階級
  - 民主共和國……全人民
    - 直接民主國……人民直接組織
    - 間接民主國……人民間接組織

主權組織意志元素之分類
- 單一國體……單一的意志元素
- 複合國體……複合的意志元素

第五節　主權之行使與政體分類

關於主權行使問題。即爲政體分類上之基本標準。蓋國家最高主權之行使者。如果操諸一個自然人。當然是君主政體。如果操諸一個階級的少數人。當然是貴族政體。如果操諸公民之手。當然是民主政體。此爲最明顯最簡單之政體分類。與上節所講主權組織以定國體分類之原理相同。然本節之主權行使。其意義不僅在說明此種最淺顯之性質。是藉主權行使之情形。以明其爲專制政體。抑爲立憲政體。爲集權政府。抑爲分權政府。爲統一政府。抑爲對立政府。爲總統制。抑爲內閣制。蓋此等政體之分別。皆是依主權行使之不同。而分別之也。在政體相同之國。其主權行使。當然相同。在政體不同之國。其主權行使。當然不同。換言之。主權行使之同不同。卽是政體分類之根本原因。

劉彥

茲分下記三項說明之。一爲主權行使之有無限制。二爲主權行使賦與之分合。三爲主權行使之機關。

第一，主權行使之有無限制

在昔國家與政府。混爲一物。治者與被治者。皆認爲政府卽國家。於是根據國家主權無限制之說。致政府之權力爲無限制。如近世之立憲國家。制定憲法。以憲法限制政府之權力。爲從前所不能夢見之事。此等國家。政府對於主權之行使。毫無限制。無論其國體爲君主，爲共和。皆謂之專制政體。至近世政治學大進步。認識國家與政府之區別。並認識政府不過爲國家之工具。於是製定憲法。以限制政府之權力。此等國家。謂之立憲國家。其政體謂之立憲政體。其政府對於主權之行使。爲有限制。與專制政體。行使主權之毫無限制。絕對不同。無論其國體爲君主爲共和。皆謂之立憲政體。故立憲政體，與專制政體之區別。卽是依主權行使之有無限制。以分涇渭。

主權行使有無限制之分類

- 無限制……專制政體
- 有限制……立憲政體

第二　主權行使賦與之分合

現在立憲各國。關於主權之行使。有完全賦與於中央政府。而地方政府。在憲法上毫無自治權者。此等制度。謂之中央集權制。亦稱集權政府。有將主權之行使。分配於中央政府。及地方政府。各有一定之範圍。在憲法上明白規定者。此種制度。謂之地方分權制。亦稱分權政府。前者行於單一制之國家。後者行於聯邦制之國家。然亦有單一制之國家。形式上雖爲中央集權制。實質上地方却有很大之自治權者。如地方自治發達最著之英國是也。但其地方之自治權。爲中央政府所委任。而非出於憲法所賦與。故與聯邦國各邦固有之獨立權不同。因而不得目爲分權制。

又主權之行使。有完全賦與於中央政府之一個最高機關者。此一個最高機關。若爲一

劉彥

個自然人。則爲君主政體。若爲少數人集團。則爲貴族政體。若爲多數人集團。則爲民主政體。是爲統一制。亦稱統一政府。有分配於中央幾個同等之機關。各有憲法上賦與之權限。彼此不能侵越者。是爲對立制。亦稱對立政府。前者常見於君主專制國家。與多頭執政共和時代之羅馬。及今日蘇維埃（Soviet）制下之蘇俄。後者則見於採用三權（立法行政司法）分立之立憲國。如北美合衆國是。

主權行使賦與之分類

- 中央與地方之分合
  - 集權制……集權政府
  - 分權制……分權政府
- 中央各機關之分合
  - 統一制……統一政府
  - 對立制……對立政府

第三　主權行使之機關

近世立憲各國。對於孟德斯鳩（Montesquieu）之三權分立說。有嚴格的採用者。亦有相當的採用者。司法獨立。雖已爲立憲各國一般採用之原則。然行政部與立法部之是否明白分立。則現在各立憲國中。顯有兩種制度之區別。一爲行政部獨立於立法部之外。即行政部元首。從人民選舉而來。直接對於人民負責。對於立法部不負責。故元首以下之各部總長。元首有自由任免之權。不因立法部不信任。致被罷免之事。國務總理之地位。等於元首之秘書官。此種制度。謂之總統制。此種國家。其主權之行使。總統有最高之威權。而不受立法部之干與。現在之北美合衆國。嚴格的屬於此制。二爲行政部與立法部有聯合之關係。絕對不能分立。其內閣閣員。由議會多數黨之議員兼任。閣員對於議會負責。議會對於閣員不信任時。閣員不得不聯帶辭職。此種制度。謂之內閣制。亦曰議會制。此種國家。其主權之行使。議會握最高之威權。蓋內閣由國會議員組織。又對於國會負責故也。

行政權機關之分類
- 總統制
- 內閣制（亦稱議會制）

劉彥

第五章　國家之發生

政治學上之國家發生，非法律論，乃事實論也。卽以其事實上關於人民土地主權三要素。完全備具之時。爲國家發生之時。關於此問題之硏究。學者往往將其他近似問題。混入其中。致將本問題之中心淆亂。而不得明確之解答。茲將說明國家發生之界說。而後說明國家發生之分類。

第一節　國家發生之界說

國家發生之問題　其中所在。爲專研究未成國家以前，其社會進化之程敘上，究竟進入於何種特殊的階程中。始能或爲國家。換言之。在考究所謂國家的社會　最初在何種時期。方具有國家之特殊性，此外別無涵義。而學者每將國家之存在。社會發達。及特殊國家之起原　雜入其中　皆爲超越本問題範圍之外。

蓋國家存在問題　爲理論上之問題。其根據當求之於政治哲學。國家發生問題。爲事實上之問題　其根據當求之於社會進化史。兩不相涉。不可混爲一談。

又學者有認血統宗敎經濟各團體之發達。卽爲國家發生之原因者　其實血統宗敎各團體。皆不過普通社會之一。其與有特殊性之國家。絕對不同。謂血統宗教經濟各團體內。有一部份元素。足以促成國家之發生。則可。若謂血統宗教經濟各團體之發達。即是國家之發生。則不可。不可以不辨。（按國家與普通社會不同之特殊性已詳於本講義第二編第一章第三節）

又國家發生之問題。係就一般國家最初的階程。以研其原始。而非就一個特殊的國家。以考究其起原。前者屬於社會進化史之範圍。為本章研究之目的物。後者屬於一個國家之開國史。不在本問題範圍之內。畧說既明。於是國家發生問題。乃得一定之解答。即人類社會，進到定住於一定地域。而實現强制的組織時。即爲國家之發生。蓋國家是一個强制組織的地域團體故也。

第二節　國家原始的發生

研究國家原始的發生。實完全屬於歷史的歸納論。而非屬於哲理之範圍。故哲理的國家發生論。如所謂國家是上帝之所創造。或謂國家是有機體自然生長之物。或勢力說。或契約說。或階級起源說等。皆屬於國家存在之理由。而不屬於國家之原始發生。茲一概擱置不議。而專從歷史之事實以研究之。

國家原始發生之初日，在歷史上亦不能十分明瞭。然國家者特殊社會也。而此特殊社會。是從普通社會進化之所轉成者也。故當論究國家之發生。應先就未有國家以前之原始社會。而畧說之。而此原始社會。果從何而組成與其發達。則古今學說。約分爲左之三時期。

第一期徽章之結合　此依記號而結合者也。往昔學者。謂原始社會。起於血族之結合。據近此政治史家之考察。則推究血族結合以前。當有徽章結合之時代。而此徽章結合時期。亦非無血族關係。不過不置重於血族耳。蓋大古未開化之人類。每於肉體衣服器皿上。飾以蟲魚鳥獸百物形狀之記號。以其記號同者爲一團　英語所謂圖騰社會（Totm）是也。在此時期，無所謂宗族。果女結合。亦非永久之婚姻。所生子女。皆屬於母系。與父系之關係甚小。此爲原始社會最初之時期。

第二期血族的結合　此時期父權中心說。與母權中心說。始初雖不能十分一致。然其後遂趨重於父權。父系之家族制度。漸次興起。家長屬於最長之男子。有統治家屬一切之大權。且漸推及於小宗大宗。大宗對於小宗。亦與家長統治家屬相同。於是由家族變成宗族。而以祖宗遺傳下來之宗教風俗藝術等。爲其聯合同族人之標準。此種結合。業爲有統治組織之社會矣。

第三期地域之結合　在血族的結合時期。不必要一定之地域。大致多屬於漁獵游牧之生活。及至地域之結合。則由漁獵游牧生活。進而爲農業之生活矣。農業生活。必佔有一定之土地。而爲其土著。乃能維持其生活之淵源。爲保護此種地域之安全。不被外力侵佔。自然與附近地域各集團。互相聯結。而成社會。此種結合。於促成國家發生之期已近矣。

以上爲原始社會發達之順序。此三時期。雖不能謂爲嚴格之區劃。如地域結合時代。非無血族之關係。血族結合時代。非無徽章之關係。徽章結合時代。亦非無血族與地域之關係。但不過就各時代之最著者而言之也。

原始社會發達之順序。既如上述。於是可進而討論國家發生之問題矣。夫國家既爲一個有統治組織之地域團體。則國家發生之問題。簡要言之。不過爲兩個要件而止。一爲

劉彥

有強制的法規之施行。二為有一定地域之領有是也。夫人類社會。何以必至於有強制的法規。與其一定之領域而後可。則因人羣進化。已達到一定之階程。自然而然。不能不由普通社會。再進一級。而變為一個有強制的法規。與有一定領域之特殊團體。此所以謂國家者特殊社會也。而此特殊社會。是從普通社會進化之所轉成者也。換言之。強制的法規。與其一定之領域。既皆發生。則國家之要素。漸次成立。以卽國家之所由發生也。

然而國家之原始發生。其情形非常複雜。并非國家自為主體。決定在進化程中之某一時期。自動的陡然發生。乃是由客體的各種勢力。各種組織。各種程序。隱然為國家一部份之潛體。為其基礎。而隱隱的一步一步促成國家之發生。此種客體。卽是國家未發生以前之各種社會是也。此種社會與國家發生有重大之關係者。則以血統宗教經濟各社會團體為最。分別述之於次。

第一　血統與國家發生之關係

血族結合。為原始社會之第二時期。已如上述。似其距國家發生之時期尚遠也。然而血統社會中之組織之制度。即是政治團體之模型。二爲政府成立之基礎。蓋家長族長之統治權。即開後來君主國體之先河。家規族規之習慣法。即爲後來國家法律之淵源。家族宗族之團結力。即爲後來組織民族國家之雛型。所以古時之猶大國。是由傑考布（Jacob）家長之後十二族之所組織。羅馬之家族法。是爲一切權力之基礎。中國之國家觀。自古以來。完全爲家族化。以孝親友弟。爲修身齊家之根本。以修身齊家。爲治國平天下之根本。凡此皆足以證明血統社會之勢力。其影響於國家發生之關係。

第二　宗教與國家發生之關係

宗教結合　當然是人民未開化以前之一種迷信的結合。此種迷信。對於人民之團結力除血統結合之外。莫與之京。其影響於國家之發生。亦與血統之勢力無異。蓋上古之城市國家。即是宗教之集團。政治上之君主。即是宗教之教皇。政治上之執政者。即是宗教之教主。又宗教之儀式。即是人民之風俗。宗教之信條。即是國家之法律。所以有許多國家。事實上由宗教之力量。而組成之。如上古之獨大國。是由猶大人。以信仰耶和華之觀念。奔走流離。排萬難而組織猶大國。又如莫罕默德帝國，是由莫罕默德教。以

劉彥

統一之精神。打倒異教。而組成强大之莫罕默德帝國。即歐洲中世紀之神權說。亦由宗教而來。凡此足以證明宗教社會之勢力。其影響於國家發生之關係。

第三　經濟與國家發生之關係

人民之經濟生活。與政治制度。有密切關係。爲一般所公認。故所有歷來之政治制度。大都根據於當時人民經濟生活之特別情形。而制定之。所以國家之發生。實與當時人民之經濟生活相表裏。在大古之初。生活簡單。人民尚無財產之觀念。亦無結合之組織。至漁獵時代。人與獸鬥。或與羣獸鬥。或入海河捕魚。皆非一人所能爲。於是漸有人民之結合。至游牧時代。有資著畜牧動物甚多。爲畜牧之主。無資者被雇爲畜牧之奴。於是財產觀念發生。貧富情形發生。階級制度發生。土地之關係亦發生。（畜牧須藉有水草之土地）經濟生活。已趨於複雜。人民之組織。亦遂因時而進步。至農業時代。財產之觀念愈發達。貧富之情形愈顯著。階級之制度愈嚴格。土地之關係愈密切。此皆爲人民經濟生活絕大關係之問題。不可不依此種經濟生活狀況。而設種種之法律。强制人民服從之。使社會相安於無事。此强制權所由發生。治者與被治者所由發生。自然而然從成國家之發生。故由經濟史上言之。國家之發生。大抵皆在農業時代。以其既佔有一定之土地。又不得不實施强制之法規。國家要素。漸次完備。故也。此是以證明經濟勢力其影響於國家發生之關係也。

第三節 國家關係的發生

國家關係的發生。卽原始的發生以外之國家發生也。此在歷史上之根據甚多。惟種類不一。有屬於種族競爭而發生者。有屬於種族競爭以外之其他關係而發生者。所謂屬於種族競爭而發生者。當然離不開戰爭關係。由種族之强者。征服種族之弱者。而形成爲國家也。但其形式。有次記之兩種。

一，集中的合倂 有一强族。倂合其四鄰之弱族。而集中之。以成立國家是也。

二，移住的征服 有一强族。移住於他種族之良好土地。因而征服之。以成國家是也。

所謂屬於種族競爭以外其他關係而發生者。亦分二種。一爲在未有國家之土地之國家發生。二爲在現有國家之土地之新國家發生。此兩種國家之發生。有因戰爭關係而發生

劉彥

者。亦有非因戰爭而發生者。分別言之於次。

第一　在未有國家之土地之國家發生

此種國家之發生。有由於一强國之政府。自動的爲積極之經營。其結果而成新國家之發生。例如希臘盛時。地狹人稠。雅典斯巴達之政府。殖民於意大利，小亞細亞，地中海以西之地。其時該各地方。皆爲未有國家之土地。後因此種殖民之故。遂成立數個之新國家，是也。

又有非由一國政府之所經營。而僅由一國人民之所努力。其結果而成新國家之發生。例如阿非利加洲之利比里亞共和國。始爲美國殖民協會將印度人移於該地。其後成爲一個國家。又如阿非利加洲之孔戈共和國。亦始於殖民協會之開闢。其後亦成爲一個國家是也。

第二　在現有國家之土地之新國家發生

此種新國家之發生。亦分兩種。一爲合同的。一爲分裂的。所謂合同的者。以現存數個國家之合同。而成立爲新國家者也。例如瑞士，德意志，及北美合衆國。皆基於任意消滅舊國家。而爲新國家之組織是也。

所謂分裂的者　一個國家。因本國人民之一部份獨立。而分裂爲一個新國家者也。例如南北美各國。初爲歐洲例國之屬地。後皆分裂而爲一國是也。

第六章　國家存在之理由

第一節　國家存在理由之界說

國家存在。與國家起源。絕對不同。學者屢混爲一談。其大錯誤。國家起源。是考究國家最初實現之時期。至國家存在之理由。是考究國家何以必需有統治權。換言之。是考究國家何以有强制人民之權利。與人民何以有服從國家之義務之問題也。原來國家依人民土地統治三者而成立。然考究國家存在之理由。則對於人民土地之兩項。皆置而不議。惟單就統治一項而考究之。蓋土地屬於自然界之現象　其存在。與人類意思絕無關係。又人類就自然界而言。亦爲自然現象。其如何存在。亦非政治學上所研究之事。惟統治組織　非屬於自然現象。而屬於社會現象。實完全爲人類意思之所造成。故政治學上研究國家存在之理由。卽是此點。簡明言之。是研究國家何以有强制權存在之理由

劉彥

也。但其中涵二意義，一指國家所以有强制人民之權利，一指人民所以有服從國家强制之義務，此卽國家存在理由之界說也。

第二節　國家存在理由之諸學說

社會黨與無政府黨，爭欲打倒現在之國家制度，非對於國家原素之人民與土地，有所反對，是不承認國家有强制權存在之理由也。而今昔學者，由純理的研究國家存在之理由者甚多。就中尤以神權說，强權說，契約說，有機體說，實利說，階級說，為有勢力。不過此等學說，對於國家之發生，與國家存在之理由，多混為一談，而不加分別。然各在時代上，對於國家之强制組織，能予以重大之影響，或發生政治上之重大變遷，蓋凡政治學說，一方由於當時政治情形之所發生，一方影響於以後政治之發展。故此等諸說，或為當時政治制度之結果，或為當時發生新政治制度之原因，其在已往之時代上，或現在之政治關係上，實佔有重要之地位。故不可不畧述之。

第一　神權說

此派學說，為說明國家有强制權存在之理由，完全委之於神，不說國家是神所建設。

便說是由神之命令所建設。因爲是神所建設。所以一般人民。不能不絕對服從之。卽將國家之强制權。認爲是上帝之命令。古代東方諸帝國。皆然也。如莫罕默德帝國。以宗教之經典。爲國家之法律。悉伯來人信國家爲神所手創。希臘人雖認國家是由人性所建設。然認人之天性。爲神所賦與。故謂人性建設之國家。亦爲上帝間接所建設。此爲上古信仰神權之概要。中古基督教諸國。皆主張教皇神權說。擴張教皇權於國王之上。比羅馬教皇爲日球。比國王爲月球。意謂月球之光。由日球照印而來。卽是比喻國王之權力。爲教皇權力之餘蔭耳。及中世紀之末。教皇權力雖漸衰弱。然帝王神權說又起。如宗教革命家之路得（Lnther）亦力主張國家神權說。蓋反對帝王權力由教皇而來之說。而主張帝王權力。是由神直接授予者也。十七世紀前半期。英王詹姆斯一世。與査理士一世。及法王路易十四世。皆援王權神授說。以行其絕對的專制政治。而不承認人民有人格。至此政治上之爭點。已非教皇與皇帝之爭。亦非國家與教會之爭。而爲國王與人民之爭。換言之。帝王自視爲神聖。主張有絕對强制人民之權利。人民有絕對服從强制之義務。結果惹起英國殺査理士一世。而創共和制度。法國殺路易十六。而大革命。此

劉彥

可見自上古以至於十七世紀之前半期。國家强制權存在之理由。實爲神權說所支配。不過迄於今日。已無人齒及之矣。蓋自科學發明之後。皆不認有神之存在。更何認强制權之由神授乎。故此說早已無價值。然而上古之時。法律不備。教育不全。個人野性未消。其所以能持維秩敘。及個人之道德者。皆此說之力也。不但西方如是。東方亦然。中國歷代皇帝。無論征誅簒奪而得。皆曰受天之命。書曰，天降下民。作之君。作之師。紂曰我不有命自天。春秋曰．天生民而立之君使司牧之。此種論證。不勝枚舉。日本至今稱皇帝曰天皇。皆神權說也。故此說於國家存在之理由。雖不充分。然在政治史上。實具有相當之功勞。

第二　强權說

將國家基礎置在宗教上。便是神權說。將國家基礎置在勢力上。便是强權說。神權說以盲從神意。爲國家强制人民。及人民服從强制之理由。强權說以盲從武力。爲國家强制人民。及人民服從强制之理由。故主張强權說者。謂「古代一切法律。皆是供强者支配弱者之權利。原弱者服從强者。是天然的法則。是當然之義務。故人民之服從國家。亦是天然的法則。亦是當然之義務。」云云。此說爲神權說脫去宗教之外衣。而暴露實體。在藩盧塔克（Plutarch）之英雄傳中有言曰。「太古以來。自神以至於禽獸。在一切法之中。所普及者。爲在弱者之上。與强者以支配之權」。此言最能代表强權說之意義。

當蘇格拉第時代之詭辯學派。已有唱道國家制度。是爲保護强者利益之說。又十七世紀荷蘭哲學家斯賓挪沙（Spinoza）亦謂「萬物僅於其生存的能力程度。而有生存的權利。無能力者。則無權利之可言。國家亦然。」盧梭謂「强力是物質的勢力。其作用絕不能發生道德的勢力。屈從强力。是迫於不得已之行爲。而非出於願意。故無義務的意思」凡此諸說。皆證明權利之根據。專在强力。强力有若干大。則權利亦若干大。强力能壓倒一切。則權利亦高於一切。無所謂道德。無所謂正義。只有强權。是非善惡之標準。依强權之程度而定。此卽國家强制權存在之理由也。此派主張之本意。原欲將國基礎。建設得十分穩固。結果適得其反。蓋既專以强力。爲權利之根據。則易惹起權臣盜國。强藩革命之弊。蓋誰有新勢力。便可推翻舊勢力。取而代之。而不能認爲不義。則國家基礎。不但不能穩固。而且被其擾亂。故其說不能為國家存在之正當理由。為今日政治學中所不取。

第三　契約說

此說置國家基礎於法理之上。視人民之服從政府。為基於自由意志所結之契約。以比神權說，强權說，不能安固國家之基礎者逈別。近代國家之組織。與法律觀念。與憲法起原。與人民自由權。與人格之價值。皆由此說之影響而來。其於國家存在之理由上。實予多大之貢獻。

契約說即民約說。共分兩種。一為君民契約說。（亦稱政府契約說）二為社會契約說。此二契約說。皆是對於治者與被治者間之關係。予以重大之發明。換言之。是說明國家有强制權之理由。與人民服從强制權之理由。皆根原於契約。而非王權神授。亦非强權支配。致開十八世紀歐洲政治之新制度。

以性質言。社會契約說。近於國家起原之學說。君民契約說。偏於統治組織之制度。則社會契約說。當然在君民契約之先。然而學說之發明。則君民契約說在先。自上古以至

劉彥

於中古之歐洲政治。皆受君民契約說之支配。十六世紀宗教革命之後。社會契約說乃大發達。茲將該二契約說之主張。及其於政治思想上政治制度上之影響。分別說明之。

甲　君民契約說

此說發生最早。希臘哲學家「柏拉圖早有此種理論。基督教有舊約新約書。舊約即是上帝與人民所訂之舊契約。新約即是上帝與人民所訂之新契約。而舊約中有許多關於神人相結契約之紀事。又以色列王大彼得（David king of Israel）曾於神前與國內長老訂約。中世紀阿來剛（Aragon）國王被選之後。對於國內貴族行宣誓禮。皆爲君臣定約之意義。羅馬帝國之法律家。解釋皇帝與人民之關係。亦認爲一種契約。尤其中古之封建制度。大都以君臣契約爲基礎。皇帝與諸侯之間。全憑契約維持君臣關係。故中世紀，是契約說大佔勢力之時代。當時一般之政治思想。對於君民間一切政治關係。無不以契約說爲歸宿。至十六世紀與十七世紀。無論贊成絕對主權論者。與不贊成絕對主權論者。皆認識主權之本原在人民。至君主之有主權。是由人民依契約所給予。惟贊成國家絕

劉彥

對主權論者。謂君主主權。雖由人民依契約給予。但既給予之後。則君主有絕對主權。人民有絕對服從之義務。而反對絕對主權論者。則謂君主主權。既由人民依契約賦與。即是人民委託的。此種委託。當然有一定之目的。以爲君主行使主權之範圍。故國家之主權。必合乎此種目的。始能行使。人民始有服從之義務。若反乎此種目的。而濫用主權。則人民不但可以反抗。而且可以將業經賦與之主權。撤消收回。此爲君民契約說之派別。然而其承認國家主權。是由君民契約而來。則完全一致。

一 社會契約說

當上古神權說最盛時。希臘人已有唱道社會契約說者。但如近世所唱道基於個人間自由意志之契約說 則起於十六世紀宗教改革以後。英國浩客爾（Hooker）著教會制度論。始以社會契約說明國家存在之理由。氏謂國家之基礎有二。其一爲人類組織社會之自然的傾向。其二爲個人間之合意。設立公權的契約。其後演繹此說。推而廣之者。爲英之霍布士（Hobbes）洛克（Iocke）法之盧梭（Rousseau）三氏。

霍布士之社會契約說 是依社會契約。說明國家之主權無限制。氏謂在昔自然世界之人類。感覺無法律之痛苦。於是人民與人民。相互定契約。將自己主權。讓與一人。或一個團體。而成立政治團體。即是國家之最初組織。受此主權之人。即是君主。契約未成之先。主權分屬於各個人。契約既成立之後。主權便絕對的屬於君主。君主行使主權。不受契約之拘束。爲毫無限制。人民服從君主。亦非契約規定。亦無一定之限度。因爲契約是人民與人民所協定。不是人民與君主所協定。所以君主立於契約之上。而不受契約之拘束。君主雖是橫暴無道。人民不能反抗。因爲權利業經讓與。不能用革命手段。以改更契約。若用革命手段改更契約。就是一種不正義之行爲。所以人民只有服從君主之義務。

洛克之社會契約說是依社會契約。說明國家主權。有一定之限制。而非無限制。氏亦認社會契約。爲政府成立之本源。但人民只將一部份之權力。委託於政府辦理。其所餘之權利。仍然爲各個人所保有。故政府之統治權。當然受個人自然權利之限制。而不能超越於限制之外。如果超越限制之外。可由人民撤消其委託而收回之。蓋社會契約。原期組織國家。以保護人民之生命財產。此即是契約之目的。亦即是國家權力之範圍。若

邦一七七七年憲法
憲法會議議員得
本邦人民之信任受本
邦人民之委托制定此
憲法
合衆國聯邦憲法
之前文曰
合衆國之公民制定
合衆國之憲法

劉彥

國家使用權力。超過於人民委託權力之外。自然是破壞契約之目的。則人民可以反抗之。卽起革命行動。亦爲當然之權利。

盧梭之社會契約說。是依社會契約。說明人民之主權無限制。而國家之主權有限制。氏亦認國家是由個人與個人依契約之所組成。但認政府不過是執行國家意志之僕役。卽不過是執行人民意志之僕役。蓋國家之意志。原是人民之公共意志所構成。人民之公共意志。是以公共利益爲目的。公共利益之執行。不能不委託於政府。故政府不過是執行人民意志之一僕役耳。而人民之公共意志。便是法律。便是國家之主權。故國家之眞正主權者。是人民之全體。而非政府。政府不過是人民委託其保護法律之執行者而止。如果政府不負委託。人民可以服從之。若不如人民之意。則可隨時隨意剝奪其權力。而改組之。因爲主權一物。無論何時。皆在人民。若實際上不在人民。便非正當之國家。故改造政府。是人民正當之權利。

以上所述霍布士，洛克，盧梭，三氏之社會契約說。其主張國家主權之有無限制。雖各不同。然其將國家基礎。置於人民共同意志上之點。則皆一致。其影響不但使歐洲政治思想。由君權趨於民權。而十八世紀歐美之新政治制度。實爲此種契約說之所造成。蓋不但法國革命。是契約說之功績。卽美國獨立。亦爲契約說之產兒。觀於美國獨立宣言。及各州憲法中規定人民之權利，皆以契約說爲根據。足以證明。要之十八世紀歐洲各舊式國家。一變而爲近代之新式國家。與美洲各邦。由殖民地一變而爲自由獨立之國家。皆是源淵於契約說而來。換言之。近代國家之組織。法律之觀念。憲法之起原。人民人格之認識。與自由權利之保障。皆爲此說之功效。

然而契約說亦有兩大誤點。一爲不合乎歷史之事實。二爲誤認法理的概念　所謂不合歷史之事實者　自十九世紀歷史學與社會學發達。皆從歷史上之事實。以考究一切之社會問題。而古來國家。並無由契約建國之證據。且無國家。則契約無效。若謂古代社會基於契約。自身已陷於矛盾。故吾人研究契約說。只能承認其理想。有感動人類心理之效果。能將玄想之世界。爲實在之世界。開闢一條新境界。而不能承認其爲歷史上確有之事實。

所謂誤認法理的概念者　此派謂古代社會。爲自然世界。因而謂古代社會。有一種不

劉彥

假人力制定之自然法。人民皆受自然法之支配 但是在自然世界中。既無執行法律之機關。又無公共勢力之保障。此種自然法、如何可以施行。且人類未有公同結合以前、便無法律觀念之存在。則人民又何能以自然法自繩。此是契約說對於法理概念認識不當之原因。

第四　有機體說

此說是國家爲自然之生產物、以人民之服從國家權力。爲自然的傾向。卽爲人類之本能、故亦稱本能說。亦稱自然說。古代希臘人卽有此見解。如柏拉圖理想中最有紀律之共和國。謂其組織殆與個人身體一樣。凡社會分子有痛苦 則全部社會受其影響、與個人身體有痛苦、卽能自覺相同、亞里士多德亦謂「人爲天性政治的動物。」此是希臘人視國家爲有機體之論証。十八世紀、政治學者大受生物學之影響。其時國家有機體說 甚爲得勢 至法國革命、契約說占勢。認國家由人民所建設、有機體說一時大受打擊。至十九世紀中期、因法國革命之反動、有機體說復盛。如伯倫智理（Bluntschli）謂國家是人類有機體之偶像。並謂「人類之天性。於個人差別外。有協同一致之傾向。此類傾向即爲發生協同社會生活之傾向。卽是人類政治天性之本能。」又斯賓塞爾（Spencer）直以生物比國家。比社會之生產。爲動物之營養。目爲「保持官能」比社會之交通機關。爲人身之血脈循環。目爲「分泌官能」比國家之政府。爲動物之腦筋。目爲「管理官能」凡此諸說。皆是認國家爲有機體。卽是認國家爲自然生長。自然發達之物。

此說之長處。可以使國家之構成分子。結合爲鞏固之團體。不但各爲團體之一部份。且具有生命相關之聯帶關係。得以堅實國家之組織。至其短處。偏重於自然方面。視國家爲生理的組織。而抹煞人類精神的心理的之結合。且有機體之分子。離開全體。便無獨立的生命。而國家之分子。則絕對不然。又有機體之發生。是由他有機體所產出。而國家發生。則絕對不然。又有機體之分子。無運動移轉之自由。而國家之分子。則有運動轉移之自由。又有機體之發展。無論其爲全體。爲部份。皆爲無意識的。無自定之能力。國家之發展。則依民衆需要與所定之政策進行。爲有意志的。爲有自定之能力。所以有機體說。是根本錯誤。退一步言之。此說能對於國家之發生。有所解答。而對於國家強制權存在之理由。則毫無直接之說明。惟間接可以窺其主張政府之強制權。是無限制的。蓋此說認國家之政府。等於動物之腦筋。認國家之人民。爲有機體之一部份。則是認人民無獨立之價值。無個自之目的。則當然無自由獨立之人格。而惟腦筋之命令是從。是爲間接窺到此說是主張國家之主權爲無限制者。

第五　實利說

此說對於國家有强制權。與人民之服從。皆歸根於實利。既反對神權說。亦反對契約說。而倡實利主義之政治學。起自十八世紀英國哲學的歷史家侯模（David Hume）氏以國家之存在。依乎實在之利益。就是認國家爲實利而存在。亦就是認實利爲國家存在之理由。蓋置國家基礎於實利之上。視人民之服從國家權力。爲基於公私之利益。不得不服從之也。既以人民基於公利利益。乃服從强制權。則如神權說。將政府權力。視作神聖不可侵犯。無論如何專制無道。人民不能過問。當然爲此派學者之所反對。又如契約說。謂古代文化未開之人民。全憑契約服從政府。亦爲此派所不全信。不但相信古代未能。由歷史上之記載。以至於今日世界上存在之各國家。其由於篡奪征服而成之國家。不可枚舉。有何君民間契約之存在乎。所以政治上之變遷。無論國內革命。推倒舊政府。成立新政府。或國外侵畧。滅弱小國。而成大帝國。斷非因契約而成。實由勢力而成。當時被勢力壓迫之人民。不是眞心服從。是迫於不得已之勉强服從。後經多年人民忿懣不平之氣。漸已消釋。爲圖公共利益起見。不能不發生對於國家之義務觀念此種對國家之義務觀念。纔是人民服從國家强制權之眞正原因云。

蓋佚模氏分道德上之行爲爲兩種。一爲由於人類之本能而來者。超乎權利義務觀念之外之所發生。如對於母子之愛情。與可憐人之同情等是。二爲不由人類之本能而來。純基於利益及義務之觀念而發生者。如尊重他人生命財產之正義。與遵守契約盟誓之信義等是。氏本第二種之道德說，以說明國家存在之理由。謂社會之公共利益。非有政府。則不能維持。政府非有人民之服從。則不能成立。故人民欲保持社會之公共利益。不能不服從國家之權力。由此看來。政府之權力。是基於人民對國家之義務觀念而來。而人民之義務觀念。則基於公共利益而來。所以政府之基礎。是建築於實利上。而非建築於空洞之契約上。質言之。人民服從政府之强制權。是因爲維持社會上公共實利實益之原因。

後來普通所稱實利說之代表者。爲邊沁（Bentham）彌爾（Mill）薛吉微克（Sidgwick）三氏　邊氏實利說之原理　謂「人類之服從權力。並不是契約的結果。乃是服從比較不服從之利益較多。故此等服從　乃是爲達到最大多數之最大幸福的方法」其他各氏。皆不外推廣其說。而置重爲公共的快樂而服從政府之權力云。

此說之優點。在認識人類共同生活的利益。使人民自覺對於國家有服從之義務。而其所短。不能解答左之兩問題。

一，國家權力。有時並個人的生命。而亦犧牲。視人民之利益等於零。所謂實利安在。

二．國家強制權之存在　若專在實利　則不免計算實利。而犧牲道德。亦未免專重利益。而輕人格。

第六　階級說

以上所述神權說，強權說，契約說，有機體說，實利說。皆爲歷史上國家存在理由之學說。就中以神權說契約說二種。爲最有勢力。佔政治史上之重要地位者各若干時期但皆屬於已往。現在另有一個最有力之新學說。佔現在政治上與政治思想上之重要地位者。爲階級（Class）說。此說不但爲現在政治學上之爭論。亦爲現在經濟學社會學最難解決之問題。其最初倡道階級說者。爲德國之馬克思。（K. Marx）然馬克思一生致力之學問。爲經濟學。其於政治階級說。並無專論。不過就經濟學說中附帶說明之而已。後經德國學者奧本海末爾（Fronz oppen heimer）發揮而光大之。於是政治的階級說以起。而國家存在問題。至此發明一新理由。而現在政治上之階級爭鬬。與無產階級專政。皆由此而來。則此說在現在政治上。與政治思想上。其所佔地位之重要。可知也。故不能不詳細研究之。

馬克思在共產黨宣言第一章說。「一切過去社會的歷史。都是階級爭鬬的歷史。自由民與奴隸　貴族與平民。農主與農奴、產主與雇工　無非是壓迫階級與被壓迫階級。從古至今。彼此相立於反對的地位。繼續着明爭暗鬥。每次爭鬥之結果　不是社會全體革命的新建設告成。便是交戰的兩階級共倒」。馬氏又主張無產階級專政。謂資本主義的社會。必然要達到共產社會。其中過渡辦法。爲無產階級專政。乃是階級爭鬥必然之結

劉彥

果。不過此種辦法。是一時之過渡。其目的在達到取消一切階級。而創造自由平等的社會云云。由此看來。馬克思所主張之階級說。不但不是正面的說明國家强制權存在之理由。而並非正面的政治階級說。不過就經濟學說中。說明階級爭鬥。及無產階級專政而已矣。

政治的階級起源說。是始於德國經濟學者奧本海末爾 奧氏所著之國家論。（The State）將國家之發生。與國家之存在。（强制權）皆歸之於階級。其對於「國家發生始於階級」之理論曰。最初民族。是狩獵民。次進爲淺耕農。（未發明金器不能深耕之謂）次進爲遊牧民。在狩獵淺耕時代。人民僅能日餬其口而止。無私有財產。即無階級。即無國家之必要。及至於遊牧時代。其得水草豐美的地方牧畜者。牲畜因之繁盛。其不得水草豐美的地方牧畜者。牲畜因之減少。又加以生產技術之優劣。與工作之勤惰。各不相同。於是有產者與無產者之階級發生。有產者爲防無產者之爭奪。遂有組織機關以爲防禦無產者爭奪之必要。是爲國家原始發生之由來 云云。

其對於「國家存在」（强制權存在）亦始於階級，」之理論曰。人類取得財利之手段。有兩種。一爲經濟手段。一爲政治手段。依個人勞働之力而取得者。謂之經濟手段不依勞働之力。而另以政治手腕。無代價收奪他人勞力之結果。而取得者。謂之政治手段。此種政治手段。就是掠奪。社會上既有一種掠奪階級。當然有一種被掠奪階級。被掠奪階級。對於掠奪階級。當然有反抗之意。於是掠奪階級。爲防禦被掠奪階級反抗之故。乃組織掠奪機關。即是國家之强制組織。蓋用國家之權力。以壓迫被掠奪者。則被掠奪者。無反抗之餘地也。所以國家之强制組織。是爲掠奪階級。壓迫被掠奪階級之組織。云云。

自奧氏此種政治的階級起源說發明之後。現在之政治上。及政治思想上皆蒙重大之影響。而發生左記之兩大問題。

一，階級爭鬥。

二，無產階級專政。

第一項之階級爭鬥問題　自馬克思。在共產黨鄭重宣言　謂一部政治史。全是階級爭鬥史之後。其在今日。不但在思想界上佔最大之勢力。而且事實上已成世界之一大問題

劉彥

。即各國政治家皆腐心於消滅勞資爭鬥問題。而尙無辦法是也。蓋自工業革命之後。資本家之生產機關，由用人力變爲用機械力。而勞働者之生活。亦由少數人各自之手工業。變爲多數人之廠工業。集合多數工人於一處。於是工人團體得以成立。對於資本家之壓迫。便生抵抗之方法。此卽現在各國勞働界。與資本家，實際上階級爭鬥，所由來也。其爭鬥之方法。始爲罷工。繼爲廢工，繼爲怠工。罷工往往於工人自己不利。因罷工期間。難於得到薪酬。故後來想出廢工方法。廢工者仍在廠內工作。而任意毀壞機械。毀壞貨物。怠工者亦在廠工作。但不努力。一日可成之事。必待多日方成。總之皆是對於資本家之階級爭鬥。而爲現在各國政治家最難調解之問題。

第二項之無產階級專政。本爲馬克思創設之理想。他以爲打倒資本社會。達到共產社會之時。必有一種過渡辦法。就是無產階級專政。不料事實上到了一千九百十七年俄國革命之後。竟實行無產階級專政。據理論上講。俄國之無產階級專政。當然是打倒資本社會。達到共產社會爲目的。然而列寧（Nicolai Lenin）實行共產主義不久。卽改行新經濟政策。事實上不啻廢除共產主義。而實行小資本主義。與馬克思之理想。可謂相背而馳。又依邏輯上言，無產階級專政。當然對於從前之掠奪階級。加以報復。而對於非掠奪階級。應與以自由。然而蘇俄無產階級專政之後。其對於社會主義。與無政府主義之非無產階級者。雖同為革命伴侶。然不准其自由。凡言論，出版，集會，結社。不但與以嚴格之限制。而且施行恐怖手段以壓迫之。此類專制行為。是不是能夠達到馬克思「以無產階級專政，來創造自由平等的社會」之目的。殊為疑問。

要之現在蘇俄之無產階級專政。與現在世界各國流行之階級爭鬥。其原因雖由馬克思之學說而來。然奧本海末爾所倡道之階級起源說。大有力量。蓋既認國家為掠奪階級之機關。則階級爭鬥，與無產階級專政。皆為政治革命中應有之結果也。

階級起源說。其於現在政治上之影響。既如是之大。然而國家之強制組織。究竟是不是為掠奪階級之所創設？又是不是掠奪階級為便於壓迫被掠奪階級之原因而創設？換言之，國家究竟是不是如奧本海末爾所謂是掠奪階級之機關？以為吾人應當明白研究。而確實得之解答。乃能得此問題之根本解決。若吾人以左記之兩項事實說明。便足以證明奧氏主張國家是掠奪階級之機關。全非事實。

劉彥

七，以政治手段，大規模的奪取他人勞力所產之財力，在十八世紀工業革命以成，則有之。原始社會，不能有此現象。

二，由一個階級，組織國家。歷史上無證據。

就第二項歷史上無證據言之。則與民政治的階級起原說。雖然可以助長共產主義之威風並影響於最近政治上與政治思想上多大之變動。然而純屬於一偏之理想。而不合乎科學之原則。爲政治學上所不取。

就第一項原始社會之現象言之。雖不能謂其時無掠奪階級。與被掠奪階級。然而原始社會。產業既不發達。交通更不方便。機械毫未發明。掠奪階級。亦不能雄厚之資本開設工廠。招集多數工人。以奪取其勞力所致之財利。如近世資本家炸取勞工。剝奪勞工之比。則其時縱有掠奪階級。其掠奪者有限。被掠奪階級。其被掠奪者亦有限。既不至演成現在的階級的爭鬥。(勞資的階級爭鬥惟工業發達之國有之)則何至於單由掠奪階級組織國家之理。根據社會進化史。此等理論。殊不合乎邏輯也。且國家之發生。大抵在人民發達至於佔有一定地域之農業時代。爲保全一定地域與一般人民之生活安全。乃始有政治的組織。奧氏認國家爲遊牧民之掠奪階級所組織，亦與社會進化史之原則不合。要之奧氏承馬克思之學說。專注重十八世紀產業發達以後之現象。與有產無產之分野。遂推論到政治的起源。即國家之强制組織。亦爲有產階級之掠奪機關。以便鼓動階級爭鬥之思潮而已。其實國家之有强制權。與人民之服從國家。豈眞出於掠奪階級壓迫被掠奪階級之故哉。故其說當然爲吾人所不取。」

第三節　國家存在理由之結論

國家强制權存在之中心問題。在考究强制性的國家權力。所以與自由性的人格。不相衝突。而相調和之一點也。如上節所述神權說，强制權說，有機體說。階級說皆爲自由性之人格。絕對相衝突。實利說亦只重利益。而輕人格。契約說雖尊重個人自由意志。看重人格之價值。然而屬於理想上之觀念。而以歷史上之眞正事實。故國家强制權存在之眞正理由。不得不取各派之長。舍各派之短。而另求根據。玆將社會方面。與個人方面。皆有國家强制權存在之必要。說明於次。以爲此問題之解答。

第一　社會方面國家存在之必要

劉彥

生存競爭。爲生物界一般之法則。人類亦生物之一。不能超於此法則之外。關於人類之生存競爭有四種。

一，人類與他生物之競爭。

二，個人與個人之競爭。

三，階級與階級之競爭。

四，國家與國家之競爭。

第一種競爭。已成過去。已歸於人類勝利。不須深論。

第二種第三種之競爭。不但爲未有國家以前之社會所有。亦爲組成國家以後之人類所必有。所以此兩種競爭。一方爲國家發生之原因。一方爲國家存在之理由。原國家之發生。與國家之存在。二者本可混同。然而其間亦實有聯貫之關係。如國家之發生。原爲地域社會。欲完成此地域社會之生存發達。則對於其內部之個人。及其個人之集合體。必與以行爲之規定。以定各個人行爲之範圍。欲實行此規定。則不可無强制力，以爲後援。不如是 則不足以鎭壓乎妨害同生存之分子。且社會與他社會競爭時。尤感强制組織

之必要　其無制强組織之地域社會。（尚未成爲國家之社會）必招劣敗　故地域社會。勢力不能不變爲國家。此卽所謂第二種第三種之競爭。一方爲國家發生之原因也　惟國家業經組成之後。又無外部他社會之競爭時。此種强制組織。尚有必要乎。曰，是仍不可以已也。蓋人類爲生物之一。不但不能逃出生存競爭法則之外。而且實受其支配。在未組成國家以前。其競爭固烈。在既組成國家以後。其競爭依然如故。不過未開化以前。其競爭在於生存。既開化以後。其競爭在於生存之方法。方法愈研愈精。卽是競爭愈研愈精。非有强制力以維持之。不可以卽於和平。就是因人類天性。既受生存競爭之支配。斯人類社會。不能放任於自然。而有强制組織繼續存在之必要。所以國家者。是强制組織繼續的人類社會也。何況生存競爭。實足以促社會之發達。在原則上不但無熄滅人類競爭之辦法。而亦不可熄滅其競爭。不過對於競爭之形式。要期其改良而已。既要期其改良　非有國家繼續其强制組織。何能收效。所以縱然無外部他社會之競爭時。專爲對內部社會發達起見　亦不能不有强制組織之繼續存在。何況人類發達。地域相接。安有無外部他社會競爭之理。此所以國家强制權之繼續存在。非偶然的　而爲必然的也。

第四種之競爭。爲國與國之競爭。因地域的社會。日益接觸。於是競爭之勢。日益急激。其形式雖不常同，揆之今昔。國與國競爭之種類與方法。大抵有四。一爲武力競爭。二爲政治競爭。三爲經濟競爭。四爲文化競爭。此四種形式。雖因時代不同。畧有軒輊。然必謂某時代專屬於某種競爭，則不可。惟最初之競爭。以武力爲重。嗣則漸進於政治爲重。嗣則再進於經濟文化爲重。比較的經濟文化之競爭。爲較爲進步。然雖事經濟文化競爭。尤必以武力政治爲後盾。所以各國必擴張軍備。修明政治也。

欲謀國家間競爭之優勝。勢必先調和本國內部個人與個人，階級與階級之競爭。此爲一定之階程。不可躐等。苟不如此。一定劣敗。所以國家預防與他國競爭。不可不先於國內有强制組織。以調和個人與個人。階級與階級之競爭。此即爲國家强制權繼續存在之一大原因。

或謂國家之强制組織。既因對外競爭而起。然則世界大同之日。則强制組織。可以不用乎。曰，是仍不可以已也。縱無世界統一。無所謂對外競爭。然而社會內部之競爭。

無時或斷 社會中之强大團體。對於弱小團體。仍如國際關係之相凌。則爲緩和其競爭並處分其不正當之競爭者 仍然不可無强制組織也。

或謂現今社會所以有强制組織者。皆因私有財產制度之故。苟如社會主義，共產主義，所主張。廢私有財產制度。則强制組織。可以不用。而不知私有制度。縱全然銷滅之時。然人民之身體名譽自由等。猶不能犯罪之裁制。故此二主義不能行於世界。强制力固爲必要。即此二主義果行於世界。而强制力仍爲必要。蓋强制組織 實爲促進社會發達之大條件。社會主義，與共產主義，不過欲以別項手段。期社會之發達。而斷非反對社會之發達。則可知雖進於共產主義者所預期之時代。而强制權存在。仍爲必要也。

以上爲自社會方面觀察國家存在之理由。

第二 個人方面國家存在之必要

茲所言國家存在之必要者。乃從個人離開社會而觀察之也。個人生活於國家組織之下。偶然立於社會上不利之地位。往往歸責於國家。其設想以爲無國家以前。個人皆甚自由。自有國家以後。而個人之自由。悉被國家所限制。又以爲無國家以前 個人間皆平

劉彥

等。自有國家以後。貧富貴賤之各種階級。乃從此發生。此皆爲垢病國家者。以爲國家之强制組織，與自由性之人格相衝突之見解也。茲就個人方面之自由平等。與國家强制强權不相衝突　而相調和，之理由。說明於次。

就自由一點而言。在國家未組成以前，人類不受何種限制。實爲放蕩之自由。既是放蕩之自由。則弱者當然被强者壓迫。可以說强者有自由。弱者無自由。退一步言之。可以說强者之自由無限制。弱者之自由。無確定之範圍。蓋人類之强弱不齊。既無國家之裁制。則强者之自由，能日益擴張、弱者之自由。必日益縮小。一方侵害他人之自由。一方不能防禦他人侵害其自由。則社會之不平等。自然日甚一日　縱令有宗教道德輿論之裁制　然其保障力甚微。强者對於此種無實力之裁制。毫無畏忌。當然可以肆其爲所欲爲。彼多數弱者。由此將永立於被壓迫之地位。毫無確實之自由矣　自有强制組織之國家以後　則不然。（暴君專制之國不在此例）蓋國家之强制權　其對於個人之自由。加以限制者　其目的非破壞自由。而在保護自由。因爲限制個人之自由。即所以保護他之多數者之自由也　於是個人自由之範圍。雖因之而狹。然而於所規定之範圍以內，則實增其確定之度。是則自由之受多少限制者。固可忍也。因此限制之結果。不但使多數弱者。能維持一定之自由。而不永受强者之侵害。即强者亦因此能保持一定之地位。而不致枉遭傾陷之虞。蓋强者之活動。易招壓迫弱者之嫌疑。而恒蒙弱者聯合反抗。致遭不正當之打擊。有國家之强制組織。此等弊害。即可調和。因强者之自由範圍。亦有確定。其範圍內之活動。即爲合法行爲。國家因應個人與社會發達之必要。不得不盡維持之責。因此强者與弱者。各依秩叙。不越自由之範圍。而得享適法之自由。此即個人方面之自由權　與國家强制權不相衝突。而相調合也。

就平等一點而言。在國家未組成以前。人類果否平等。殊爲疑問。因爲人類不平等之關係。實根於個人智愚强弱境遇不同各關係而來。在未有國家以前。此種不平等之實現。早已具在　國家組織以後。治者與被治者之階級　雖由此出生。然而此種不平等。亦根於社會之不平等而來。如社會中本有特殊地位。國家乃從而護持之。人民本有參政權之階級。國家乃從而保存之。是已。若謂不平等由國家而來。自以根本之論。假令現在取消國家之强制組織　其社會上各種不平等關係。即從此消滅乎。不但不能　而日不平

劉彥

等情形。必日益加甚。蓋人類之天賦。既有智愚强弱賢不肖之分。又不能逃出生存競爭之例。則優勝劣敗。出自天演。不平等情形。何能消滅。故未有國家以前。其强者抑制弱者之橫暴。必甚於既有國家以後。爲毫無疑義。國家組織以後。雖不能使社會盡躋於平等。然因應個人與社會發達之必要。有時一方扶助賢智。一方矯正愚不肖。觀其表面似以政治上之作用。而助長社會之不平等。然其精神。實爲調和不平等之關係。而使其近於平等也。近世國家。法律上皆規定人民平等。無論公法上私法上之權利。貴族與平民。亦皆同等。雖其間對於貴族。容或間有特別規定。其自一方觀之。似國家對於貴族平民。尚有不平等之待遇。而自他方觀之。則爲國家制限社會之不平等。而使之漸進於平等也。此爲人民平等。與國家强制權不相衝突而相調和之實證。

要之國家存在問題。自社會方面與個人方面言之。皆有存在之必要。即國家之所以有强制權者。是基於人民公共幸福之增高。人格之向上發達。與自由平等之保護維持。換言之。欲完成地域。社會之生存發達。非有强制權不爲功。所以强制性之國家權力。其與自由性之人格。不但無衝突。而且爲必要不可缺之條件。若將來文明進步。人類之道德愈高。則國家可以減少其强制之範圍。而更擴張其自由性之人格。將使法律與自由。合爲一物。是爲國家與個人達到圓滿調和之境。

第七章　國家之目的及國權之範圍

第一節　國家之目的

國家存在之理由。出於人類共同生活之必要。既如上章所述。然則國家爲應人類之必要，將向如何目標活動乎。國家之目的。即此目標之謂也。目標者所以定運動之方向。及到著之點也。故此節所講國家目的之意義。是指國家運動之方向。及其希望之到著點而言。蓋國家經營事業之範圍。依其所定目標而進行。換言之。國家職權之範圍。依國家之目的而定。所以於討論國家職權範圍之前。應先討論國家之目的。

國家之目的。爲自古迄今政治學上之重大問題。蓋國家職權（即强制權）之大小。當然依國家之目的爲轉移。國家之目的大。則國家之職權亦大。國家之目的小。則國家之職權亦小。換言之。國家强制權之範圍。依國家之目的而定。因此國家之目的一問題。今昔學者之主張。殊不一致。嫌國家職權太大時。則主張國家之目的應小。嫌國家之職

劉彥

權過小時。則主張國家之目的應大。所以學說甚多。爭點亦大。其在古時。或以爲國家之目的。在實行神之命令。或以爲專在統治者與統治權之維持。此皆出於古代之見解。至於近世。關於國家目的之主張。大致別之。可分兩派。一爲積極說。一爲消極說

第一積極說　此說在從前認人類以國家爲目的之時。不認個人有人格。國家無事不可爲。個人則無目的之可言。蓋不認國家是人民之所創設。而却認人民是爲國家而生。故主張國家之目的。廣漠無限　不但不承認人民有自由權。而且對於人民之日常生活。亦置諸國家監視之下。蓋以爲人民離開國家。便不能生存也。至十八世紀之學者。其對於國家目的之積極說　雖不如是之甚。然認國家爲萬能。以國家之全體爲單位。而輕視分子。則不過比前者有輕重之別耳。如近世英國學者邊沁（Btntham）其所倡實利主義。即此說之代表也。氏謂國家之目的。在增進國民一般之幸福。伯倫智理亦主張國家以公共幸福爲目的。但是幸福之內容爲何。界說若何。則無一定之解釋。其流弊不啻主張國家之目的無限制。凡認爲增進人民之幸福者　國家皆可爲之。故此說之優點雖多。然其害處。使政府利用此名義。而行不正當之干涉。不獨君主專制國爲然　即共和國亦如之

、如法國大革命後 一七九三年之憲法。明載以增進人民之幸福爲目的 然其後共和政府、緣此名義。濫用權加以干涉人民之自由。是其證也。

第二消極說 此說以縮小國家之目的爲主旨。與積極說針鋒相反。積極說以國家之目的無限制。凡認爲增進人民之幸福者。國家皆可爲之。消極說則主張國家之目的有限制。除一部份爲國所當爲之事外。其他各事。國家皆不可爲。而當讓人民爲之。此說有種種派別。如個人主義、放任主義。法律維持說。私權維持說。皆是。其歸宿點。皆以國家不過爲社會團體之一種。凡一般人民利益之事。不必全歸國家擔任。倘有宗敎慈善各團體，可以擔任之。至國家所當擔任者 不過維持法律之效力而已矣。蓋對於積極說之重視國家。輕視分子。根本反對之、而換之。以重視分子。輕視國家之本身也、英儒陸克。即此說之代表者。氏謂國家之目的。當在保護個人之生命財產自由 除此以外。皆非國家之目的 德儒韓鮑德曰。國民自已不能做之事 （反抗外敵）纔是國家應做的事。斯密亞丹倡經濟個人主義。主張國家對於經濟事項 不得干涉。殊得勢力 英儒斯賓塞爾。著「個人對於國家」一書。其中論「將來之奴隸」一章說。「國家爲個人而存在

劉彥

國家之目的。當爲保護個人之生命財產自由。如現今國家。往往干涉人民。勢必驅人民盡爲奴隸而後已」。

以上兩派。對於國家目的之主張。根本相反。亦互有錯誤。在極端之積極論者。認國家之目的。專以國家自身之存在爲目的。而不以個人之存在爲目的。不過視個人爲達到國家目的之工具而已矣。在極端之消極論者。認國家之目的。專以個人存在爲目的。而不以國家之存在爲目的。不過視國家爲達到個人目的之工具而已矣。積極說之錯誤。在視個人離開國家無獨立之生命。消極說之錯誤。在視國家與個人爲分離之二物。其實國家與個人。各有其人格。各有其獨立性。而在相互關係上。則不能分爲二物。如國家對於個人。雖有支配之權利。然同時對於個人。亦有發展之義務。又個人對於國家。雖有服從之義務。然同時對於國家。亦有享受之權利。兩者之相互關係間。既各有權利義務之限度。則不能視一方爲全然之目的。視他方爲全然之手段。故該二派之主張。皆不能視爲國家目的之正論。

此外之學說尙多。其中有可視爲對於積極說消極說間之調停案者。卽對於國家之目的一方顧全國家本身發展之目的。又一方顧全個人發展之目的。如德國學者浩遵道夫（Holtzendorff）分國家之實在目的爲三項。（一）發展國力。（二）保持個人自由。（三）鼓勵人類之文明。其第一項卽是顧全國家本身之目的。其第二項卽是顧全個人之目的也。

伯倫智理。原主張以公共幸福爲國家之目的者。然氏又分國家之目的爲二。（一）直接之目的。（二）間接之目的。氏謂直接之目的。關係國家本身之生存。包括發展國力。及完成國家的生活在內。間接之目的。關係個人。包括個人自由與安全在內。

哲柏士（Burgess）分國家之目的爲三步。謂第一步目的。是建設政府與自由。第二步目的。是完成國民性。發展國民的天才。及國民的生活。第三步目的。是完成人性。發展世界文明。並建築道德生活的世界。

吾人匯觀諸家之學說。並參證近世各進步國家政治上之事蹟。對於國家之目的。可以得左記各點之結論。

一，國家之初步目的。對內保全和平統一。對外保全獨立平等。

劉彥

二，國家之第二步目的。建設保障民權。與確定民權範圍之法律。在此範圍內。無論個人團體國家。皆不得侵犯之。

三，國家之第三步目的。在超過個人的需要。注意到社會集團的需要。換言之。要注意到人羣公共的幸福。因爲人羣公共幸福。以單由個人或普通社會所能做到。須由國家負此責任。以完成國家的生活。

四，國家之最後目的。在鼓勵人類之文明。蓋國於世界。不可孤立。故國家一方謀本國人類之幸福。又須一方謀世界人類之進步。雖國家之强制權。不能及於本國以以外。然國家之最終目的。應以人類之文明爲範圍。

以上各點。爲國家目的之結辯

第二節　國家職權之範圍

所謂國家之職權。即是國家之職務。有時亦簡稱國權。相場合而適用其名稱耳。原國家之職權。與國家之目的相表裏。目的在何處。藉職權以赴之。所以國家之職權。即是達到國家目的之工具也。國家之目的。既如前章之結論所述。則國家之職權。大概應有左記之四項。

一，有設置武力及應用武力之權。

二，有製定法律及維持法律之權。

三，有促成個人身心發展之職務。

四，有促成社會文化進步之職務。

右四項職權。爲緣於上章結論之目的而來。而徵之近世進步各國家實施之政治。亦大致不出此四項範圍之外。惟此四項職權。以與國家之發生。同時具有。而實有先後產生之別。如第一項武力之權。與第二項法律之權。實與國家之發生同時產出。而亦與國家之存在。及國家之發達。相與終始。至第三項促成個人發展。與第四項促成社會進步之職務。則非與國家之發生。同時產出。而是在國家之權力。確已樹立。且國家業已進步之後。乃能計及之。故此四項職權。可稱前二項。爲國家發生以來之職權。後二項爲國家發達以後之職權。至各職權之情形分別說明於次。

一，法律權　原國家之强制權。卽法律權與武力權也。此二權爲普通社會所不能有

劉彥

。惟國家獨有之。卽國家之特殊性。之結晶點也。蓋無法律則不能認爲國家之成立。無武力則不能維持法律之有效。所謂法律者。非僅個人間行爲之規律。如所謂民法刑法商法等類而止。凡國家機關之組織。如元首之產生。國會之成立。國務員之組織。或三權鼎足。或議會政治。或君主專制。或民主共和。以及中央行政權之範圍。地方行政權之範圍。暨其他一切官制官規等類。皆法律也。此等法律。皆由國家本身之所制定。亦爲國家成立之特徵。故曰無法律不能爲國家之成立也。不過在始期之國。與文化未開之國。雖有此權。而不知使用。一切法律。非常簡畧。而在文化既開之國。如近代之國家。則行使法律權，非常嚴密。一切政治。皆根據於法律。而爲法治之國家。尤其憲法。總國家組織之根本大法。亦爲人民對於國家權利義務之契約書。爲從前國家所不有。爲現代國家所必有。如憲法尙未制定。卽爲未安固之國家。憲法業經制定。卽爲已安固之國家。所以最近如蘇俄革命。德國革命。以及其他新成立之國家。無不於最短期間。制定憲法。以謀國家之根本安固也。及之如中國自民國元年以至於今日。尙無制定憲法之希望。所以紛亂不息。國家日陷於危險狀態也。總之法律權爲國家一切政治之所自出。亦與國家相終始。為國家最重要之職權也。

二，武力權　武力權與法律權為同等重要。亦與國家發生同時而來。尤其強制組織。實以武力為根本。當國家之始期。文化未開。人民不慣國家之組織。易生破裂之虞。非有武力。不但外之不能防禦他國之侵陵。卽內之亦不能鎮壓分子之反動。故在國家成立之始。或文化未開之國。或紛亂之國。殆以武力為惟一之職權。法律權尚不暇計及之。惟在文化既開之國。則法律權與武力權並重。但亦有對內對外之分別。卽對外之關係。力為重。法次之，如國際紛爭。雖恃有公法。然至破裂。則必訴諸武力。對內之關係。法為重。力次之。如維持內政。皆依國法。至法所不及，而後用武力。所以武力權雖不常用。然為國家安危與和平統一與否之所攸關。

三，發達個人身心之職務。　完成個人身心發達之職務。非國家發生始期所能談到。亦非文化未開之國所能辦到。譬如中世紀以前之國家。不認個人有人格。尚何承認個人對於國家有權利之可言。既不認個人有權利。更何承認國家對於個人有完成其身心發達之職務。所以此一項職務。在文化未開之國家。不但不能行此職務。亦不知有此職務。

劉彥

近代之國家則不然。蓋自民權說發達以來。認國家爲人民而組織消極說者且主張國家除保障個人之生命財產自由等等而外。別無目的。自此以後。完成個人身心之發達。遂成爲國家最重要之職務。如現代各國之憲法。無不將人民之權利。規定於憲法之內。以以示神聖不可侵犯。是其一般也。舉其大畧言之。此種權利。約分兩種。一爲個人的自自由權。一爲政治的平等權。所謂個人的自由權者。如身體自由權。法律上平等權。財產保護權。信仰自由權。言論。著作。集會。結社。居住。我業。通信。各自由權是。其屬於政治的平等權者。如選舉權。被選舉權。參與立法權。從事公職權。複決權。罷官權等類。或規定於憲法。或規定於與憲法有同等效力之特別法。以示不得侵犯。凡此之類。皆近代國家。認爲欲完成個人身心之發達。非由憲法上賦與個人以此種權利則不足以盡完成個人身心發達之職務也。

然而徒然在憲法上規定個人此種權利，便足以圓滿的發達。個人之身心乎。便足以完成國家之此項職務乎。殊不盡然。所謂完成個人身心之發達者。指全國一般人而言。非指何階級之個人而言。如上所述憲法上規定之各權利，大致惟中產階級以上之人。能享受之。若中產階級以下。乃至於無產階級之人。其於憲法上此種權利。殆不發生何等關係。國家若認爲憲法上。賦與個人此種權利。便是達到國家完成個人身心發達之職務。殊有未當。譬如言論自由。著述自由。是豈不讀書不受相當教育之人所能享此權利乎。欲受相當教育。豈貧家子弟所能企望乎。國家若不行强迫教育。若不使全國未成年之男女。均予以受普通教育之權利。若不於各市區各鄉村普設圖書館及各種初中學校。則無產階級之人民。既無知識。又不識字。從何處享起憲法上之言論自由。及思想自由權乎。

又譬如私有財產權之保護。亦僅使有產階級得享受憲法上權利而止。其於無產階級。有何關係。同是國家之人民。有的資本已豐。財上加財。利上生利。投機剝奪。不勞而富。有的少年公子。驕奢淫佚。坐享祖父之遺產。不事正業。而受憲法之保護。反之無產者終日勞動。終年勞動。終身勞動。而不能足仰事俯蓄之資。甚至於衣食而不給。更有衰老殘疾。鰥寡孤獨之倫。既無餘資可以度日。又不能勞工以營生。有時飢寒交迫。坐以待死。在不平等之社會中。此種現象●何國無之。若國家對只於有財產者保護之

劉彥

而對於無財產者。則不思所以給足之。其於完成個人身心發達之職務。何啻相背而馳也。

又如選舉權。被選舉權。參與立法權等本爲憲法上予個人以政治上之平等權也。然亦爲中節階級以上之人。乃能享受之 其中產階級以下者 事實上不能享受此種權也。縱實行普選 然無論如何。莫不爲有勢力者有資財者之所操縱。所以此種憲法。亦不過爲中產階級之憲法而止。國家若不注意到人民之經濟平等權。事實上使人民之經濟。漸趨於平等。則政治上之平等權。終無希望 雖憲法上爲此規定。亦不過完成中產階級以上之政治而已。不足以語於完成個人身心發達之職務。自不待論。

由此看來。國家僅在憲法上規定上述個人之自由權。與其政治平等權 而不別謀設施。其於完成個人身心發達之職務。相距尚遠。孟子曰。「鰥寡孤獨四者」爲天下之窮民而無告者。文王發政施仁。必先斯四者」。又曰「若民則無恒產。因無恒心。苟無恒心。放辟邪侈。無所不爲。及陷於罪。然後從而刑之。是罔民也。焉有仁人在位。罔民而可爲也。是故明君制民之產。必使仰足以事父母 俯足以畜妻子 樂歲終身飽 凶年免於死亡。於後驅而之善。故民之從之也輕。」此等政論、不啻對於國家完成個人身心發達之職務。爲澈底之說明。至馬克思則比孟子之主張更進一步。謂、財富是勞力之創造品。則凡是勞動者之生產。應該完全歸勞動者自己享用」。此爲馬克思打倒資本階級。抬高勞工階級之共產論。亦爲勞工專政之基本論。此等主張 蓋對於十七十八世紀以來，各國之憲法。只爲中產階級之憲法。各國之政治，只爲中產階級之政治。而與無產階級不相干 乃謀根本之革命、使憲法變爲無產階級之憲法。使政治變爲無產階級之政治也。此種極端之主張。未免將國家完成個人身心發達之職務。偏重於無產之一級。而不承認中產階級以上之人格，故爲各國所不取。然而國家如果欲實際的完成個人身心之發達。並欲圓滿的完戍此項職務。則縱不共產。却不可不確定政策。以謀人民經濟之平等。不然、則萬萬不能完成此項職務也、唯欲謀人民之經濟平等。則其最低限度。不可不先實行下記之數事。（一）限制資本法。（二）限制遺產法。（三）衰老殘廢救濟法（四）鰥寡孤獨扶助法。（五）失業勞動者之救濟。（六）失學幼童之教育、凡此諸項、及其他類此事項．皆爲國家完成個人身心發達最低限度之職務、而當不足語於人民之經

劉彥

濟平等也。必人民經濟平等。庶乎憲法上之個人自由權。與政治的平等權。乃爲一般人所能享受。而不偏枯於何階級。換言之。即是國家完成個人身心之發達。不偏枯於何階級。然而現在各國。其能圓滿的完成此項職務。尙不多覯。蘇俄之共產主義。其出發點雖由於此。然失之過激。孫中山之平均地權。或者爲達到人民經濟平等之一法乎。

四，促成社會文化進步之職務。個人發達。爲國家發達之基礎。社會進步。爲國進步之主因。國家之一切活動。皆根據此兩項原則出發。所以促成社會文化進步之職務。實與促成個人身心之發達。同等幷重。在十八世紀與十九世紀歐洲之個人主義派。認國家之職權。僅在對外抗禦強敵。對內完成警察之職權而止。若國家涉及社會事業。如公共教育。公共衛生。公共娛樂。公共運輸等。則認爲是侵犯人民之權利。而超越國家職權之外。反之社會主義派。則主張一切社會事業。全歸國家辦理。尤其經濟事業。如土地，資本，生產，交易，運輸等事。概由國家經營。而廢除私人管理。幷廢除私有財產 將國家化爲一國財物之物主。而擴大其職權於社會事業。但亦有區別。凡一切重要的生產機關。以及重要的鐵路，礦山，運河，電報，郵政。與特種交通運送之器具。

一概歸爲國有。至地方的鐵路，自來水，電燈，煤氣燈。與別種公用器具。則一概歸爲地方公有。甚至於無產階級之衣食住。及其耕地教育娛樂等事。無不歸於國家之職權。此社會主義派，與個人主義派，其對於國家與社會事業。根本不同之主張也。

近代國家。對於個人主義派之主張。早已認爲不合現在時宜。而對於社會主義派之主張。則漸多採納而施行。蓋自製造業發達以來。人民多集中於城市。協同的生產。與同業的組合。日益增多。於是公共的需要亦多。此等公共需要。非個人所能辦到。亦不應歸資本團體之所壟斷。必由國家經營之爲最適宜。所以現在各國之鐵路國有。礦山國有。郵政國有。電報國有。銀行國有。又火藥國營。槍砲國營。烟酒國營。又城市之間。自來水，電燈，電話，馬路，學校，圖書館，博物院，植物園，公園，浴堂，運動場，戲院，貧民救濟院，失業介紹所，强迫種痘所，之類。無不收歸國有公有。以應人民公共之需要。是即國家認爲促成社會進化必要之職務。而爲之。以完成國家的生活耳。蓋社會進化。然後國家進化。社會繁榮。然後國家繁榮。此所以現代國家。依社會主義派之主張。而擴張國權於社會文化事業也。

劉彥

抑社會文化。不僅指國內之社會而言。兼含人類文化之意義在內。今日世界交通。國家之究竟目的。既以人類爲範圍。則促成社會文化進步之職責。自當以人類爲歸宿。近來文明各國。其政治之趨嚮。已潮着人類文化之方面而來。其業經貢獻者。已不少。中國之大同思想。亦屬此旨。惟國內社會之文化。尙未能促成其進步。則無以語於人類文化。國內社會之文化。若業已促成其進步。則其結果。自然影響於人類文化。幷以舍己之田而耘人之田者也。

第八章 國家之統治制度

國家之統治制度。卽是政府之如何組織。換言之。卽是政權之如何行使。關於此問題。就近世之立憲國家而論。其統治組織之制度。得用兩語以包括之。一爲政權之分立。二爲政權之分配。

所謂政權之分立者。原國家政權之行使。完全是一個「法律」問題。但是法律如何制定。如何執行。如何判定其意義。則不可不分別行之。孟德斯鳩之言曰。

假使立法權與行政權。握在一人或一個團體手中。則無政治的自由可言。因爲君主或元老院。可以制定專制的法律。幷用專橫手段去執行的原故。

假使司法權與立法權行政權不分。也無政治的自由可言。因爲司法權與立法權合併。則裁判者即是立法者。人民之生命與自由。定要受其壓迫。若司法權與行政權合併。則裁判官一定要專橫。

自孟氏發揮三權分立說之後。此種見解。風靡於歐美兩洲。法國革命之憲法。與美國之聯邦憲法。各邦憲法。無不一致採用分權之原則。迄今爲一般立憲國之共同軌道。殆無三權不分設機關之國家。是爲現代國家統治制度之第一大原則。

所謂政權之分配者。則因中央政府之權力。不能普及於全國之各地方。各地方應有之一切行政。與其由中央政府鞭長莫及。不若委任地方機關行使之爲愈。此爲政權之分配。蓋國家之主權雖惟一不可分。而國家之統治機關。則萬不可不分。但是此種地方行政權之分配。與上述之三權分立。絕不相同。因三權分立。是鼎足平等而立。相互成爲中央之統治機關。至政權之分配。則完全由中央政府之所賦與。或依憲法上規定之所賦與。而隸屬於中央政府之下者也。此爲現代國家統治制度之第二大原則。

劉彥

合上述之兩大原則觀之。可知政府之本體。是爲立法行政司法三個機關之中央政府，與其他之地方政府，混合而成。以分別行使國家之政權。此即是國家之統治制度。至於制憲會，選民團，雖然也是政府之一部分。但非日日設置之機關。亦非日日有職權之行使。茲特將政權分立，與政權分配，另節詳述於次。

第一節　政權分立

政權三分之學說。創始於政治學鼻祖亞里士多德。而其行使三種政權機關之三分。實始於孟德斯鳩之三權分立說。孟氏在一七四八年所著之「法意」（L,Esprit des Lois）說。

各種政府。皆有三種權力。爲立法權，行政權，司法權。

君主或執政者。用第一種權力。制定暫時的或永久的法律。又修改或廢止已有的法律。用第二種權力。宣戰媾和。接受外國公使。保障國內公安。設備國界防禦。用第三種權力。處罰罪人。判決訟爭。

如果此三種權力。同在一個人，或一個階級，或一個團體手中。則人人不能相安。也無政治自由之可說。

孟氏此種三權分立說。在十八世紀。實成爲歐美政治家之信條。法國之革命憲法。固然注重此種分權之原理。美國之聯邦及各邦憲法。尤其建築在此種觀念之上。蓋以爲三種政權。必由三個機關。分別行使。纔可以藉著互相監督。與互相牽制之作用。以保障人民之自由也。一九八〇年美國馬沙諸些（Massachusetts）邦之憲法上。規定「立法部不得行使行政權。或司法權。行政部不得行使立法權或司法權。司法部不得行使立法權或行政權。」美國中央政府之行政官。不能同時爲議會之議員。大總統及國務總理均不得出席於國會。國務總理之進退。亦不受議會信任不信任之影響。即是嚴格的三權分立之制度也。其他立憲國家。雖不盡如美國之三權嚴格的分立。然皆多少取一點三權分立主義。即如我國，民國元年所定之臨時約法。其第四條之規定曰。「中華民國以參議院臨時大總統國務員法院行使其統治權。」第十六條之規定曰。「中華民國之立法權。以參議院行之。」又現在國民政府。雖取五權分立制度。然立法院行政院司法院之三機關。首先組成。

劉彥

但是此三種政權之分立。事實上與孟德斯鳩之學說上。多不相同。孟氏僅將議會認爲只是制定法律之機關。而現在立憲各國之事實上。則議會不僅爲立法機關。如美法等國之議會。有判定議員資格之權。有彈劾官吏之權。英國議會。且有做上訴最高法院之權。此當然是立法機關，得行使司法權之證據。而英法等國之議會。常有自己執行議案之時。則又是立法機關。得行使行政權之證據。又孟氏僅認行政機關。只得執行政務。然現在立憲各國之行政機關。有宣告特赦之權。有宣告免刑，減刑，復權，之權。且有判斷行政訴訟之權。此當然是行政機關。得行使司法權之證據。而在內閣制之國家。政府常自行預備法案。則又是行政機關。得涉及立法權之證據。至於司法機關。孟氏僅認其有審判罪人之權。然現在各立憲國。如美國之司法機關。有解釋法律之權。有對於議會通過之法律。宣告不合憲法條文爲無效之權。此當然是司法機關。得行使立法權之證據。而英美等國之司法機關。有發出誡令。保障人民權利，禁止對方侵略之權。則又是司法機關。得行使行政權之證據。由此看來。現在立憲各國之三權分立。並不是嚴格之分立。不過立法機關所行使之政權。多半屬於立法方面之政權。行政機關所行使之政權。多半屬於行政方面之政權。司法機關所行使之政權、多半屬於司法方面之政權而止耳。蓋政府之職務、絕不能按性質以分類。有雖屬於立法之事務、然爲執行便利起見、不得不委託於行政部或司法部爲之。其他二部之事亦相同。此是從政治經驗上證明極端分權不可能之結果耳。

又依各國之通例、司法機關之權力。除美國而外、皆非常薄弱、殆不足與行政機關立法機關、等量齊觀。所以現代各憲國政府之根本組織。大都是由立法部與行政部之兩個機關。共同佔其勢力。並且因政治之有效。與方便起見。此兩個機關。在形式上雖然維持獨立之組織、而在實際上多融成一片。而不可分開。由此兩機關發生彼此附屬之關係與否。又演出種種不同之政治制度。其最主要者有三。一爲總統制。一爲內閣制。一爲行政委員制。

第一　總統制

總統制，就是立法權與行政權絕對分立之制度。換言之。立法機關與行政機關絕對不發生彼此附屬之關係。此制度創始於北美合衆國。而通行於美洲各共和國。美國聯邦憲法有一條規定曰。「立法權以合衆國議會行使之。」又一條規定曰。「行政權由總統行使之。」此卽是立法行政兩權嚴格分立之根據。在此種制度之下。立法機關，與行政機關。各爲獨立之組織。各有同等之身分。各得行使法定範圍以內之權力。彼此旣不能相侵。亦不能融成一片。大總統由人民直接選舉。而不由立法機關選舉。其任期由憲法或習慣法規定。而不受立法機關之支配。總統對於人民直接負責。而不對議會負責。國務員由總統任命罷免。對於總統負個人行政上之責任。與議會信任不信任，不相干係。議會之召集時日。由憲法或特種法律規定之。除特別會議外總統無召集議會之權。亦無解散議會之權。亦無正式對議會提出法案之權。議會與行政部有所接洽。大半由內閣經手。然內閣閣員。不啻總統之秘書。無出席議會之權。亦無對議會提案之權。不過依議會之請求。可以出席於國會中之各委員會。呈繳各種表册。與施政報告書而止。雖有時關於行政上之方案。總統與內閣。可以與議會共同商議。擬定草案。然內閣不是議會之附屬品。而總統之權力。實際上能駕馭國會。且有否決議會業經通過法律案之權。譬如美國，自華盛頓至盧斯福時代。其否決議會通過之法律案。至二百七十六件之多。凡此種事實。皆由於立法機關，與行政機關。各自嚴格的獨立之結果　而非行政機關附屬於立法機關之制度。所能發見之事。所以謂之總統制。或亦稱爲非議會制。

第二　內閣制

內閣制與總統制相反。行政權完全在議會支配之下。故亦名議會政治制。此制爲英國之所固有　英國人有恒言曰。「行政部是立法部之附屬品。」又英儒白芝浩，爲擁護內閣制之健將。其言曰。「內閣者富於綴系性之委員會也。此委員會。如連字符。連立法部於行政部　如扣衣帶。扣立法部於行政部。」在此種制度之下。內閣閣員。一方爲行政部之長官。一方爲議會多數黨之領袖。凡行政與立法兩方面之大權。皆集中於此幾個閣員之手。其在議會時。則提出一切重要議案。決定政府之政策。其入內閣時。則執行自已在議會制定之法律。與其決定之政策　閣員即是議會之議員。行政長官。即是議會之黨魁。不過議員入閣。即須辭去議席。間有閣員之非議員者。亦得出席議會。有發言權　因此使行政機關與立法機關融成一片。而不可以分開。至閣員之任期完全以議會多數黨之信任爲限　換言之。是對於議會負其責任。蓋如果爲議會所不信任。或否決其

劉彥

所提出之政策、則須負連帶責任。全體辭職、不然，則須解散議會。訴諸選民公決。然新選議會、若反對黨仍佔多數。內閣須即時辭職。而由新議會之反對黨組閣。此種制度已非行政權與立法權分立制度、而實爲立法機關獨攬政權之制度、內閣不過是議會一個行政委員會而已耳、此爲英國之內閣制度。

模倣英國內閣制之國家甚多。如法蘭西，德意志，比利時，伊大利，荷蘭，瑞典，諾威，丹麥，羅馬尼亞，以及英屬殖民地、如加拿大，澳大利亞，皆是也。雖其運用。稍有不同、然其精神、無甚差別。

法國倣效英國、亦採取內閣制。總統由國會兩院聯合選舉之如立憲國之君主、無實權。亦不負責任。一切行政事務。由內閣主持、代負其責任、國務總理，與各部總長，除海陸軍總長外、多爲國會議員、而由總統任命之。惟議員被任爲閣員後、即須辭去議席依憲法上之規定。內閣對於國會負責。如果下議院表示不信任時。其關於閣員全體之責任、須全體辭職、其關於閣員個人之責任。則個人辭職。閣員除陸軍總長外、皆可以出席國會及發言。大總統對於國會。雖有解散下議院之權，然須得上議院之同意、故議會之權力甚大。而解散權殆等於零。此爲法國內閣容易推翻之之一大原因。兼之法國政黨林立。國會中無惟一之大黨。此點與英國完全相反。故其內閣不能由一黨組織。而由各小黨之所分據。各小黨集散無常。一旦反睦。內閣卽行瓦解。所以法國內閣之命運。平均總不過數月而止。其予政治上不良之影響甚大。

德國自大戰失敗之後。由聯邦君主政治。改行聯邦共和政治。總統由人民直接選舉。國務總理。由總統任命罷免。國務員由總理推薦。再由總統加以任命。罷免亦由總統得總理之同意行之。總理在大政方針上。對下議院負責任。國務員在主管部務上。對下議院負責任。下議院表示不信任時。其對總理。則總理須辭職。其對某國務員。則某國務員須辭職。故其內閣對於國會所負之責任。不是連帶的。而是個人的。又閣員一方爲行政部之長官。又一方得爲上議院。各委會之主席。不特有發言權。且有表決權。又有出席於下議院之權。此可見德國內閣，在上議院有極大之勢力。並且總統有單獨解散下議院之權。而不須得上議院之同意。所以德國行政機關之權力。遠超過於立法機關之權力。此種制度。逈異於英法之內閣制。殆近於少量之總統制矣。

劉彥

比利時之內閣制。殆完全倣照英國制度爲之。然君主對於內閣之權力甚强大。其進退閣員。比英國君主。更能自由。但閣員須取之於下議院之議員。且係政黨之領袖。而不可隨意任命此種範圍以外之人。若不管部閣員。雖可於議會外。羅致政治界之有力者爲之。然亦有出席議會發言之權。

日本之內閣制。以依憲法而來。實依實際上之慣例所發達。日本憲法中。僅有第五十五條規定「國務各大臣、輔弼天皇。而任其責」。之一語。根據慣例。國務總理，負保持行政各部統一之責。而與全部閣員。助理天皇。天皇命令。須由國務員副署、并代負其一切責任。但是在事實上。國務員並不對於天皇負責任、因爲天皇神聖。於政治上無重大關係。又不對於議會負責任。因爲議會無推倒內閣之權力。又不對於國務總理負責任。因爲國務員不是單由總理之所選擇。而由元老決定、呈請天皇任命。且內閣閣員。皆是貴族之代表。并不是議會中多數黨之領袖　下議院議員　殊不容易得到入閣之機會。而閣員有出席於兩院及發言之權利。此種制度。是一種貴族內閣制。亦是一種專制內閣制。下議院所表人民之公意。殊不容易影響於內閣之政策。換言之。內閣閣員。非下議院所能節制得到。下院議對於內閣之武器。只有消極的不協贊政府所提之預算案與法律案之一法。然解散下議院之權。雖操於天皇。而不異操之於內閣。因內閣奏請解散下議院。殆如影隨形也。

我國自民國成立。亦取內閣制。在臨時約法時代。立法機關之勢力。遙駕於行政機關之上。臨時大總統須由國會選舉。國務總理，及國務員，雖由大總統任命。然須得參議院之同意。參議院又有彈劾國務員之權。而政府無解散國會之權。民國十三年制定之憲法。其所定內閣制。與臨時約法。略有不同。行政大權由大總統以國務員之贊襄行之。所謂贊襄。含有實質與形式之兩種意義。就實質上說。一切政務。均取決於國務員。就形式上說。大總統所發布之命令。及其他關係政務之一切文言。皆須由國務員全體副署。方生效力。而國務員對於衆議院負其責任。國務總理之任命。須經衆議院之同意。國務員則由總理推薦。大總統任命。不再由衆議院同意。亦不必選之於議會。國務員對於衆議院負責任。衆議院對於國務員議決不信任案時。大總統非免國務員之職。卽解散衆議院。但解散衆議院。須得參議院之同意。此種制度。大致與法國之內閣制相近似。

劉彥

。加拿大亦倣行母國之內閣制。其行政權。由加拿大總督主持之。總督由英王任命罷免。任期無定。總督之下有樞密院。憲法上稱爲「女王的加拿大樞密院」即係加拿大之內閣。其閣員由總督任命。人數無限制。但必由議會中選出。總督之行政權。除有特別規定者外。皆由樞密院行使。而對議會負責任。必得議會之信任而後可。但總督有解散議會之權。

澳大地亞之聯邦政治。亦倣效母國之內閣制。行政權由英王任命之總督統攬之。但實權操之於內閣。而內閣閣員。必爲議會中得勢之領袖。若非議員之閣員。其任期不得逾三個月。則內閣之權力。全操之於議會可知。故內閣對議會負責任。必得議會之信任而後可。但內閣可以直接解散下議院。亦可以間接解散上議院。此種制度。不但爲母邦之英國所未有。亦爲各國內閣制之所罕見。

第三　行政委員制

除總統制與內閣制之外。尚有行政委員制。此制行之於瑞士國。其行政大權。由行政委員會主持之。而行政委員會。由委員七人。即係行政機關之七個總長組成之。凡有彼選爲議員資格之公民。皆有爲此種委員之權利。七個委員之中。有一個爲正總統。有一個爲副總統。任期一年。不得聯任。總統之實權。與其他六個委員平等。不過開國務會議時爲主席耳。委員雖不是國會議員兼任。然委員之產出。是由國會選舉之。既由國會選舉。所以委員多係議員。或爲國會信任之人。於行政上當然不至與國會衝突。但議員當選爲行政委員。即須辭去議席。行政委員之任期。由法律規定爲三年。不受議會信任不信任之影響。故國會在憲法上雖有許多權力。可以裁制行政會議。然而行政委員。既有法律上之任期。又不對於國會負責。國會又不能隨意倒閣。所以國會與行政會議之間。常存一種協作之精神。此種制度。似介乎內閣制與總統制之中間。而畧顯調和之情勢。

革命後之俄國。也是採用行政委員制。但是蘇俄之行政委員制。與瑞士大不相同。一九一八年。由全俄蘇維埃大會，通過之「俄羅斯社會主義蘇維埃共和國憲法」該憲法之第十三條。規定「全羅大會，所選出之全俄中央執行委員會。爲俄國立法行政及管理之最高機關。掌有一切權力」「俄國之最高機關。爲「全俄會議」」全國會議。每年至少開兩次會。因爲代表共有一千四百之多。不容易開會。所以由大會中選出不過二百人

劉彥

之中央執行委員會。於大會閉會後。及下次大會未開會之前。行使用家立法行政之一切政權。故俄國之行政部。既無總統。又無國務總理。是附屬於中央執行委員會之幾個行政委員而此種委員却又是立法行政之混合體。故此種委員制。是使行政部與立法部融成一片。而不可以分開。有類於英國之內閣制。而與瑞士行政委員制之精神。絕對不同。

第二節　政權分配

中央政府之外。另有地方政府之設立。此種制度。幷不是學理鼓蕩之結果。而實爲政治上之所必需。蓋現代之國家。不但土地廣大。人口衆多。而且國家之目的。比從前增高得多。因之國家之職務。亦比從前複雜得甚。爲統治之方便起見。並爲政治效力能普遍於全國起見。政府之分工制度。實出於事實之所必須。故近代國家。不論其爲君主國，爲民主國。除中央政府之外。不能不另有地方政府之設置。而地方政府之政權。有由中央政府之所賦與者。有由地方政府原來所有。而保留其一份者。因此種分配之情形各異。則又演出兩種制度之不同。即一爲集權制度。一爲分權制度是也。且因此兩種制度之不同。又生出國體之各異。即集權制之國家。必然是單一國。分權制之國家。必然是複合國，是也。

第一　集權制度

中央集權制之地方自治。非偶然而來。大都是歷史上之遺物。或地理上之便利。國家爲增加行政方面之效力。與培養地方自治之能力起見。將國內各地方。設置行政區域。而賦與地方上之行政權。是爲政權分配之一種。此種地方。或名之曰省曰縣曰區曰州曰市。要皆爲中央政府之行政區域。此種政府。或名之曰省政府，縣政府，區政府，州政府市政府。要皆爲中央政府之管轄機關。其權力完全由中央政府之所賦與。行此制度之國家。必然是單一國。如現在英法伊比日本與我中華民國。皆屬於此種制度。

蓋單一國。只有一個最高政府。行使單一之意志。無論主權在一個主君之手。或在議會之手。其政府之組織。是單一性。不是重疊性。亦不是聯邦性。其爲國內行政上之便利起見。雖劃定若干行政區域。設置若干地方政府。然此等區域與政府。絕對無獨立之性質。雖將其自治權力。擴張至非常之大。然總出於中央之所賦與。之所委託。中央政府，若一旦要變更此種區域，即即時可以變更之。若一旦要廢止此種權力。即即時可以

劉彥

廢止之。蓋地方政府。既由中央政府之所設置。例其最後決定之權。當然操之於中央也。

譬如英國。原是地方自治制度發源之國家。亦爲地方自治制度最完善之國家。其對於本土以內。行三級地方行政制　最大者爲行政州。州以下爲市鎭或鄕區。此外爲城市。各有其議會。各有其行政長官。以爲議決及執行各地方之政務機關。而皆出於中央政府之賦與。非如聯邦國家之各邦。其權力不由中央政府委託者可比。至其對於本土以外之殖民地。如加拿大，如澳大利亞。如南阿弗利加，各處。已成爲完全之自治領。各有其自身之憲法。各有其本地方之議會。事實上此種殖民地。已各實行其特殊之立憲政治。殆漸次成爲獨立國家之觀。然而在英國國法上之解釋。此種殖民地之自治權。實出於倫敦。政府之所賦與。之所委託。無論殖民地之自治權。擴充至如何之大。而於英國之統一。毫無妨碍。且倫敦政府。對於此種殖民地之自治權。可以隨時變更之。蓋英國是單一國。是行中央集權制。故也。

英國既是如此。其他如法意比日及我國。既皆屬單一國。故由中央政府。將權力分配於地方政府。其情形皆大畧相同。我國自前清。分地方行政區域，爲省爲道爲府爲縣四階級。民國以來。迭有變更。卽漸次廢止道府兩階級。使縣政府直接於省政府。而此兩級政府。皆一方爲中央之行政區域。又一方爲地方之自治組織。現在孫總理之建國大綱。其規定地方自治制度。亦取省縣之兩階級制 其關於縣自治制之規定曰。「籌備自治。其程度以全縣人口調查清楚。全縣土地測量完竣。全縣警衛辦理妥善。四境道路修理成功。而其人民。受四權使用之訓練。而完畢其國民之義務。誓行革命主義者。得選舉縣官。以執行一縣之政事。得選舉議員。以議立一縣之法律。始成爲一完全自治之縣。」又曰「一完全自治之縣。其國民有直接選舉官員之權。有直接罷免官員之權。有直接創制法律之權。有直接複決法律之權。」其關於省之規定曰。「凡一省全數之縣。皆達完全自治者。則爲憲政開始時期。國民代表會。得選舉省長。爲本省自治之監督。至於該省內之國家行政。則省長受中央之指揮。」又曰，「在此時期。中央與省之權限。採均權制度。凡事務有全國一致之性質者。劃歸中央。有因地制宜之性質者。劃歸地方。不偏於中央集權。或地方分權。」孫總理此種規定。其對於縣之一級。是取「立法分權。

劉彥

行政亦分權」制度。其對於省之一級。是取「立法集權。行政分權」制度。何以言之。

現在各國所行之自治制。有甲乙兩種。甲爲「立法集權。行政分權制。」乙爲「立法分權，行政集權制。」所謂「立法集權，行政分權」者。是地方之一切法律。由中央立法機關制定之。地方不能自由制定。至地方之行政事務。與中央藉地方所行之事務。則由地方選舉之官吏辦理之。此爲（立法高權」觀念之結果。現在英美等國行之。所謂「立法分權行政集權」者。是地方之一切法律。由地方制定之。中央不過問。至地方之行政事務。與中央藉地方所行之事務。卽由中央任命之官吏辦理之。此爲。此爲「行政高權」觀念之結果。現在德法等國行之。而孫總理之建國大綱。其對於縣之自治制。凡一縣之法律。由縣議員議定之　其一縣之縣官。由縣民直接選舉之。並直接罷免之。是取立法分權、行政亦分權之制度。其意義是以全國之縣。爲自治之單位。使其成爲純全之自治體也。至其對於省之一級　則不認爲自治體。只認爲立於中央與縣之聯絡機關。故雖規定由省民選舉省長。然視省長不過爲各縣自治之監督官。至中央與省之權限。由中央劃定之。而無選省議員設省議會之明文。是孫總理對於省政府之一級。取立法集權　行政分權之制度也。要之孫總理是主張中華民國爲統一國。爲單一國。而反對聯省制。將來各縣之自治權。無論發達到何等程度。要皆與中國之統一無妨。蓋由中央政府之所賦與故也。

第二　分權制度

分權制度。是將國家之政權。分配於中央政府。與各邦政府。分別行使之。而各邦政府與中央政府，均立於同等之地位。各自有其各自之權力。各自執行各自之職務。而不相侵犯。於此種制度之國家。必然是聯邦國家。在聯邦國家之中。中央政府，與各邦政府，之權力。有三種分配之方法。一爲將中央政府之職權，與各邦政府之職權。一同列舉於聯邦憲法條文之內。二爲將中央政府之職權。列舉於憲法之內。而將各邦之職權。取概括主義。三爲將各邦之職權。列舉於憲法之內。而將各中央之職權。取概括主義。現在美德瑞士以及英屬自治殖民地之加拿大。澳大利亞及南非等。皆屬於此種制度，

北美合衆國之聯邦政府。是由十八個分邦組織而成。其聯邦憲法。爲各邦之公共憲法

劉彥

。是成文的。是剛性的。凡聯邦政府。與各邦政府之權力。皆規定在此憲法之中。不過憲法上規定各邦之權力。是取概括主義。僅規定各邦不能行使之權力而止。如各邦不得互結同盟。不得鑄銀幣。不得於金銀兩幣之外。更定他物爲法幣。不得徵收出入口稅。不得蓄兵。不得備戰艦。不得於共和政體之外　再採用何政體。不得蓄奴。等等。除此種權力之外。其他皆爲各邦政府之權力。皆爲聯邦政府所不能干涉。又憲法上對於聯邦政府之權力。是列舉的。如外交，海陸軍，國際貿易，幣制，郵政，關稅，等等。歸於中央。此種權力。既歸中央。則當然非各邦政府所能侵越

德意志聯邦政府。原爲聯邦帝國。自經歐戰後。改組爲聯邦共和國。關於中央政府與各邦政府之權限。亦以剛性之條文。規定於聯邦憲法上面　其中央政府之權力。爲列舉的。其各邦政府之權力。爲概括的。大致除屬於中央政府權力之外。其他之一切權力。皆屬各邦。

瑞士之聯邦制度。其關於中央政府。與各邦政府權力之分配。由聯邦憲法上規定。可分四種。（一）爲規定中央獨有之權力。（二）爲規定中央與各邦共同行使之權力。（

三）爲規定中央與各邦皆不能行使之權力。（四）爲規定各邦獨有之權力。惟第四項之規定。亦取概括主義。蓋除（一）（二）兩項外。其他一切權力。皆屬各邦所有。

至於英屬加拿大之聯省制度。其憲法上規定中央政府與各省政府之權限。與其他之聯邦國家相反。蓋在其他之聯邦國家。其憲法上規定中央之權力。多是列舉的。規定各邦之權力。多是概括的。而加拿大之聯省憲法。其對於各省政府之權力。則取列舉主義。反之。中央政府之權力。則取概括主義。

至英屬澳大利亞聯邦之政權分配制度。則又與其他之聯邦國家不同。蓋其他聯邦國家。其憲法上對於中央權力與地方權力。總有一個取列舉主義。一個取概括主義以規定之者。而澳大利亞之聯邦憲法。則中央權力。既取列舉主義。各邦權力。亦取列舉主義。

第九章　立法機關

第一節　一院制與兩院制

代議制度。是歐洲之產物。而猶其是英國之創造品。當羅馬帝國滅亡之後。歐洲新組

劉彥

組織之國家。大概有一種代表國內重要份子性質之機關。以應國王之諮詢。而以英國之此種機關。爲最有勢力。在十三世紀之末期。英國議會中。已分爲兩院。就是大地主與貴冑與敎會等。結合爲一院。是爲貴族院上議院之起原。小地主與市民之利害關係相同者。結合爲一院。是爲平民院下議院之起原。

美國未獨立以前。英國對於殖民地之辦法。已採用兩院制上院是殖民總督之諮詢院。其會員由英王任命之。下院是代表殖民地之人民。及美國脫離英國關係。宣布獨立。各邦新政府。仍採用兩院制。當時美國已無階級代表之必要。其仍採兩院制之原因。一半怯於習慣。一半欲利用上院。以牽制行政官之權力。至一七八九年。美國聯邦憲法成立。仍採兩院制。以上議院代表各邦。以下議院代表全國人民。

法國大革命期間。幾次採用一院制。亦幾次改用兩院制。至一八七五年之憲法。始確定爲兩院制。其他歐洲各國。大概皆取兩院制。一因有些聯邦國家。其各邦代表，與人民代表，性質不同。不得不取兩院制。二因君主國家。其社會上之階級複雜。必採用兩院制。而後可以容納各階級之代表。而後可以使各階級有調和之精神。所以迄於今日取兩院制之國家。多於取一院制之國家。

然一院制，與兩院制，各有其優點。亦各有其劣點。若專從政府組織方面着想　則一院制有左記之各優點。

一，是最簡單之制度。

二，能使責任明確。不致互相推諉。

三，能使選舉團直接舉出代表。爲一個民意機關。表示民意之統一。

四，能使議事敏捷。不致遲延。

以上爲一院制之優點。而卽是兩院制之劣點。蓋兩院制與一院制。適得其反。其劣點一爲非簡單之制度。二爲責任不明確。三爲不能表示民意之統一。四爲不能使議事敏捷。但是從另一方面著想。則兩院制又有左記之各優點。

一，能防止立法機關爲一時潮流所煽惑。而輕率從事。

二，能使立法機關有詳細考察各問題之機會。

三，能使各種議案。經多次討論修改。然後通過。

劉彥

四，能使國內各種階級，皆能舉代表參加議會。

兩院制既有左記各優點。所以現代各國家。除芬蘭，伊索尼亞，巨哥斯拉夫，以及南美，與巴爾幹之幾個小國。皆採一院制外。其餘各國。無一不採用兩院制。

但是兩院若不各有特別不同之性質。則未免爲立法部中之一個重複機關。所以兩院之性質。當然不同。大抵下議院是代表全國人民之團體。上議院是代表全國各區域，與各階級之團體。下議院是改進黨之機關。上議院是保守黨之機關。下議院是監督政府之機關。上議院是防止下議院專橫之機關因兩院有此種性質之不同。於是兩院之組織亦各異。其組織各異之點。述之於次。

一，選舉方法之不同　下議院議員。大概是由人民直接選舉。全國分若干選舉區　每區人民。直接選出此種議員。所以下院議員　確是人民之代議機關。至於上議院議員。有世襲的。有由君主任命的。有由各種官或省議會選舉的。其世襲與君主任命者。大抵皆是終身職。而選舉者。則有一定之期限。所以上院之組織非常複雜

二，選舉區域之不同　上議院議員之選舉區。通常比下議院議員之選舉區較大。所以

上議員之人數、亦比下議員之人數較少。如美國瑞士之上議員選舉區，爲邦、法國之上議員選舉區，爲省、（我國自民國二年以後之參議員亦如之）而下議員之選舉區、則爲邦省以下之小選舉區。

三，資格之不同　上議員之資格。總比下議員之資格較嚴。如比利時現在之上議員，須有財產二千四百金圓　或年納二百四十金元之稅。瑞士現在之上議員　須有財產二萬二千金元。或年納一千二百金元之稅、現在各國之下議員。皆少此例。法國，意大利，比利時之上議員。其合格年齡爲四十歲、下議員之合格年齡爲三十歲、美國與中國上議員爲三十歲、下議員爲二十五歲。

四，任期之不同　上議院議員之任期、除世襲與任命兩種爲終身議員外、其他由選舉而來者。亦較下議院議員之任期爲長、且上議院是一個繼續之團體。每屆選舉時期。只有一部份議員期滿改選。非如下議院。一屆選舉時期。全體議員一例改選之比。如美國下議員之任期爲二年。而上議員之任期爲六年。每二年上議員僅改選三分之一。法國下議員之任期爲四年。而上議員之任期爲九年。每三年改選上議員三分之一。我國從前衆議員之任期爲三年。參議員爲六年。每二年改選參議員三分之一。各國之兩院制度。必使上院議員之任期。長於下院議員之任期者。因爲上議院之性質。與下議院不同。其議員不得不取年高而保守。免爲一時之潮流所激動。又任期長久。比較能實行長期計劃之政策之故也。

五，權力之不同　兩院之權力　本是相等。亦并是互相依賴。各有提案權。各有修改法律權。并且一院通過之議案，或法律案。非經他院之通過。則不能有效。所以兩院之權力。本是平等的。但是有一個例外。凡關於財政方面之法案。依各國通例。專歸下議院議決。或歸下議院先議。此例起於英國。當十四世紀。英國上議院議員。多是貴族權要。對於國家。並不納租稅。而下議院議員。則以納稅爲議員資格之一種。不納稅便不能當選。因此下院議員爲本身利害關係。其對於財政上之立法。如增加預算。增加租稅。開辦新稅等。不能不加以特別之注意。遂養成下議院有裁制財政法案之習慣。其後各國效尤。根據下議院是直接民選機關　應該對於國家之財政法案。有最後制裁　藉減人民負擔之理由。使財政法案　養成專歸下議院議決之通例。然各國與英國稍有不同。在英國下院提出之財政案。上議院不但不能否決、並且不能修改。而在其他各國、則尚不如是之嚴格的。如荷蘭之上議院、雖不能提出財政案　然可以否決　美國之上議院、不但可以否決。亦且可以修改、是其例也。

不但財政案爲然。下議院之權力。總比上議院之權力大。尤其是行內閣制之國家。內閣對於國會負擔責任。實質上是對於下議院負責任。故下議院有不信任內閣之權。更於法律上有較高之地位。如英國下議院之提案。上議院雖加反對。若輿論偏於下議院。則上院反對無效。又上議院之否決案。下議院若於兩年以內。經過三次之表決　則自動的成爲法律。上議院無可如何。至行聯邦制之國家。却又不然。大總統任命官吏。或締結條約。均須得上議院之同意。又上議院有審判百般彈劾案之權。如美國是也。

第二節　國會之職權

自三權分立說以來。人以爲立法機關之職務。不過是制定國家之法律而止。殊不知近世立憲各國之立法機關。其職務殊不止制定法律之一端。雖各國議會之職權。不盡相同。然大致立法機關。實在一國政府之中。佔極重要之地位。其所行使之職權。非常複雜

劉彥

○歸納起來。約有左列各種。

一，表示公意。

二，制定法律。

三，監督財政。

四，處理政務。

五，選舉行政首領。

六，執行最高司法。

七，制定憲法。

（一）表示公意　民治政府。本是人民公意之政府。所以必須有一種機關。可以表示人民之公意。而議會是人民之代表　則當然爲表示公意之機關。議會制度。起於英國。在英國始初之議會。不過是一個討論機關。討論國家之大事。表示人民之公意。以備國王之採納而止。故議會始初之職務。卽是表示公意之機關。至於現今。此種職務。更加進步。譬如人民有向議會請願之權。議會有接受人民請願。咨達政府之權。此卽是爲溝通人民與政府之媒介。至於制定法律。或修改法律。皆因社會上之必要 或爲人民日常生活所不可缺乏之規律、政府或不深悉民情 國會旣係人民代表。所以由其制定之。或修改之。以供人民便利 假若人民不願意之法律。或社會不需要之法律、議會當然不敢制定。又議會對政府有種種提案權 又有修正或否決政府之提案權。無非是表示國民公意之職務。

（二）制定法律 從前各國之法律。并非立法機關制定。大致依各國之風俗習慣。與法庭之判例而成 至最近時代。國會始成爲實際之立法機關。蓋自十四世紀以來。英國議會。常因國王之任意造法。往往提出議案。請國王公布。至一四一四年。英王爲勢所迫。乃默認議會有提案權。自是議會漸變爲立法機關之性質。然而其時之立法。並未全歸議會 英王自己。亦有立法權。至一六八八年革命，英國憲法史上之重大爭點。即是國會與國王爭立法權之問題。結果議會勝利。始完全變成國家之立法機關。各國相繼效尤。乃成爲現代立憲國之通例。

。所謂法律者。凡人民與人民之關係。或人民與政府之關係。並政府各機關組織之關係

劉彥

其間一切規律、一切權利義務。一切執行方法。一切權限之劃定。皆屬之。是固定的。是永久的。然而因現今社會上各種關係之日趨複雜。其各種法律、不能如從前之簡單。又經濟狀況，與經濟思想之不同。及政治狀況，與政治思想之不同。皆影響於法律之變遷，所以現今時代議會之立法權。日加重要。須以全副精神用之立法事業。始足以應付人民之要求。

（三）監督財政　議會本爲人民監督政府之機關。然其監督中之最重要者。厥爲財政。因專制時代。政府對於人民之苛捐重稅。爲所欲爲。此爲人民最易感覺之痛苦。經幾多革命而後。議會始得監督政府財政權。其監督之方法。凡新課租稅。或變更稅率。須由議會以法律定之。凡募集國債。及締結增加國庫負担之契約。須經議會之議定。凡國家歲入之預算案及決算案。須經議會之認可。尤其英國審查決算案之審計院，須由議會組織之。而國庫亦由該審計院代管之　此種程度。殆由監督而進於管理之域矣。

四，處理政務　政府之重要之行政。議會亦得施以種種監督之權　在行國會制度之國家。（卽行內閣制國家）其行政事務。得由立法機關。直接處理者　固無論也。卽行總統制之國家。其政務亦多由議會監督之　譬如大總統雖有對外宣戰。及締結條約之權。然須經議會之同意。又大總統任命外交官。或重要行政官。或高等司法官。亦須經議會之承認。又大總統宣佈大赦。亦須經議會之允許。又內閣處理政務。對於議會負責任。若議會議決不信任案時。卽須倒閣、另行改組。凡此皆爲立法機關。處理政務之實例。且由憲法上賦與之特權也。

五，選舉行政首領　共和國家之大總統。有由人民直接選出之者。有由立法機關選出之者。譬如法國之大總統。係由國會兩院組織聯席會議選舉之。民國二年。我國頒布之大總統選舉法第二條　規定「大總統及副總統由國會議員組織總統選舉會選舉之。」美國大總統副總統雖由人民直接選舉。然選舉會所投之票。須經立法機關檢查。並由立法機關宣布選舉之結果。且選舉會若不能選出總統時。須由國會決選，大總統之決選。由下議院行之。副總統之決選　由上議院行之。

六，執行最高司法　立法機關，執行司法事務。非各國皆有之事、美國憲法上規定「下議院有彈劾之全權」。「上議院有審判百官彈劾之全權。卽大總統，副總統，及其他

劉彥

文官。如有叛逆罪，收賄罪，及其他輕重罪之彈劾權。由下議院執行之，而審判權則由上議院執行之。英國關於彈劾案件。亦由上議院審判之。民國十三年我國制定之憲法。第六十條曰。衆議院認大總統，副總統，有謀判行爲時。得以議員總數三分二以上之列席。列席員三分二以上之同意，彈劾之。第六十一條曰。衆議院認國務員有違法行爲時。得以列席員三分二以上之同意彈劾之。第六十三條曰。參議院審判被彈劾之大總統副總統及國務員。

七，制定憲法　憲法由立法機關制定。亦非各國從同之事。如日本之憲法。係天皇欽定。當然非立法機關所能置喙。惟來將必須修改時。依天皇勅令。可將議案付議會修改之。至英國雖是不成文憲法。但憲法中主要地位之成文部份。皆出自巴里門（即英國國會）之手。並且修改憲法。亦由國會舉行之。法國爲成文憲法。其本身規定「制定與修改　由制憲會議執行」。而所謂制憲會議。是由國會上下兩院組合而成。故法國制憲權與修憲權　操之於國會。美國憲法上規定，修改憲法。有兩種方法。一爲有兩院三分二以上之議員同意。可以爲修正憲法之提議。二爲有三分二以上邦議會之請求時　國會可以召集憲法會議、討論修改憲法問題。我國臨時約法第五十四條規定「中華民國之憲法由國會制定」。則修改憲法之權。亦當然操之國會。

第三節　議院法

立法機關之事務。甚為複雜、其對於內部之一切法案。與對於行政部之一切政務。皆須有一定之手續　以應付之。此種手續、卽是議院法。譬於議會之開會，閉會，休會，及延會，等。須取如何之方式。議員資格之如何審定。議長副議長之如何選舉。全院委員會，常任委員會，特別委員會之如何組織。議案如何提出。如何交付審查　如何經過二讀，三讀，以至於議決。尤其甲院議決之案、若經乙院修改。而為甲院所不同意時。如何開兩院協議會　協議會如何表決。又議會對於政府有建議權，有質問權，有咨請查辦權者。其建議案，質問案，查辦案，必依如何之形式。方可提出　尤其對於政府之重要提案。或預算案、議會如欲反對。提出修正案時。必依如何之形式。纔可提出修正案。尤其議會對於國務員之違法。有彈劾權者。又對於國務員之政策。有不信任權者。以如何之手續。纔可提出彈劾案。纔可提出不信任案。尤其議會對於大總統副總統有彈劾

劉彥

權者。以如何之手續。纔可提出彈劾大總統副總統案。尤其議會有審判被彈劾之大總統，副總統，及國務員，之權者。以如何之手續。組織審判院。凡此鉅細。皆爲議院法之所包舉。惟各國議會之性質不同。則議院法亦各有異。譬如民主政體之國家。其議會之集會，開會，閉會等。多由議會本身定之。則有規定手續之必要。而君主政體之國家。其議會之開會，閉會，停會，及解散權。皆操之於君主。是與民主國之議會。絕不相同。則其院法亦自不同。又如提案權。在君主專制時代。雖有議會。然所有議案。全由君主提出。於議院。議員只有陳請權。而無提案權。在君主立憲國家。議員雖有提案權。然常被限制。尤其無提出財政議案之權。在民主國之議會。則兩院議員。皆有提案權。而下議院且有提財政案之權。此又爲君主國議會，與民主國議會不同之點。則議院法亦當然不同。卽同爲民主國之議會。其在行總統制之國。元首與內閣。對於議會。皆無正式提案權。而在行內閣之國。則議會之重要議案。殆全由政府提出。如法美之不同是也。至建議權，質問權，咨請查辦權。亦有的議會有之。有的議會無之。尤其彈劾國務員。不信任國務員之權。在君主立憲如日本國之議會。固絕對無此權。而在民主立憲如北美合衆國則有彈劾權。而無不信任權。則議院法亦當然不同。尤其彈劾大總統副總統及審判大總統副總統之權。非各民主國議會所共有。則議院法對於此項手續有的有此規定有的無此規定。亦當然之區別也。

第四節 監督權重於立法權

以上各節因世人皆認議會爲立法機關。故先就其立法之情形。說明之。然而國家之立法。決非議會所獨佔。近世議會之特色。不過關於重大之法律由議會議決之而止。若比較輕小之法規。殆全由政府制定之。且議會之權能決不僅在立法之一端。即如政府之預算。爲議會中最重要之一事。是否屬於立法。論者不一。法國稱預算爲每年法。視預算爲法律實非正當之解釋。其他議會之質問權，建議權，同意權，承諾權，上奏權，不信任權，彈劾權，等。豈能一律認爲屬於立法。實則凡政治上一切事項。議會皆得發表其意見。且進而干與之。所以立法不過是議會職權之一部份。若認議會之職權。專在於立法。則殊不適當。

立憲制度必於行政機關之外。另行設置民選議會者。其精神所在。是由人民代表機關監督政府之行爲也。議會固然有立法之權。然而議會影響於國家政治之大。爲人民之所注目。爲政府之所畏懼。而不爲所欲爲者。决不僅在於立法　而實在於監督政府之行爲也。就實質上言之。議會之監督政府權　其影響遙重於立法權也。蓋此種監督權之結果。其在內閣制之國家。一方有推倒政府之權。一方有製造政府之權。現於英國之內閣制。事實上爲議會內閣　爲政黨內閣爲責任內閣者。即議會監督政府權之結果也。美國議會之立法事業。實駕於英國議會之上。然而美國議會。不如英國議會爲世人之所注目者。則以美國議會。無推倒政府之權。亦無製造政府之權故耳　但是製造政府之權　殆爲英國議會之所特有。其他各國之議會。則或有推倒政府之權　而無製造政府之權　若如日本之議會。則並製造政府，推倒政府之權。而皆無之。然而監督政府之共通性。則無論何國之議會皆然　近代國家　政府責任之明確者。全因議會之監督政府而來。設非議會有監督政府之權　則政府之責任。萬不能如現在之明確。此所以議會於國家之影響。其監督權實大於立法權

第十章　行政機關

行政分廣義狹義兩種解釋。狹義之解釋。專就行政官署尋常之執行政事而言。廣義之解釋。凡實行國家意思之作爲。皆爲行政。則君主或大總統之行使統治權。與國務員輔弼君主，贊襄大總統，之行使治權。亦當然屬之。惟國家元首之行使統治權。與國務員贊襄元首行使統治權。此爲最高行政。不能與行政官署之尋常行政。混爲一談。故學者。對於元首與國務員之最高行政。目之曰政務。而對於行政官署之尋常行政。則目之爲行政。以示區別。蓋行政這個名詞。是由對象之立法與司法兩個名詞而來。在三權分立之學說上。主張立法行政司法三權對立。即是主張行政機關。不能涉及立法機關，與司法機關範圍內之事也。而一般行政官署之尋常行政。專照法律執行事務。毫無涉及範圍外之行爲。故恰好與三權分立之行政機關相合。若元首之行使統治權。與國務員之贊襄元首行使統治權。則常有涉及立法機關範圍內之事。又常有涉及司法機關範圍內之事。譬如元首公布法律。或爲執行法律，發布命令。或提出法律案於議會。此純爲立法行爲也。又如元首頒布大赦特赦。或宣告減刑免刑。此純爲司法行爲也。至於統率海陸軍。及宣戰媾和。各行爲。則更屬於別種之國權。此可見元首之行使統治權。及國務員贊襄

劉彥

統治權。絕對非行政官署之尋常行政所可比擬。蓋近世立憲國家、其行政與立法司法之分立 不過機關之分立而止。其實元首得綜攬大權因綜攬大權之結果。其所行爲 有時屬於行政 有時屬於立法、有時屬於司法。更有時屬於立法司法之外。要皆出於行使統治權之作用。既是行使統治權 則當然是實行國家之意思。既是實行國家之意思。則當然屬於行政，不過此種行政。屬於最高故目之爲政務。以示與尋常行政有區別耳 但是吾人研究行政機關。不能以此種最高行政、屬於政務 而列諸行政機關之內 故本章分元首。內閣。行政官署，三節叙述之。

第一節 元首

立於國家政治組織之中心。總攬統治之大權者、不論其爲君主、爲大總統。總算是一國之行政領袖 故稱爲元首。此種元首，因其產生之方法不同、與在任時期之長久不同、於是在國家政治上之大權。亦不無輕重大小之別、故須先講元首之產生與其任期。然後講元首之大權。

第一 元首之產生與任期

各國之元首。既有君主或大總統之別。則其產生之方法。與其任期。當然不同。其在君主立憲國。君主之產生。依皇室典範。與其皇位繼承法而定。爲世襲制。爲自然人。爲終身職。故其任期。無一定之年限。死而後已。在十八世紀之末。歐洲各國。皆是君主國。皆是血統的世襲制。有以最長之男子或女子爲繼承人者。有專以最長之男子爲繼承人者。有以嫡長之男子或女子爲繼承人者。有專以嫡長之男子爲繼承人者。若現在各國之世襲制。殆皆以嫡長之男子爲繼承人。惟英國則嫡長之女子。亦可繼承皇位。

其在民主共和國。大總統之產生。則依憲法或大總統選舉法而定。爲選舉制。爲非自然人。爲有一定之任期。但是現在各民主國之選舉大總統法。有直接選舉與間接選舉之不同。惟直接選舉制。尚不十分通行。僅德國及南美幾個共和國行之。間接選舉制。有兩種。一由人民組織之特別選舉會選舉之。二由立法機關選舉之。前者行之於北美合衆國。與南美之智利巴西國。其法先由人民選舉總統選舉人。再由總統選舉人。組織總統選舉會。實行選舉大總統。及副總統。後者行之於法國。與民國元年以來之我國。其法由立法機關上下兩院之議員。聯合選舉之。至瑞士之大總統。由聯邦行政委員會之七個

劉彥

委員中。選出一人兼任。其性質亦屬於間接選舉。因七個行政委員 原由立法機關上下兩院聯合選出之故。

。至於各國大總統之任期。各有長短之別 瑞士之大總統。爲一年期滿。美國巴西之大總統。爲四年期滿。中華民國與智利之大總統。爲五年期滿。墨西哥與阿根廷之大總統爲六年期滿。德意志，法蘭西，捷克斯拉夫，波蘭，之大總統。爲七年期滿。此等各國 大總統之任期既滿後。除墨西哥大總統。可以無數次連任外 其他各國。有禁止連任者。爲允許連任者。如南美各國。殆皆不許連任 美國無禁止連任之明文 亦無允許連任之明文。依第一屆大總統華盛頓之先例。得連任一次。法國憲法。允許任滿後可受再選。我國臨時約法時代。不允連任。民國十三年之憲法。承認大總得連任一次。

第二 元首之大權

元首既有世襲制，選舉制，自然人，非自然人，終身職，非終身職之區別 如上文所述。因之各國元首之大權。其輕重大小 與其時期之長短。殊不一致。由歷史上說來。古代之君主。卽是國家。所有國家一切大權 都是君主一人之權。故無論何種政權 皆

操在君主一人之手　蓋認君權神授　是先天的。是固有的。而非人民之所賦與。此種舊觀念。迄於今日。各君主國。尚不能解除之　譬於日本人。其對於天皇之觀念。仍然是一種神權觀念、而歐洲之各君主國。亦尚不承認國家之主權。屬於人民。因此種觀念之不同。所以現在各立憲國。其元首之權限。亦各國不同。

十八世紀以前。歐洲客國之元首。皆是君王。本主權在君之觀念　認元首之權無限制。及大革命之後。民主共和國以大總統爲國家之元首。本主權在民之觀念　認元首之職權　只有幾項。而由人民之所賦與　然而主權在君之觀念　迄至今日。尚不能打破。所有君主立憲各國。仍認主權在君。不過對於君主之大權。由憲法上加以限制而已。至於民主立憲國。則絕對認主權在民。其對於大總統之職權。在憲法上爲列舉之賦與。此事之起原　始於美國脫離英國羈絆之獨立。

蓋十八世紀以前。英國雖業行三權分立制。然不過是機關上之分職。在法律方面。立法行政司法三權。仍然在君主一人之手。又英國雖早已發布憲法。然是不成文憲法。其一切政治制度。是依歷來之習慣與成例爲根據。既依習慣與成例爲根據。所以對於君

劉彥

主之職權。並不列舉於憲法之內。仍然本主權在君之觀念。認君主有無上至尊之權。美國獨立之後。根本上反對主權在君。而改爲主權在民。一方面創設世界之成文憲法。一方面將元首之職權　用明白之條文。列舉在憲法之上。凡憲法上列舉者。皆爲元首之職權。其未列舉者。皆非元首之職權。自是元首之職權。不是固有的。而是由人民之所賦與。不是無限制的。而實限於憲法上之所列舉。自美國創此制度之後。世界各國。皆受其影響。凡民主國其對於大總統之職權。皆效美國。列舉於憲法條文之內。凡君主立憲國。其對於君主之職權。亦大致襲取美國之意。亦列舉於憲法之中。然而君主國與民主國。其對於元首職權之觀念。終根本不同。譬如英國與伊大利。君主之職權。雖則列舉在憲法之內。但君主實在之職權。並不完全列舉之。其不完全列舉之原因。蓋認憲法是元首職權之限制。而非元首職權之根源也。民主國則不然。譬如美國。其大總統之職權。既列舉在憲法之內。則憲法當然是元首職權之根源。而非元首職權之限制。此爲君主國與民主國　其對於主權在君在民之觀念不同　其結果在憲法上對於元首職權之觀念　亦根本不同之所以也。惟比利時則不然。比利時是君主國。其憲法上規定元首之職權。却

不是職權限制主義　而是職權根源主義　蓋比利時憲法上除列舉元首職權之外　另加一條文曰。「除憲法及法律所規定之職權以外　君主不得有別種職權。」此種規定。是爲現代君主國獨有之特例。惟比利時之憲法惟然也。

由此看來。各國元首職權之重輕大小。與其有無限制　不但爲各國革命史上之重大原因。亦爲憲法史上之嚴重關鍵。在國體不同之國。既有主權在君與主權在民之別。其元首職權。當然不同。卽國體相同之國。如同爲君主國。或同爲共和國。然因各國之歷史舶其特殊情狀不同之故　其元首之職權。亦不能盡同。

然而一國元首　既爲國家政治組織之中心。又總攬全國統治之大權。則無論其爲君主或大總統。凡國家之最高政務。當俟由其總攬之。此各國元首之所相同。國家之最高政務　雖不容易列舉。然就其最普通者論之。如統治機關之總攬軍政之統率。外交之代表。皆爲各國元首共同之職權。不過其內容。各稍有出入耳。列述於次。

一　統治機關之總攬

近代立憲政治之原則。凡立法，司法，行政，之三機關。必互相分立。而此三機關。

劉彥

各爲中央政府之部份的統治機關。若不綜合而統一之。則國家之意思不能統一，卽國家之行動不能正確。所以三機關儘管分立。而必由元首綜攬之。例我國臨時約法第四條曰，「中華民國，以參議院，臨時大總統，國務員，法院，行使其統治權。」又第三十條曰。「臨時大總統。代表政府，總攬政務。」是其例也。

元首既有總攬統治機關之權。則當然對於立法機關，司法機關，行政機關。發生種種之總攬關係。

甲，元首之總攬立法權

元首對於立法機關之機係。非常複雜。在君主國。凡國會之召集，開會，停會，閉會，及解散權。皆操之於君主。而在民主國。則國會之集會開會閉會。停會等。有由國會自已行之。大總統不能干與者。如北美合衆國。與中華民國是也。有由大總統召集開會。並宣告閉會停會者。如法德捷克各共和國是也。惟特別會議。（卽臨時會議）各國大總統，皆有召集之權。至於解散國會。美國與中華民國之大總統。皆無此權。捷克之大總統有解散兩院之權　德國大總統有解散下議院之權。法國總統。得上議院之同意有解散下院之權。又國會通過之法律案。須由元首公布。然後爲完成國家之意思。然後發生效力。無論君主國，民主國。莫不相同。若元首否認國會通過之法律案時則有拒絕公布之權。如伊大利憲法。且規定「立法權之三派（國王上院下院）中有一否拒者。於同會期中不得復爲發議。」即如民主國之大總統。亦有交國會覆議之權。或拒絕公佈之權。如德法捷克及我國約法時代之大總統。其否認國會之法律案或議決案時。皆得付以理由。提交國會覆議。至美國大總統之拒絕公佈權。則非常强大。自華盛頓至盧斯福大總統時代。其間拒絕公佈之法律案。達二百七十六件之多。塔福多大總統任內，拒絕二十五件。威爾遜以後各任，亦皆有之。由此可見元首總攬立法機關之情形矣。

乙，　元首之總攬司法權

元首對於司法機關之關係。則不如立法機關之複雜　各國之司法部。除美國外。其權力非常薄弱。然即以美國而論。其司法機關之官吏。依議會認可之條件。由大總統任命之。其他各共和國。亦大致相同。至君主國。皆無條件。由君主直接任命　蓋司法之機關。雖是分立。而實統轄於元首之下也。若如日本。憲法上且明白規定「司法權，裁判所，以天皇之名。依法律行之。」則是民刑訴訟。雖由裁判所審判。然審判權之根源。不在裁判所。而在國家元首之天皇。明矣。又各國之君主。皆有大赦，特赦，減刑，免刑，復權之大權。各共和國之大總統。雖有數國僅有減刑免刑復權之權。而無大赦特赦權者。然如美國德意志之憲法。大總統皆有恩赦權。由此可見元首總攬司法權之情形矣。

丙，　元首之總攬行政權

元首對於行政部之關係。其權力非常廣汎。遠非對於立法部司法部之情形，所可比擬。本來國家之最高政治。共分兩種。一爲政務。二爲行政事務。元首之職權。則兼此二者而有之。所謂政務者。如國會之召集或解放。法律之分布或拒絕。海陸軍之節制。宣戰媾和。代表國際。接受外國公使特使。頒行國內赦典。籌謀國內安寧。以至增進人民幸福之政策等等。皆屬之所謂行政事務者。如監督法律之執行。依法律之委任。發布命令，指令，訓令。制定官制官規。任免文武官吏。及監督全部執行機關，等等。皆屬之。元首有此兩項職權。（政務與行政事務）庶幾乎時能監督政府全部之動作。使政府能爲全體人民增幸福。遇內亂時，得有能力，鎮定內亂。以維持國內之統一，與其安寧秩序；遇外患時，得有能力，對外宣戰。以保全國家之獨立，與領土之安全。所以現在各國之元首。無論其爲君主。爲大總統。皆由憲法上將此兩種職權。賦與之。由此可以見元首總攬行政權之情形矣。

二　軍政之統帥

國家若無相當之軍力，內之足以引起叛亂，陷國家於土崩瓦解，外之足以誘强鄰之侵略。陷國家於滅亡。所以兵力爲國家自存之基礎，亦爲保障國際和平之利器。惟軍事之體制，要在統一。使千萬人爲一心。而後可用。所以不能不有惟一之統帥者，此種統帥之權，當然操之於國家之元首，如日本憲法規定「天皇統帥海陸軍。並定海陸軍之編制及常備兵額。」英國憲法規定「皇帝統帥海陸軍。惟常備軍之設置，護國民軍之編制，以法律定之。」法國憲法規定「大總統指揮陸海軍之全部。陸海軍之編制，以法律定之。」美國憲法規定「大總統爲合衆國海陸軍之大元帥。」德國憲法規定「大總統對於全國軍隊，有最高命令權。」中華民國臨時約法，規定「臨時大總統統帥全國海陸軍隊

劉彥

」是也。又元首不但有統帥海陸軍之權而止。並多有宣戰權。在君主國如日本天皇，英國皇帝等。皆有宣戰之大權。在民主國。除美國宣戰權操之於國會外。其他法國大總統。對於防禦戰爭。不經國會同意。有宣戰權。德國大總統。對於恢復公共安寧秩序之必要。有逕行使用兵力之權。一九一四年歐洲大戰開始之後。各交戰國之政治組織。皆變成獨裁專決之體。而不顧憲政之常經。英國之軍事內閣。萬機獨裁。美國亦成大總統獨斷之形。由此可知國家元首。其關於軍政權力之廣大也。

三　國際之主體

國家與國家間之政治關係爲外交。外交以國家爲單位。以國家之主權者爲主體。君主國之主權者爲君主。當然君主爲外交之主動。民主國之主權。屬於國民全體。則當然推大總統爲代表以當之。凡接待外國之公使特使。及訂立國際間之一切條約。及宣戰構和等。以其屬於國家之特別政務。故統由元首執行之。惟依國體之不同。其宣戰構和及締結條約。君主國由元首獨斷行之。民主國則必依國會之同意。而後能行之

第三　元首職權與總統制內閣制之關係

各國元首之大權。既如上述。則可知君主國之元首。與民主國之元首。其職權各不相同。即同是君主國。或同是民主國。其元首職權。亦各有大小之別。如民主國之憲法。是大總統職權之根源。而不是職權之限制。君主國之憲法。是君主職權之限制。而不是職權之根源。此爲君主國民主國精神上之不同。以事實而論。君主國之元首。皆有解散議會之權。而民主國如北美合衆國，與中華民國之元首。則絕對無此權。又君主國之元首。大抵皆有宣戰構和及締結條約之權。而民主國之元首。則大多數必得國會之同意而後行之。又君主國之元首。皆有自由任命行政官外交官司法官之權。而民主國之元首。則有須得議會之同意而後任命之者。如美國，與臨時約法時代之中國。皆是如此。是爲君主國與民主國元首職權不同之大要。

然同是君主國。其君主之職權。亦各不同。如日本天皇之職權。實超過於歐洲現在各國君主之上。蓋近代各君主國之憲法。其完全由於君主欽定而存在者甚少。然日本之憲法。則由天皇欽定。憲法既由天皇欽定。則君主之權。當然在憲法之上。甚且有取消憲法之權。至如比利時之君主。其職權又不能與歐洲各國君主之職權相比。因比國憲法。

除列舉君主職權之外。又另條規定「除憲法及法律所規定之職權以外。君主不得有別種職權」。此等條文。爲歐洲各君主國憲法之所無。故各國君主之職權。皆不如比國憲法限制之嚴也。

又同是民主國。其大總統之職權。亦各不同。如美國大總統。無停止議會之權。無解散議會之權。無正式向議會提案之權。由此方面而言。美國大總統之總攬大權。法理上殆不能總攬到立法方面。即是不能總攬立法權。不過美國大總統對於議會通過之法律案。有強大之拒絕公布權耳。而其他各國之大總統則不然。皆有向議會提案之權。亦間有停止議會之權。甚且有解散議會之權。惟拒絕法律案之公布權。則無如美國大總統之強大者。又美國大總統之行政權、雖則獨立。然無發命令權。而任命官吏。締結條約。支用公欵。又皆受議會之節制。非得議會同意。皆不能施行。而其他各國之大總統又不然。其締結條約。雖多經議會同意而後可。然皆有發布命令之權。而支用公欵之節制。亦不如美國之嚴重。尤其任命官吏。無如美國凡任命外交官，法官，行政官。皆須經議會節制之比。

由此看來。大總統之職權。當然不及君主之職權。而美國大總統之職權。似乎比其他各國大總統之職權還小。然而實際上絕不如此。就事實而論。美國大總統之職權。不但遠超過於各國大總統職權之上。抑且超過於各國君主職權之上。且有時超過於專制君主之上。蓋美國行總統制。凡行使大權。運用政策。大總統得獨斷爲之。毋須由內閣副署。大總統直接對於人民負責。議會不能問大總統之責。所以大總統於不違犯憲法之範圍以內。可以獨斷獨爲。反之各君主立憲國。皆是行內閣制。君主之職權。雖不列舉於憲法之內。然而君主之行使大權。無論其發布命令。或關於國務之文書。必經國務員之副署。然後生效。而國務員須對於議會負責任。議會認其副署不當。表示不信任時。國務員即須辭職。所以君主之職權雖大。而不能爲所欲爲。其權力全在內閣。至其他各民主國家。亦大抵皆是行內閣制。大總統亦不負責任。而由內閣副署。代其負責。其結果當然與不負責任之君主相同。等於虛位。惟美國大總統。以行總統制之原故。可以獨斷的運用政策。行使大權。雖則總統職權。列舉在憲法之內。然而自然可以利用總統制。將行政範圍。擴張至非常之大。所以現在美國大總統之權力。不但超過於各民主國大總統之

劉彥

上。亦且超過於各君主國君主之上。除俄國革命後之列寧外。凡現在各國元首之職權。實際上皆不能與美國大總統比。蓋行總統制之國。則元首之職權。自然因總統制而擴大。行內閣制之國。則元首之職權。自然因內閣制而縮小。並不全繫憲法上列舉不列舉之關係也。

第二節　內閣

元首之下。其執政機關。與立法機關相對立者爲內閣。內閣由國務員組織之。其職務在協贊元首　運行政策。以達國家政務上之目的。凡元首之行使大權。無論其憲法上賦與之權。或非憲法上賦與之權。在立憲國家。元首不負責任。（總統制除外）所有事務。必經內閣閣員副署。然後能發生效力。故元首之行爲。即爲內閣共同協贊之行爲。即是元首之責任　移於內閣。而內閣對於立法機關　負其責任　此即近代政治之大進步。依立憲制度而發生　以防制元首專制之憲政也。

就執政機關之廣義言之　凡自內閣各國務員以下之一切官吏　皆爲執政機關　然各部官吏　不過受各部長官之指揮。以行使其法律範圍以內之職務而止。而不能自由運行政策。惟內閣國務員。爲政務集注之中心。除統轄一切行政機關之外。其職務之主要點在協贊元首。運行政策。以達國家政務之目的。乃爲盡其職務。而以僅依於法律範圍以內之行政活動而止也。惟國務員實以一人而兼政務官與行政官之兩重資格。就其協贊元首運行政策之點而言。是爲政務官。在此範圍內。有運行政策之自由。而無拘束於法規之必要。就其爲一部之長官。主管一部之行政事務而言。是爲行政官。在此範圍內。則必依法規而行動。而無活動之自由。前者屬於國務員全體共同協贊元首之職務。後者屬於主管國務員個人對於部務之職責。

然國務員非每人皆有一定之主管部務。譬如英國有不管部之國務員。日本內閣官制。亦有「各部大臣之外，依特旨爲國務大臣者。得列於內閣員」之明文。此種不管部之閣員。其協贊元首。運行政策。與主理部務之國務員無異。惟僅有政務官之一重資格耳。尤其國務總理。無一定主管之部務。而其職責。在領袖閣員。保持各部之統一。以當重大之政務。以成其負聯帶責任。之制度。此種制度。已成近代國家內閣制之常經。元首不負責任。由內閣代其負責。幷由各國務員聯帶負責。此種制度。爲近世政治組

劉彥

織上之極大進步。而由立憲制之所發生者也。在立憲制未發生以前。君主國之大臣。非不負責任。然以因君主一人之信任。而躋於顯要之地位。只奉行君主之命令而止。故只對於君主一人負責任。而非對於人民代表機關之議會負責任。尤其各部長官。其政務上之意見。彼此不相聯合。且漠然各不相關。君主爲操縱各大臣之故。亦利用其不相聯合。以免牽制。故其時大臣對君主負責任。只是各負各之責任。而絕對非聯帶負責。縱然爲君主信任之宰相。或其他大臣。因格於民間之輿論。至不安其位。而間有辭職者。然百中難見一二。大臣責任問題。殊不明確也。大臣責任制。實發生於內閣制。而內閣制之發達。則隨立憲制而來也。

立憲政體之特質。其與內閣制發生極大之關係者。共有兩點。一爲元首不負責任。而改由內閣負責。二爲除行政機關之外。另設置民選之監督機關。以監督內閣之責任。此兩點爲內閣責任加重與責任明確之淵源。分別述之於次。

一，內閣代元首負責。在非立憲之君主國。君主專制之行爲。似無責任。實則不然。凡一政不善。國民直接集怨於君主之一身。其結果致央成國民革命。君主或不能保其首

領　立憲之君主國則不然。憲法上規定「君主無責任」爲原則。又規定「君主行使大權之一切命令文書　須經國務員之副署。」憲法上規定此等條文之後。於是君主之行爲。卽是國務員共同協贊之行爲。換言之。卽是君主之責任　移於國務員代負之。而君主之地位。從此得以安全　人民從此不受君主專制之害　亦從此不必革君主之命。而國務員之責任從此加重。

二，議會監督內閣之責任　國家未立憲以前。其所設機關。只有行政機關。而無民選之監督機關　既立憲以後。則除行政機關之外。必另行設置民選之監督機關。是爲立憲政體之特質　無論君主立憲，民主立憲，皆然也。所謂民選監督機關者。卽國會之下議院是也　所謂監督者　卽監督政府之責任也。而立憲國家。元首在憲法上無責任。（總統制除外）由內閣代負其責。於是下議院課政府之責任。當然是專課內閣之責任無疑也。內閣責任　各國憲法上之規定不同。有規定對於議會負責任者。有規定對於元首負責任者　（如日本）其對於議會負責任之內閣　議會有直接推倒內閣之權。故內閣之責任。非常嚴明。其對於元首負責任之內閣　議會雖無直接倒閣之權、然亦有間接對政府課

劉彥

責任之法如日本議會不通過政府之法律案預算是也。因此內閣之責任。益加明確。

內閣之責任。既依上述之兩點。而加重而明確 然則內閣責任之範圍 有無限制。換言之民選監督機關課內閣之責任。究以何等事務爲標準。關於此點。就法律方面言之。其有明定於憲法者。謂爲法律上之責任。其有未定於憲法者。謂爲以法律上之責任。然而就政治方面言之。則無論憲法上有無明文規定。皆須負責。蓋憲法之規定 甚爲簡單。如法國憲法之規定曰。「各部總長，於政府之政策。對議會負連帶責任。」日本憲法之規定曰 一國務各大臣。輔弼天皇。而負責任。」中華民國臨時約法之規定曰。「國務員輔佐臨時大總統。負其責任。」此等條文中所謂政策，輔弼輔佐之類。在解釋上，皆無一定之範圍。則內閣之責任。亦當然無一定之限制。惟憑監督機關大多數議員之反對與否以爲斷耳。

所謂對議會負責任云。者卽議會不信任時。內閣卽須辭職是也。此種辭職之方式 有兩種。一爲全體閣員 連帶辭職。一爲主管閣員，單獨辭職。惟在議會內閣之國家。其反對內閣者。卽是反對黨爭奪政權之行爲。故多是連帶辭職。然亦非必一經議會反對。

即須辭職、如英國內閣、非有重大過失。不至辭職。其輕小事件。議會率不過問之。法國內閣、則常與議會衝突。每因輕小事件。而致內閣之全體辭職。蓋依各國之政治情狀而異耳。

現在各國之內閣制度。約分三種。一為英國式之內閣制。一為日本式之內閣制。一為美國式之內閣制。

一，英國式之內閣制　英國之內閣、為議會內閣制，亦為政黨內閣制。又為責任內閣制。蓋英國議會中。從前只有兩大政黨。一為保守黨、一為自由黨。內閣全由該兩黨相遞組織之。近年以來。新起一工黨、亦能相遞組閣而不變。其國務總理。即是議會中之政黨領袖、其他各國務員、皆由總理選定在議會之本黨人物。形式上由國王任命之。國務總理與各國務員。在未入閣以前。皆為國會之議員。既入閣以後。亦當有多數黨員在議會、以為後盾、故此等內閣。實為議會內閣。實為政黨內閣。若經議會他黨議員通過不信任案時。即須聯帶辭職。另由他黨領袖組閣。故又稱為責任內閣。按英國之制度。國家大權。實全在內閣之手。而內閣之製造權，與推倒權。又全在議會之手。此所以

劉彥

謂之議會政治制。此種內閣、惟英國能實行之。歐洲其他諸國。雖皆欲倣而效之。然以政黨之情形不同。皆弗如也。

二，日本式之內閣制　日本之內閣。其與民選之監督機關。殆不生嚴重之關係。蓋日本憲法上　雖則規定「國務大臣，輔弼天皇，負其責任，」然是對於天皇負責。而非對於民選之議會負責。民選議會。對於內閣。既不能爲不信任之投票以倒閣。又不能推荐民選議會中之政黨領袖以組閣。國務總理，雖有保持各部行政統一之責任。然各國務員。並不能由總理自由選定　而必由樞密院之元老決定之。元老決定之後。始得呈請天皇爲形式上之任命。故其內閣閣員。皆是貴族之代表。下議院議員。不但無組閣之資格。抑且罕有參入閣員之機會。故日本之內閣。不是議會內閣。而是貴族內閣。因此下議院所表示人民之公意。殊不容易影響於內閣之政策。而內閣閣員　亦實非下議院所能節制得到　因下議院對於內閣之武器　只有不協贊政府之法律案，與預算案之消極的方法而止。然而議會否決之法律案　政府不過於同一會期不再提出　議會否決之預算案。政府仍可照上年之預算案支用。皆非內閣之制命傷　故議會實無節制內閣之權力　且內閣名義上對於天皇負責。而事實上對於天皇。無所謂負責不負責。因天皇於政治上無甚關係也。又不對於總理負責。因國務員非由總理自由選任之也。惟因議會反對。輿論沸騰。元老不滿意之時。乃有內閣局部辭職。或全部辭職之事。故日本內閣之責任。殊不明確。是一種專制內閣。爲現在立憲各國所罕有。

三，美國式之內閣。美國之內閣。殆等於大總統之秘書廳。不但非議會內閣。非責任內閣。並無政務官之性質。蓋美國之政體。爲總統制。凡國家之一切政務。由大總統自己行之。而不由內副署。並由大總統直接對於國民負責任。而不由內閣代負責任。又以三權嚴格分立之故。閣員絕對不由議會選出。而由總統經上議院之同意任命之。美國只有兩大政黨。共和黨之大總統。其閣員當然屬於共和黨。民主黨之大總統。其閣員當然屬於民主黨。則似乎可以稱爲政黨內閣。然而閣員之人選。皆爲大總統最有關係之人。不必爲政黨中最有關係之人。閣員之責任。非對於議會負責。而只對於總統負責。故其資格。只是行政官之資格。而無政務官之資格。其職權只有行政官之職權。而無政務官之職權。此種內閣式。惟行組統制之國有之。凡非行總統制之國家。皆所不有。

劉彥

第三節　行政官署

本節所講之行政官署。是專就尋常執行政事之各官署而言。凡政務官，皆不在本節範圍之內。換言之。凡元首之總攬大權。與其行使政策。及國務員贊襄元首之屬於政務者。皆不在本節範圍之內。蓋本節專就政務官以外之各行政機關而言也。

惟元首與國務員。皆是一身兼政務官與行政官之兩重資格。就元首之總攬大權。行使政策。與國務員贊襄元首之總攬大權。行使政策而言。固屬於政務之性質。然而元首尙有任免官吏之權。尙有監督各官署執行一切法律之權。且爲執行法律　有發佈命令、指令，訓令之權。凡此諸權。皆非屬於政務。而實屬於行政　故元首亦屬行政官之一。而爲行政方面之首領。此無論其爲君主爲大總統皆然也。尤其美國。更進一步於憲法上明白規定「行政權委任於亞美利亞合衆國大總統。」由此可知元首除爲一國政務長官之外又實爲一國行政之首領也。

除行總統制之國家外。凡立憲國。其元首之一切命令文書等　皆須經國務員副署　然後發生效力　則元首之行政行爲。如任免官吏。監督執行法律之命令，訓令，指令等國務員既須副署。則國務員亦當然除政務官之外。又爲行政官之一。不過元首與國務員。其在行政方面之性質。是偏屬於監督行政。指揮行政。而非直接之執行機關。至於各部部長。及部長以下之諸官吏。時皆爲純粹之執行官吏矣。

行政官吏之性質既明。其繼續應明瞭者。共有兩點。一爲內閣以下之各行政官署。如何組織。二爲各行政官署之官吏如何任用。

第一　行政官署之組織

行政官署之組織問題。在未立憲以前。凡立法司法。皆屬於行政範圍。故其時行政之範圍甚廣。及既立憲以後。立法司法。皆脫離行政而獨立。於是行政之範圍較狹。所以現在之行政。只不過是剩餘之一部份而止。然而從前之國家。因內政，外交，財政，工商各項。皆不發達。其行政事務。極其簡單。近世之因家則不然。國際之交涉。非常複雜。內政之設施。非常進步。其在交通。有鐵路航路電政郵政諸事務。其在經濟。有農工商礦森林漁業諸事務。其在軍事。有海陸空軍之分設。其在財政。有稅收公債銀行之諸端。其在教育。有養成高深學府，及全民普及，之必要。其在殖民。有垢植新領土及壓

劉彥

迫他民族之經營、諸各此種事務之進行、皆屬於行政、斷非少數之行政官署、所能辦理。而行政官署之組織、遂不如從前之簡單。

現在各國行政部之組織。大致按照本國之情形。分設各行政機關。使分掌各部之行政事務。所謂各部者。大致爲外交部，內政部　外通部，鐵道部，農工商部，海陸空軍部，財政部，教育部，司法部，殖民部，等項、各國雖不盡同。亦大致不差。至其組織之方法　則各部設一部長。部長下設次長。再設各司各科、執行各項行政。此種各部之行政事務。有時各自獨立。與別一部毫不相關。有時界線不明　發生管轄之爭執　有時各部只圖本部之擴張　而不顧他部之不能平均發達。有此種種情形、所以由各部部長聯合起來　組織成一個內閣　並另設一不管何部之國務總理、以保持各部之統一。其關於各部進行之政策。與各部應遵之法令　則一概決之於內閣會議、以謀各部實際之統一、其關於各部行政之執行。則自部長以下之各官吏。只能遵照政府之法令執行。而不能稍違法令。只能遵照政府之政策實行　而不能自定政策。所以行政部之機關雖多。然有一定之系統　而不紛亂　各部之行政。雖甚複雜　然有一定之範圍　並循一定之政策　而不能各自爲政。此現在各國行政部組織之大概也。

第二　官吏之任用

官吏任用之方法　現在通行於各國者　有英國制美國制之不同　英國之官吏任用　除各部次長　由各部總長自由選擇呈請任用外　其他次長以下之諸官吏。皆用文官考試法錄取任用之　其考試高等文官。如各部司長參事之類。非常嚴格。大約須牛津，建橋兩大學之畢業生。纔有錄收之希望。蓋以此種高等文官，須有高深之學業。而後可也。至於下級官吏之考試　則只有普通之學識。卽可投考。即可選錄。蓋英國之行政官吏。殆皆爲終身官。在下級官吏之考取錄用時。不需其有多大之學識與經驗　而重在服務後長期之練習也　所以英國之乙級官吏。殊不容易遷升於甲級。此種制度之精神。在養成專門之智能人才。以爲國家之用　並令其盡畢生之精力。以全其任務。非年老疾廢　則不令其退職　退職後給一定之年金。以終其身　此種制度。有長處。亦有短處。其短處。在造成社會上一種官吏階級　使國民與官府相阻隔。而亦養成一種官僚之繁文縟禮爲可厭。其長處在得富於經驗閱歷之專門人才以當國家之行政事務　尤其內亂外患時。須

劉彥

第十二章　司法機關

第一節　司法機關之職權

國家之目的。原在保護人民之生命財產，及其一切權利。但是要想達到這個目的。非有司法機關不爲功。國家之初期。先有行政機關。次有司法機關。立法機關。近代始有。故從前之國家。雖無立法機關。而却有司法機關。因無立法機關。尙有法庭判決先例，及習慣法。可以適用。若無司法機關。則保障權利。審理爭訟。懲罰犯罪。皆無從施行。即國家保護人民權利之目的。直無從達到。因人民之生命財產。與其幸福安寧。其與司法機關之關係。實比與行政機關及立法機關之關係。尤密切得多也。

司法機關與人民權利關係之密切　既如上述。則可知司法機關在一國政治上之地位。非常重要。然則其職權爲何。照普通觀念，以爲司法機關之職務。不過是判決法律上之案件而止。然而事實上不各是簡單。分析記之。有下列之幾項。一，決定事實。二，應用法律。三，解釋法律。四，防止犯罪。與侵犯權利。五處理財產。六撤銷違憲法律。茲分別述之於次。

一　決定事實

法庭對於民刑訴訟之案件。當尙未判決以前。有調査事實。及決定事實之必要。例如原告所提出之證據。是否可以証實被告所犯之罪。此種事實。若不眞確。則判決書必全盤錯誤。故在未判決以前。必將原告被告兩造之事實。調査明確。而決定其虛實，此爲法庭對於各訴訟案件第一步之職務。爲完成此種職務。雖費若干時期。費若干功夫。費若干金錢。皆所必爲。

二　應用法律

法律的條文。不是臨時制定的。也不是爲那一人制定的。條文繁多。布在方策，究竟某案件。應適用何項法律。之條文。則由法庭於決定事實之後。將法律的條文。應用到事實上去。以決定其罪案。因法庭之權力。只限於法律範圍以內。其所判決者。不是自由的。不是任意。處決的。而是依法律以爲斷。就是遵照法律之條文。以判決。這是法庭對於民刑訴訟各案最後之職務。

三　解釋法律

劉彥

法律的條文。若說得明白清楚，又與訴訟案件之事實。非常切合。則無解釋法律之問題發生。將條文應用到事實上面。便已了事。但是法律的性質。是普通的。是依社會上普通情形之所制定。而不是依特別狀況所制定。社會之民刑案件。其事實往往有出於普通情形之外。而爲一種特別狀況之所構成。或不包括在現成法律條文之內。或類似現成法律之甲條文。而亦類似現成法律之乙條文。因此情形。常令法庭判決爲艱。在這種時候。法庭則有解釋法律之權。以便應用。再有法律條文。常有自相衝突之處。以致應用時發生問題。此種場合。在惟有法庭決定法律之意義。與其範圍。而非別的機關所能解釋。

法庭解釋法律之權。在無論何國。皆是一樣。但是在採用習慣法之國家。此種職權。尤其重要。如英美兩國。其大部份之法律。尚是不成文的。個人間之私法關係。法律上多無明文規定。而根據於社會上之習慣以爲例。因之法庭之審判。非常困難只得於從前之判決例內。尋出一些相類。似之案件。以定讞。在此等國家之法庭。其解釋法律之職權。自然比其他國家。特別重要。

四防止犯罪與侵犯權利

從前之法庭。必待人民業經犯罪。然後懲治。亦必待人民之權利。業被侵害。俟被侵害人來法庭起訴。然後處理之。故歷無事先防止犯罪。及事先防止侵犯權利之職權。但是至到現在。法庭往往不俟人民權利被侵害之後。始行干涉。人民亦不必俟他人業經侵犯其權利之後。始行提起訴訟。只要有切實證據。證明權利將被侵害。即可向法庭要求保護。法庭根據此種請求。即可以向對手方面發出誡令。禁止其侵害之行爲。就是禁止其犯罪。若對手方面。不遵誡令。仍進行其侵害之行爲。則法庭就可以將他拘禁起來。或科以相當罰金。此種職權。爲從前法庭所不有。爲英美法庭之所創設。迄今爲各國法庭之則效。爲其固有之職權。

五處理財產

人民爭執財產之案件。非常的多。尤其是遺產之爭奪。或公司倒閉。宣布破產的時候。其處理財產權。實全由法庭辦理之。此種處理財產權。必俟爭執問題。完全解決之後。乃爲終了。其處理之手續。是由法庭派定委員一二名，承法庭之指揮，淸查其財產。

劉彥

清査之後。其如何處理。委員不能自由決定。必經法庭處理之。乃可以了各方之爭議。

六否認違憲法律

美國之聯邦憲法。及各邦憲法。大概多規定法院有否認違憲法令之權。美國學者。羣認法官否認違憲法令。不但是權利。而且是義務。因爲憲法是根本大法，一切權利義務。都由此發源，憲法上既承認法院有否決違憲法令之權。則立法部制定之法律。如果有違反憲法之意義。則法院當然有否認之義務。非僅權利而已也。其否認之結果。當然撤消之。此種否認或撤消之義務。並不是認法院之權力，高於議會。而是認人民之權力。在議會之上也。蓋謂憲法是人民意志之表示。立法部制定之法律●是人民代表意志之表示。人民之代表。不能高過於人民之本身。故議會制定之法律。如果與憲法相衝突。人民當然可以否認之。並當然可以撤消之。不過人民無常存之機關。爲行政之便宜計。將否認之權。委之於法院。幷由憲法上付與之。所以法院否認違憲法令之權。並不是法院高於議會。實法院只得遵循人民之意志。而不能遵循議會之意志也。美國學者。主張法院否認違憲法令之理由在此。而事實上美國最高法院。百餘年來。其否認聯邦議會之違憲法律。共有五十餘件。否認邦議會之違憲法律。共有三百多件。而聯邦法院，否認邦議會之違憲法律。共有數千件。此可見美國法院否認違憲法令權之偉大。

歐洲各國則不然。英國歷來認立法部爲最高機關。凡立法部議決之法律。縱然有違反憲法之處。祇有輿論可以攻擊他違憲。至法院不但沒有否認此種法律之權。而且不能不遵照其執行。只有一個例外。卽英國樞密院之司法委員會。可以宣布屬地。或自治殖民地立法部違憲法律無效而已，法國也認立法機關爲最高。其制定之法律。無論違憲不違憲。只要經過總統之正式公布。法院皆須遵照執行。絕無否認之權。一八三三年議會制定之出版法。違反一八三〇年憲章第六十九條之規定。當時法國法學家向大理院要求宣布該法律爲違憲。大理院判決「本院無宣告法律違憲之權力」。該判決遂成爲定例。故法國法院。亦沒有否認違憲法律之權。

德意志帝國時代。亦不承認法院有否認違憲法律之權。不過帝國法院。對於邦議會制定之法律。其認爲有違反帝國憲法之處。有權否認之。但是只對於邦議會之違憲法律。有此權力。其對於帝國議會之法律。是否違憲。則不但不能否認之。亦並不能解釋之。

現在德意志共和國憲法第十三條規定「各邦法律，與中央法律，是否相容。其有疑義或爭執時。得由中央官署，或各邦官署，依中央法律之規定。請求中央最高法院判決。」此種判決權。却是包含判決違法法律權在內。但是被動的非由中央官署或地方官署依法請求。則無判決之權。非如美國法院。有自動的解釋權，或互決權者可比。

奧大利共和國。却與德國不同。奧國新憲法第一百四十條之規定如左。

憲法裁判所、然聯邦政府之請求。裁判邦法律之違憲與否。依邦政府之請求。裁判聯邦法律之違憲與否。若其法律可為憲法裁判所判決之前提者。依其職權而裁判之。

依憲法裁判所之判決。認定法律為違反憲法而撤消時。聯邦國務總理。或該邦行政長官。應卽將該判決公布。該項法律撤消之時期。除憲法裁判所限定時期外。自公布之日起。卽行撤消。

由此可見奧國法院。一方有被動的取消違憲法律之權。一方又有自動的取消違憲法律之權。

至於瑞士之聯邦最高法院。却與德意志帝國之法院相同。就是對於邦議會之違憲法律。得判決其無效。而對於聯邦議會之法律。無論其違憲不違憲。最高法院。無權過問。

由上述歐美各國。對於法院有無「否決違憲法律權」之情形觀之。則可知在單一制度之國家。大抵皆不予法院有宣布違憲法律無效之權。而在聯邦制度之國家。則大抵准許法院有宣布違憲法律無效之權。因爲聯邦制度與單一制度之國。組織不同。單一國對於憲法解釋權。多委之於議會。而聯邦國之憲法解釋權。則多委之於法院。因聯邦國之中央與各邦。其權限分配。皆規定在憲法上面。凡憲法上賦予之權利。無論中央與各邦。皆不得侵犯之。但是法律上解釋發生爭議時。不能不有一個仲裁機關。以維持憲法上分配之權限。由法院負這個仲裁責任。比較由行政部或立法部負這種責任。更爲適當。因爲法院原來立於一切政爭之外。而無黨派與地方之偏見。又其職責。在維持法律之尊嚴。所以將解釋憲法權。與宣布違憲法律無效權。歸之法院。比較可以維持邦國間之均衡。

但是反對法院有此種解釋權。與宣布無效權之學者。亦甚多。其理由亦殊值得吾人注意。他們以為立法部是代表人民意志的機關　不能使法院的權力。高出於立法部之上。若將法院權方，抬高在立法部之上。就不啻將三權分立之原理。根本推翻。況且由人民代表通過之法律。再得由法院否認之。就不啻將司法機關。變成一個最高之立法者。而民選代表。反變成沒有最高立法權。豈不變成法官的專制政體嗎。而且立法之重要條約。是要適合現實之經濟狀態。與其社會需要。而制定的。法院之職責。則只在遵崇一成不變之舊章。而不能顧及現代之經濟狀況。與其社會需要。所以令只知守法之法官。來裁判適應現在的經濟立法。與社會立法。當然是不相宜的。并且此種適合時代之法律。如果一旦被法院宣告無效。其結果一定惹起人民反對法院。法院之尊嚴。或因此而被損毀。此皆是反對法院此種權力之各種理由。而引起美國最近之反抗運動者也。

美國最近對於法院否認違憲法律權。起一種反抗運動。原因伊里老諾（Illinois）一州。自一八七〇年，至一九一五年間、法院宣布違憲法律。經其撤消者。計二百五十餘起。遂引起人民不得不重視撤消「法院否認違憲法律權」之運動。克羅諾多（Colorado）

州。業于一九一二年。在憲法上規定「公民得撤消法院判決」之條文。就是對於法院宣告之違憲法律。得由人民複決。如果人民贊成議會制定之法律。縱然經法院認爲違憲。亦得仍舊發生效力。羅斯福（Roosevelt）大總統最贊成這個運動。以爲必定要使人民對於憲法爲最後之解釋人。纔合乎民治政體之原理。但是照現在世界新興各國之大勢言之。則似乎採用法院判決違憲法律權之制度者。有日益增多之勢。

第二節　司法機調之獨立

在三權分立制度。司法機關，本來與行政立法兩機關。相峙對立。而無隸屬關係之可言。惟本節所講之司法獨立。是含下記之兩種意義。一指司法機關不受行政立法各機關之干涉而言。一指下級司法機關不受上級司法機關之干涉而言。第一種意義。是使司法機關。完全獨立。凡裁判行使職權。如解釋法律。適用法律。裁判爭訟。保障權利等。皆不受何機關之牽制與干涉。在君主國，雖君主亦不能濫用威權。以干涉司法機關之職務。在共和國，雖有勢力之政黨。亦不得橫恃黨力。以侵犯司法機關之尊嚴。第二種意義。是下級法庭之審判。不受上級法庭之指揮。上級法庭。對於下級法庭之判決。認爲不

劉彥

當時。雖可以再審。並可以撤消其全部或一部份之判決。但是當下級法庭審判未決期間。上級法庭，絕對不能妄加干涉。

蓋裁判所若不具。有上述兩種獨立之精神。則法庭行使職權時、容易爲他方不正當之勢力所左右。卽人民之生命財產及其一切權利。不能得到確實之保障。所以近世所謂文明各國。務必以司法獨立爲前提。但是要想司法獨立。則不可不注重法官之任命方法。若法官任命方法、不得其宜。則司法無獨立希望。

法官任命方法，共有三種。一由立法機關選任。二由人民選舉。三由行政機關任命。法官由立法機關選任。是一種極不適宜之方法。因爲議會是政爭之劇場。亦是政黨政客之大本營。法官若由議會選任。則法官當然爲有勢力之政黨政客所得。就是法院變成黨院。法官變成黨官。不但使三權分立之原則。根本失掉。亦使司法機關捲入政治漩渦。其結果人民之民刑訴訟。將不以是非分勝負。而直以黨不黨分勝負。尙得希冀司法獨立嗎。此種選任方法。在美國獨立時候。甚爲通行。因爲當時既不信任行政機關。又不信任民選制度。所以將選任法官權、託於立法部。但是到了現在。美國各州尙沿用此法者。只有三四州而止。其他各州。早已採用別種方法矣。至歐洲各國。除瑞士之聯邦法官。是由議會選任外。其他各國。殆沒有一國採用由立法部選任法官之制度者。

法官由人民選舉。也是一種不適宜之方法。普通民衆。對於誰有充分法官之學識與能力。誰無充分法官之學識與能力。斷不能分辯之。凡選舉時候。爲一般民衆所歡迎者。當然是一般善能應付羣衆之政客。此種政客。未有必充分法官之學識與能力。其有法官之學識與能力者。則未必善能演說。尤未必善能卜民衆之歡迎，法官一落於無經驗無資格者之手。則法院斷沒有不失去其獨立之性質。所以現在世界各國。除美國各州之法官。依此種方法選舉之外。其他各國。皆不用此制度。

現今各國任命法官之方法。殆皆出於由行政機關任命之一途。依各國多年之經驗。法官由行政機關任命。到算是一個比較適宜之方法。因有資格之法官。既不是一般普通人民。所能選舉得出來。又不是有黨見之立法機關。所能選任得出來。則比較上還是由行政長官　持平愼選相當人物。而任命之。較爲適宜。此方法殆已成爲現代各國通用之任命法官法。在實際之經驗上。亦早已發生很良好之效果•有的國家。對於最高法院院長

劉彥

。直接由行政長官任命。有的須經上議院之同意而後任命之。

法官由行政機關任命。既成現代各國之通例。爲保特法院獨立起見。不能不再定法官保障法。以免受行政長官之節制。此種保障之最重要者有兩點。一爲法官之任期。必爲終身官。有此保障。法官雖被行政長官任命。却可以不受行政長官之節制。自被任命之後。只要不被彈劾。便終其身可以不受褫職處分。二爲法官之俸給。必格外較優。有此保障　可以養法官之廉。而不致舞法弄弊。即不致爲人民之所輕視。此兩個保障。都是給司法獨立一種重要之帮助。亦爲現代各國法官由行政機關任命必要之條件。不然，則不能保障法官不受行政長官之牽制矣

第三節　司法機關之組織

司法機關之組織。與行政立法兩機關之組織。很不相同。無論何國。行政機關之最高權力。實際上只在一二個人手中。立法機關之最高權力。實際上操於大多數之議員手中。而司法機關之權力。則在幾個法官之手。有時由一個法官組織一個法庭　審判案件。有時由幾個法官。合組一個法庭。審判案件。這許多法庭。各有各的等級。例如我國有

大理院。有高等審判廳　有地方審判廳。有初級審判廳。有總檢察廳。有高等檢察廳。有地方檢察廳。有初級檢察廳。最高之法庭，是大理院。最低之法庭。是初級審判廳。無論何國之法庭制度。都是大致相同。都是一種尖塔之形式。就是最低一級。爲無數之初級法庭。分布於全國之各地方。按照各地方之人口多寡。與事務繁簡，而設立之。最頂上之一級。只有一個最高法庭。設置於中央。處理由各地方下級法庭不能了結。以致上控之案件。。歐洲有少數國家。却有幾個最高法庭。可說是例外。例如意大利共有五個最高法庭。各按所轄之區域範圍以內。有判決各案最後之權力。就是甲最高法庭之判決案。不能再到乙丙丁戊之四個最高法庭。再行上控。並且雖然同是一案。各最高法庭之判決。可不必相同。各有其獨自之判決權。這不可謂非伊大利法院制度之一個大弱點。

各國法庭除分各級法庭之外。其各級法庭之內部。又要按訴訟之性質。分爲兩大部份。一是民事法庭。專處理民事案件。一是刑事法庭。專處理刑事案件。所謂刑事案件者。如謀叛兇殺，竊盜，之類。都是刑事犯罪。這種案件。歸刑事法庭處理之。所謂民事

劉彥

案件者。如個人權利之侵害。或產業爭執之類。都屬於民事範圍。這種案件。爲民事法庭處理之。雖最低法庭。凡細微案件。一概歸其處理之。而無民事刑事之區別。但是其他之各級法庭。則各於內部。分別組織民刑兩部之法庭。以便分別處理民刑兩部之案件。

現代各國對於民刑案件。往往採取陪審制度。所謂陪審制度者。就是人民直接參與司法權也。此制度始於希臘。古代希臘。不但要人民參與立法。而且要人民參與司法，當時之雅典人。其遇有重大犯罪。由全體人民中。選出三十歲以上者五千人。爲審判官。分爲十股。每五百人爲一股。平常事件。由一股裁判之。非常事件。則由兩股或三股裁判之。近代歐美各國。多有採用此制度者。照英美兩國之辦法。無論何人犯法。其受法庭審判時候。須得就發生案件之地方。選出有一定財產并與犯案人身分相同者。十二人爲陪審官。此種陪審官。專爲該案而設。但訴訟人有拒絕某人爲陪審官之權利。若是重大刑事案件。不管訴訟人有無正當理由。得拒絕陪審官中之某數人。爲陪審官。至陪審官之職務。是受法官之指揮。專審査原告被告兩方之事實問題。而止。至於犯何種法律之判決權。則與陪審官不相干。而由法官作主。此是法官與陪審官分工合作之作用。一面由陪審官決定事實。而不能由法官決定之。一面由法官決定所犯之法律。而不能由陪審官決定之。在一方面看起來。陪審官是法官之助手。在另一方面看起來。陪審官有約束法官之權。使法官不能爲任意之判決。

此種制度之最大優點。不僅是使法官在審判權上受一種限制　免其爲任意之判決而止。尤其是可以使人民對於法律與法庭不明瞭之態度。可以一變而明瞭之。因司法權力。若是完全在司法官之手。則人民對於一般法律。往往不加以研究。以爲法文深奧。殊不容易知曉。又以爲法官都是一些專門人才。始能幹得下地。司法權不是普通人民所能參與的。有了陪審制度之後。則人民一方能練習法庭之知識。又一方能明瞭法律之條文。而尤其可以維持法庭裁制之公平。以保障人民之權利。藉以保持法庭之信任與尊嚴。致人民養成相信法庭判決之習慣。

陪審制度。在文化不進步之國家。就是在司法不能完全獨立之國家。或審判不能公平之國家。則陪審制度。固然是保障民權之絕好制度。但是到現在文化進步。已成了科學

劉彥

的司法時代。其保障民權之方法。也不都靠陪審制度。爲惟一之好制度。因爲現代之法律。已科學化。審判之方法。已技術化。法官之位置。已完全獨立。審判之形式。又是公開。凡此種種都可以保障。司法官之謹慎。以達到審判之公平。所以現在如英國法國普魯士等。其於民事案件。皆已逐漸少用陪審制度。而於刑事案件。則皆採用陪審制度。尤其是對於國事犯之裁判其採用此制度者爲最多。

第四節　行政裁判所

以上各節所講之法庭。皆就普通裁判所而言。此節所講行政裁判所。另是一種法庭。其職務與上述之法庭不同。是專管行政方面之訴訟案件。卽所謂行政訴訟也。所謂行政訴訟者如中央最高官署或地方最高官署違法行爲之訴訟。或官吏與官吏之訴訟。或人民因官吏侵害權利之訴訟。是也。現代有些國家。對於此種訴訟。不由普通法院裁判。而另組行政法院處理之。此種制度。爲法國革命時之所創設。先是法國未革命以前。法官例由買賣或世襲而來。不是由君主任命而來。故法官得到獨立地位。其對於君主之非法行爲。不但可以不服從。而且可以提出抗議。在革命以前之君主專制時代。其爲君主權力之唯一障碍者。就是這種裁判所之法官也。到革命之時。革命政府。恐怕法官對於他們之革命行爲。有所抗議。所以想出方法。令法官不能干涉行政方面之一切事項。其理論則根據於孟德斯鳩之三權分立說。使司法機關之權力。僅限於管理一切民刑訴訟範圍以內之事而止。而不使其有反抗行政方面之職能。但是行政方面之爭執。事實上也非常之多。則於普通裁判所之外。另行設立行政裁判所以處理之。以斷絕法官干涉行政官之機會。是爲法國革命時代，創設行政裁判所之原因。後來因行政裁判所之組織很完備。其成績亦得到公平獨立之實效。所以不但法國將這權制度。永遠保存起來。卽其他各國。如在現歐洲大陸各國之採用此制度者。殊屬不少。卽如我國。自民國成立以來。設立平政院。最近南京政府。已通過政治法院之法案。是其例也。

但是也有些國家。反對這種制度的。如英美兩國。則不採用行政裁判所。凡關於行政方面之一切訴訟案件。純歸普通裁判所審理之。英國除國王以外。美國除大總統在任期間以外。所有一切行政官吏。之無論何等案件。概受普通法庭之審判。他們反對行政裁判所之理由。就是主張不管人民與官吏。都要在國家法律之下。一律平等。纔可以保障

劉彥

人民之權利。若將行政官看得特別。縱然因侵害人民之權利而被控訴。却不令其受普通法院之裁判。這就是保障行政官特權之制度，也就是將官民看作不能平等。與英美人民一律在法律下平等之精神不相容。所以凡關於行政官吏之違法。或是侵害人民之權利。都要同普通人民一樣。同受普通法庭之裁判，而不採用行政裁判所之制度。

劉彥

第十三章　公民團體

第一節　選舉權

選舉權，就是人民之參政權。也就是人民對於行政官或議會機關之任命權。民治政治之精神。全以人民有選舉權。爲民治政治之實現。而民治精神之發達與否。當然以選舉團所選出官吏數目之多少。及其位置之重要與否以爲斷。近代以來之民治國家。其立法機關下議院之議員。固無不由於人民之選舉而來。而在法國與美國。即是上議院之議員。也由人民選舉之。至行政機關之官吏。除英國意大利日本等國。有世襲君主之外。其他大多數之民主國家。人民且有選舉行政首領之權。至司法機關之官吏。多數學者。皆不贊成由人民選舉。因爲法官性質。與行政官議員不同。合格人物。非普通人民所能選得出來。所以現在除美國各邦之外。其他民治各國。尙無由人民選舉法官之事。

現代民治國家最重要之機關。爲立法部。所以人民之選舉權。亦以選舉立法部之議員爲最重要。因民治政治之要素。無論行政首領之地位。如何高大。然其職權。大部份是由立法部之所規定。其行政經費。與其執行之法律。更完全是由立法部之所制定。所以立法機關，是民治政治之中心。而人民之選舉權。亦以選舉立法機關之議員爲最重要。人民之有選舉權。是由各時代之思想與習慣。逐漸演進而來。從史的方面來說。人民之選舉權。有下記之數種觀念。

一、選舉是公民應做之事務

古代希臘。認選舉是國民必要做之事務。而不認爲是一種權利。亦不認爲是政府職務之一種。蓋以爲人民與國家。不能分開。所以人民。必定要參與選舉事務。惟希臘之選舉。不是投票。而是抽籤。希臘人民。以爲抽籤的法子。是有與上帝商議之意義在內。故被選之人。都認爲是出於神的意思。

羅馬時代。共有三種選舉機關。其在王政時代之選舉機關。爲「貴族會議」。其職權是選舉新國王。幷賦予國王以最高及終身之權力。其在共和時代之選舉機關有二。一爲「百人會。」由人民中有當兵資格，及有財產權，之貴族與平民。共同組織而成。其職權是選舉執政官。並裁判執政官犯罪之最終審判機關。並有決定和戰之權。一爲「平民議會」。爲共和末年最有名之立法機關。大概羅馬人民。對於政治上之觀念。不定要自

劉彥

已做官吏。去直接支配一切公務。只要有選舉官吏之權。並有權可以問官吏之責任。使其不能濫用威權。爲最要之目的。故其對於選舉權。認爲是人民不能放棄之職務。

二，選舉是國家報酬之權利

將選舉看作國家之報酬。就是將選舉看作一種特別權利。是中世紀封建制度時一般之觀念。此觀念迄至今日。尙不能完全打消之。其見解是將選舉權，認爲是國家對於特別效勞，特別貢獻之國民。所餽贈之報酬從議會制度之史的方面說來。此種見解。亦屬確實。議會制度。始於英國。英王要人民之資產階級。負擔租稅。因承認他們選舉代表。到中央集會。使其明白政府增加租稅之理由。因此負擔租稅之資產階級。得到討論政府財政之權利。這就是民選議員之由來。所以議員是由人民承認納租選出來之代表。英人有恆言說。「不出代議士。不納租稅。」就是這個原因。由此看來。選舉權當然是納租稅之報酬。則選舉人之資格。當然以納租稅之人民爲限。其不納租稅之人民。當然沒有選舉權。而事實上。英國最出之議會。就是上議院。其議員之資格。就是以地產之多寡，及納租稅之多寡以爲斷。其後英國與歐洲大陸各國。又發生下議院。其議員之資格。

也是與上議院議員相同。所以選舉權，的確是國家對於特別效勞特別貢獻之國民。所餽贈之報酬品。而為一種特別權利。

又法國憲法上規定。「非服過兵役者。不得有選舉權。」其後各國倣而效之者甚多。又最近英國女子。得到參政權。論者多認為歐戰時期。婦女曾盡很大之義務。所以現在給婦女以選舉權。這都是認選舉權為國家之一種報酬。

但是到了現在。業經實行普通選舉。其認選舉權為納稅報酬，當兵報酬之觀念。已經打破。因不將租稅認為是特別階級之負擔。而認為是國民之共同負擔。又不認當兵是一部份人之特別義務。而認為是國民共同應負之義務。所以認選舉權為特別權利之觀念。至今日已無存在之價值。

三，選舉是一般人民之天然權利

此種選舉觀念。發源於中世紀主張人權之哲學家。當君主專制最盛時代。此種學說。本是夢想。但是到法國革命之後。天賦人權之理論。成為神聖不可侵犯之眞理。因此人民參政。認為是普通人民之一種天然權利。一七九三年，之法國憲法。居然明白規定此

劉彥

種意義。而成爲一種新制度。凡風靡於歐洲大陸。於是選舉權亦當然成爲一般人民之天然權利。自無疑義。迄至近代。一般政治學者。雖不承認人民有天然之選舉權。但是現今之普通選舉觀念。仍是根據於此種觀念而來。

此種選舉觀念之錯處。是認全國個個人民。都有選舉權。如果是這樣。則選舉權就是公民權矣。但是公民權之性質。與選舉權之性質。絕不一樣。公民權是公民最抵限度之安寧保障。如生命財產、無故不受侵害之類。是人人應該有的。選舉權則不同。不是人人應該有的。亦不是人人所能有的。因爲選舉團體。是國家政治上之一個機關。與立法機關之性質相同。立法機關之議員。雖是根據人民之參政權而來。但是議員，並不是個個人民所應爲。亦不是個個人民所能爲。選舉權也是這樣。是由法律上之所給予。而非天賦。是有一定資格。而非人人所有。若認爲是人民之天然權利。則選舉團要合全國之民爲一個團體。使以成爲政治上之一個機關呢。又何須訂嚴重之選舉法。與各項之選舉資格呢。所以此種選舉觀念。在法國革命之人權時代。雖則極盛一時，然至現在。選舉權之論據。已移轉到別處去矣。

四．選舉是大多數人民之權利

此一派之主張。以爲國家之目的。是要爲全國之大多較人民謀幸福。大多數人民之中。必有某一個階級。佔全國民之大多數。則選舉權應該給與該階級之人民　所以所一派之主張。也就是主張階級選舉說。提倡這種主張者。一爲某利主義派。一爲社會主義派。但是一國之中。究竟那一階級。佔大多數人民呢。密爾詹姆士（ James Mill ）認定普通人民（除去中產階級）是最大多數。因此要求實行普通選舉制。後來社會主義派。又認定勞動階級。是最大多數。因此又要求勞工參政權。但是選舉是國家一種政治制度。不能援階級之見。作爲選舉權之唯一理由。

五，選舉是一種公共職務

以上所述之各項選舉觀念。雖各不相同。然有一個共同之點。都是將選舉認爲是人民之一種權利。至本項之見解，則認選舉是人民對於國家之一種義務。而非僅屬權利。蓋所謂民治政治。當然是個個人民。要對於國家負責任。人民既要對國家負責任。則選舉權不但是人民之一種權利。而實爲人民對於國家之一種公共職務。此種見解。甚適合於

劉彥

民治主義之精神。故不但爲現今之多數政治學者所承認。而亦爲現代許多國家之所認識。所以有些國家。對於放棄選舉權之人民。必加以法律上之制裁。因爲選舉團體。是國家之一個政治機關。與立法機關之性質。完全相同。若行了選舉資格。而却放棄其選舉權。這就是不履行國家之公共職務。而違反民治主義之情神。所以現代各國多。根據此種觀念。來制定選舉法。一方圖選舉之普及。一方制止人民拋棄選舉權。這部是認選舉爲一種公共職務之觀念而來。

本來選舉權，實含有權利與義務之兩重性質。如各國法律。皆規定「凡有選舉權之人民。若辦選舉者。不將其姓名列入選舉册。則有同法庭提起訴訟之權」。此種規定。當然是認選舉爲人民之權利。但是此種權利。却與其他之權利不同。其他權利。各國法律。大致皆准許權利人。將權利轉移與他人。或委託他人代爲行使。或自已宣言拋棄之。選舉權則不然。各國法律。大致皆規定選舉權不得轉讓。不得委託。不得宣言拋棄。由此看來。是以證明選舉是人民對於國家之。一種義務。所以國家可以强制人民履行此種義務也。此種事實。已成爲現代各國通行之例。

第二節　直接立法權——創制權複決權

代議制度。本不是直接的民衆政治。不過人民得舉出代表執行立法部之事務。因此一般人民。取得間接之參政權而止不足以語純粹之民治制度也。所謂純粹之民治制度。者乃是由全體公民。直接執行國家之事務。如從前希臘之城市國家。與瑞士之小邦。凡國家大政。都由合格之全體人民直接議決之是也。然而此種制度。只能行之於土地很小。人民很少。政務很簡單之國家、而不能行之於地大民衆政務紛煩之國。所以近代各國。都只行代議制度。而不能行直接之民治制度。但是最近數十年家。代議制度。殊不能滿足一般人民之公意。於是政治思想。乃趨重於限制立法部之權力。從前主張議會萬能。議會神聖之學者。至最近以代議士在許多事實上。先掉一般人民之信用。於是都主張限制立法部之權力。其限制之方法。計有兩種。一爲將立法部從前之權限。劃出一部份歸別的團體辦理。二爲將最高立法權。劃歸公民團體直接行使。因此近代之公民團體。乃有直接之立法權。

此種直接立法權。計有兩種。一爲創制權。二爲複決權。都是由民衆直接舉辦之。因

劉彥

爲代議政治　失掉信用。乃以公民團體來立法。以修正代議政治之流弊也。

創制權之目的。在防止立法部違背人民公意。對於應該制定之法律。却不制定。而由公民團體直接創制之也。此種創制制度。亦有兩種。一爲直接創制。二爲間接創制。直接創制者，是由一定數目之公民。提出法案。直接交由公民團體投票表決之。間接創制者。是公民向立法部提出法案，如立法部不予通過。則再行提交公民團體投票表決之是也。至提案之人數。究須若干。則各國不一致。美國奧哈奧邦。（Ohio）凡有選民總數百分之三。便得向議會提出法案。如被議會否決。若提案者能夠重新得到選民總數百分之三。便可將法案提交公民團體投票表決。若得到公民團體之多數贊成。卽立刻成爲法律。在奧來剛邦。（Oregon）凡於選民總數百分之八。得向議會提出法案。如被議會否決。不須另加人數。便可將法案提交公民團體投票表決。

創制權首先行於端士　但是瑞士聯邦。只關於修正憲法之議案。可以由人民用創制權制定之。至瑞士各邦。人民却可以用創制權制定普通法律。瑞士聯邦憲法之修正。由選民五萬人署名。得向聯邦議會。提出修正憲法之發議書。由聯邦議會同意。乃提交公民票決。若聯邦議會。不予同意。則最後之決定權。仍由公民票決之。至瑞士之各邦。只要有一定數目之公民。便可制定法律。直接提交公民票決。也可以向邦議會提出普通原則。如果邦議會認爲有先交公民票決之必要。便可先提交公民票決。俟其通過後。再由邦議會制成法律。提交公民票決。

美國西部與中部各邦。近年來都將創制權規定在憲法上面。愛爾蘭自由憲法上亦規定。有五萬選民署名。得提議修改憲法。或制定普通法律。德意志共和國憲法上亦規定。有公民十分之一。擬就法律案。向政府請願時。政府須提交議會議決。若被議會否決時。政府須提交公民票決。

複決權之目的。在防止立法部違背人民公意。對於不應該制定之法律。妄行制定。故將最後複決之權。操在公民團體之手也。複決之意義。就是否決立法部制定之法律。其制度亦有兩種一爲任意的複決。二爲強制的複決。任意的複決者。凡立法部制定之法律。不一定要交公民票決。但是行政元首。認爲有交公民票決之必要。或公民依法律要求公決時。便須提交公民票決。強制的複決者。凡立法部制定之法律。皆須經公民票決。

然後能發生效力、是也。

複決權亦首先行之於瑞士。瑞士聯邦會議議決之法律案。公民得要求複決。但須選民三萬人之署名。方得要求之。至瑞士各邦。其對於邦議會議定之法律案。亦皆得由公民複決。其召集公民複決投票之辦法有三種。一依法律召集。二由議會召集。三由選民滿法定人數之署名。要求召集。愛爾蘭自由國憲法上規定。有上議院議員五分之一，或選民總數百分之五。對於議會議決之法律案。要求複決時。即召集公民投票複決。又德意志共和國憲法上規定。凡議會通過之法律。如有選民總數百分之五署名。要求複決時。即須召集公民投票複決。又總統對於議會通過之法律。如認爲有交公民複決之必要。即可於未公布之前。召集公民投票複決。美國各邦，殆完全採用複決權。凡邦憲法之修正。地方自治條例。發行公債。以及公益事業等法案。皆須由公民複決。一九零六年剛來邦修正憲法。其修正案卽是公民之所複決。至該邦之法律案。只要有選民總數百分之五署名。要求複決。便須召集複決投票。要之美國各邦。其行使複決權之效果。殊有可觀。專就一九二二年。各邦複決之案件而論。共有一百三十五件之多。其中關於變更政治

劉彥

之組織者。居最多數　關於變更稅制。及公共事業與教育者。居次多數。此外各案或關於改良道路。或關於取締職業。或關於公衆保險。及禁酒之類。蓋美國各邦。凡是與人民利害有密切關係之諸問題　殆皆認人民自己有複決權。

上述創制權與複決權之兩種制度。固有優點。亦有缺點。一般不贊成創制制度者之主張。有下記之三種理由。一，立法是法律家之專門事業。非一般民衆所能勝任。社會進化。法律愈複雜。惟有議會。一方專以立法爲職務。又一方在政黨指道之下。故其制定之法律。較能合乎民衆之需要。而亦能使前後之法律。有一定之系統。而不相矛盾。若歸民衆創制。則反不能有此效果。二，一般公民。平日既未研究社會上之複雜問題。則對於各種法案之理解力，亦定薄弱。而行使創制權時。又無各抒己見充分討論及審議之機會。則當然發生盲目之投票。或被他人利用之結果三，創制權之最大毛病。是容易使立法事業。爲少數公民所操縱。結果將立法責任。由專門立法之議會手中奪出。而放在易被煽動家所支配之選民手中。因而減輕議會之責任心。致不明責任之所在。

一般不贊成複決制度者之主張。其理由有二　大致與反對創制之度之理由相同。一，

劉彥

法律最後之決定權。不在議會，而在公民。則減少議會對於立法之責任心。二，複決制度。是一種決而不議的度制。一般公民。既然缺少判斷法案好壞之能力。又無充分討論之機會。則當然發生盲目的或被人利用的投票。

反對創制權與複決權之理由。雖各上述。然而贊成創制權與複決權之理由。更有價值。此一派學者　認爲行使創制權與複決權之兩種制度　實於國家根本上有三大利益。一爲代議制度。本不過是間接之民治政治。而非直接之民治政治。要實現主權在民之原則。與眞正之民治政治。則要使一般公民直接參政而後可。尤其是關於人民利害有密切關係之立法。與其讓專門家去決定。實不若由人民自己決定之爲愈。況近來之代議機關。屢失人民之信仰。與其將立法權完全委託於不足信任之代議機關。何若將立法權分操於產生代議機關之公民團體。俾實際的成爲眞正之民治政治。二爲人民在法律上若無創制與複決之兩種權力。則對於議會違反民意不制定應該制定之法律。或偏制定不應該制定之法律。皆無法對付之。勢必釀成法外行動。而起國內重大之政治鬥爭。若人民有此兩種權力　則眞正之民意。仍可實現。革命行動可以根本打消。三爲人民在法律上若有創制與複決之兩種權力。則能引起一般人民。對於法律之注意。與研究法律之興趣。並養成人民有判斷法律良壞之能力。這種一來。一方面可以提高一般人民之法律知識。二方面可以加重議會之責任心。其應該制定之法律。可以促其制定。其不應該制定之法律。可不至於妄行制定。

創造與複決之兩種制度。於國家根本上既有上述之三大利益。所以雖有些學者。仍持反對論調。然不能阻碍該兩制度之發展。中山先生主張中國之地方自治。以縣爲單位。除予縣民選舉權罷官權外。再予此兩種權者。良有以也。

第三節　直接罷免權

直接罷免權。是公民對於民選之議員官吏，法官等。認其失職瀆職。或違反選民之希望時。由選民全體投票表決。罷免其議員，或官職是也。此種制度。多施行於聯邦國之各邦。及地方自治團體。其行使之範圍。原以民選之議員或民選之官吏爲限。但近來此種制度。日見發展。已有行使於非民選之官吏者。至其行使之手素。則以選民有一定法定人數之署名。作成罷免書。聲明要求罷免之理由。請求召集全體公民大會投票公決。

劉彥

若被要求罷免之議員或官吏。於該罷免書提出之數日內。自行辭職。則無召集公民投票之必要。若該議員官吏。於罷免書提出數日後。仍不辭職。則提案人卽可要求召集公民全體投票。決其去留。如果多數通過。卽是罷免完成。隨時另行選舉一人。以補其缺。以完其任期。這就是人民行使直接罷免權之辦法。

至於提案人數。究以若干人署名爲合法。則各國規定不同。美國各邦。有的規定須選民總數百分之十。有的規定須選民總數百分之十二。有的百分之二十五。乃至百分之三十五。爲法定提案人之數目。至其罷免之範圍。亦各國不同。美國各邦。有的只可罷免民選之官吏。有的可以罷免一切之官吏。有的不適用於法官與外交官。有的幷法官外交官皆得罷免之。

對於議員行使罷免權時。計有兩種。一爲罷免議員之個人。二爲罷免議會之全體。其罷免議員個人者。是一個選舉區內之選民。對於本區之某議員。認爲失職。依法定人數提出罷免書。要求本區選民全體投票。以免其職。而另選他人以補其額。美國各邦行使之罷免制。大抵多屬於此一種。其罷免議會全體者。是全國選民。對於議會全體。認爲失職。依法定人數。要求全國選民投票。一律罷免。這就是選民投票解散議會之制度。瑞士各邦。歷來行使此種制度。迄至最近此制度。日見發展。蘇俄對於一切蘇維埃代表。固然是完全採用此制。就是普魯士於一千九百二十年制定之新憲法，亦採用此種制度。該憲法第十四條之規定曰。「邦議會之解散。由議會議決。或國民表決時行之」。所謂國民表決者。即全國選民投票罷免議會之全體也。

對於行政官行使罷免權時　是本選舉區內之選民。對於本區之民選行政官。認爲失職。依法定人數之署名，提出罷免書。要求本區選民全體投票。罷免其官職。蓋以爲民選行政官。是與民選議員之性質相同。既然由人民選舉而來。當然可以由人民罷免而去。瑞士與美國各邦。其對於民選之行政官吏。行此種罷免制者很多。且常有對於非民選之行政官吏。亦適用此種罷免制。最近之新國家。且有採用此種制度。以行使於最高行政機關之元首者。如德意志新憲法第四十三條之規定曰。「大總統在任期未滿時。得由國會議決。行國民投票。使大總統解職。」這就是予人民以直接罷免大總統之權也。該憲法之下文又規定曰。「國會通過此項議決時。大總統即須停止職務。國民投票之結果。如否

劉彥

決其解職時。則認爲大總統從新被選。國會應立卽解散。」由此看來。德國此種罷免制。實含有兩種意義。一方予人民以直接罷免大總統之權。一方又予人民以罷免全體議會之權。是也。惟德國此種罷免大總統制度。雖歸於人民直接投票。然要求罷免之權。却不在人民而在議會。又此種罷免全體議會制度。不但非出於選民之要求而來。簡直是出於議會之自尋罷免。是其特異之點也。

對於民選之法官。亦行此種直接罷免權者。惟美國少數邦中有之。其他各國。尙皆未採用。蓋司法獨立。已成近代文明國家之信條。若罷免權。適用於法官。則法官不能爲終身官。而法權失其獨立之保章。所以此制度尙不爲各國所採用也。

有的國家。予議會以彈劾權。及不信任。國務員之權。也是表示主權在民的意思。但是該兩種權。只能行之於一定之高級長官。而不適用於一般行政官吏。尤其不適用於議員。又只能適用於某幾項犯罪之行爲。而不能適用於一切失職之行爲。若罷免制。既適用於大總統。（如德國）又適用於一般行政官吏。又適用於議員。又適用於一切失職之行爲。範圍旣廣。效力又大。尤其於主權在民。與民治政治之精神。得澈底實現。所以此種罷免權。至今日已由理論時期。進到實行時期。而與創制權複決權同等並重也。

後記：著文釋名——我的陋室「古月齋」

將自己的書房稱作「古月齋」，一些朋友常誤以為我收藏了乾隆「古月軒」琺瑯瓷。雖經再三說明「實屬誤解，確無收藏」，友人却還要追問「古月齋」的命名緣由。

這本來涉及我多年的個人「隱私」，但國人的習慣是，「越隱私越神秘，越神秘越要追問」，為此只好著文釋名，公諸於世。

在那「史無前例」的運動剛剛爆發時期，本人是學校的教務處長，同時兼任中國歷史課。雖然因為帶了個「長」字而被列入了審查對象，但由於平日裡在工作和講課中一直謹小慎微，處處以老人家（毛澤東）的教導為依據，再加上運動剛開始小將們一時難以發現我的「反動問題」；不過，隨著運動步步深入開展，「小將」們對我得出結論：因為隱蔽得太深，難以發現問題。並以此推論我是一個「隱藏最深的反黨反社會主義的老狐狸精」。這樣一來，打倒老狐狸精批判的大字報很快就鋪天蓋地而來，接下來的是我被打入「牛棚」，進行勞動改造。

牛棚生活勞動強度大，但每餐只能吃兩個玉米麵窩頭和兩塊鹹菜。每次僅能吃得半飽，若多吃用完了「糧票」，那月底就更要挨餓。一次正逢十二月廿六日，當時勞動中的「牛鬼蛇神」們，突然聽到一個好消息：為了給老人家（毛澤東）過生日，中午要吃撈麵。「牛友」們聽了為之振奮不小，相信在這祝壽的喜慶日子裡定能吃到一頓久違的「美餐」。

革命小將司令部之前曾立下規矩：「『牛鬼蛇神』每次吃飯須在革命師生吃完後再入食堂，先向老人家掛像敬祝後買窩頭進餐。」可能是由於我對壽麵的企盼過甚或祝壽的心情太激動，在向老人家祝福時附和道出：「敬祝我們心中最紅最紅的紅太陽偉大領袖毛主席萬壽無疆！」沒想到，我最後一個字還沒說完，就聽到「小將」一聲大吼：「混蛋，你再說一遍！」我想可能是因為我祝福的聲音太小，不夠真誠，「小將」沒聽清，於是我提高了音量：「敬祝我們心中最紅最紅……」誰知來不及反應間，就啪的捱一個大嘴巴，頭上又遭重重一拳。我當時眼冒金星，面前發黑，一時不知所措。這時賣飯窗口傳出炊事員楊姐的聲音：「老狐狸精不知好歹，你們是什麼人！」楊姐的提示使我有所清醒。人貴有自知之明，我乃是被開除教師行列的人啊。於是我馬上改口：「祝福偉大的領袖毛主席萬壽無疆！萬壽無疆！」再不敢提「我們」二字。過了這一關，這頓飯卻還與往常一樣，牛友們和我仍吃窩頭鹹菜：只因為我們這群人不夠祝壽的資格。這時又聽楊姐向「小將」們建議：「剩的麵湯，倒掉太可惜，讓他們喝了吧。」於是我們這些人每人得到一碗麵湯。我卻沒喝，因為心裡在流淚。

沒想到那日下午「革命小將」們立即召開了批鬥大會；緣由是我沒喝祝壽麵湯，分明是對抗無產階級司令部。於是我受到了「掛牌」、「噴氣式」等理所當然的待遇。並且，從此以後我有了一個新的稱號：「老胡（狐的諧音）」。打那時起，人們（包括「牛友」）不再對我直呼其名，而是「尊稱」為「老胡」。真是榮幸，當年才卅六歲我就成了「老狐狸精」。

直到偉大的「史無前例」年代總算史有定論，又恢復了高等學校的教學生涯。為了紀念那血和淚的年代，我將陋室署名為「古月齋」。「古月」乃「胡」的拆字而已，與御用瓷品毫不相關。實在沒想到人們會把陋室與「古月軒」琺瑯瓷聯繫在一起。我甚至為了弄清人們為什麼對「古月軒」如此感興趣，而對「古月軒」琺瑯瓷款識有所探究。研究結果是：「古月軒」瓷是指乾隆琺瑯彩瓷的俗稱，是我國彩瓷中最精美的品種。它從造型到紋飾及其燒製都由皇帝指派專人負責，是御用之物，數量極少。故從晚清以來就有仿製。為此，我還寫了專題論文發表，並獲刊登在《文摘報》上。對古瓷的研究雖出於偶然，卻因此發生了興趣，從此一頭栽進去，經過多年的苦心研究，也結出了果實。自一九九一年開始，海峽兩岸同時出版了我的《中國古瓷銘文》、《中國古瓷匯考》、《中國青花瓷》，並入圍德國法蘭克福國際書展。後來又有《中國紫砂壺》、《中國唐三彩》等著作問世。此外，我還另外撰寫有〈《紅樓夢》中古陶瓷考辨與史證〉等數十篇有關古陶研究的論文。這些研究多少源於「老胡」這一契機。「古月齋」與陶瓷無關卻也有關。「古月齋」也就成了我藏書室的陋名。

古月齋珍藏書中，有我在中國大學讀書時期的知名教授、學者的授課講義多種。這些大作不僅折射出一個時代的學術價值，而且具有十分重要的文物價值和歷史價值。現承蒙臺北蘭臺出版社大力支持，使這些湮沒了半個多世紀的「大毒草」得以重見天日。

在此，我真誠感謝盧瑞琴社長為該書題寫序言，感謝編輯部郭鎧銘總編輯和各位編輯同仁為本書出版付出的艱辛勞動。

李正中　於古月齋

紀念中國大學建校百週年

古月齋叢刊 3

文革史料叢書

李正中 編著 系列

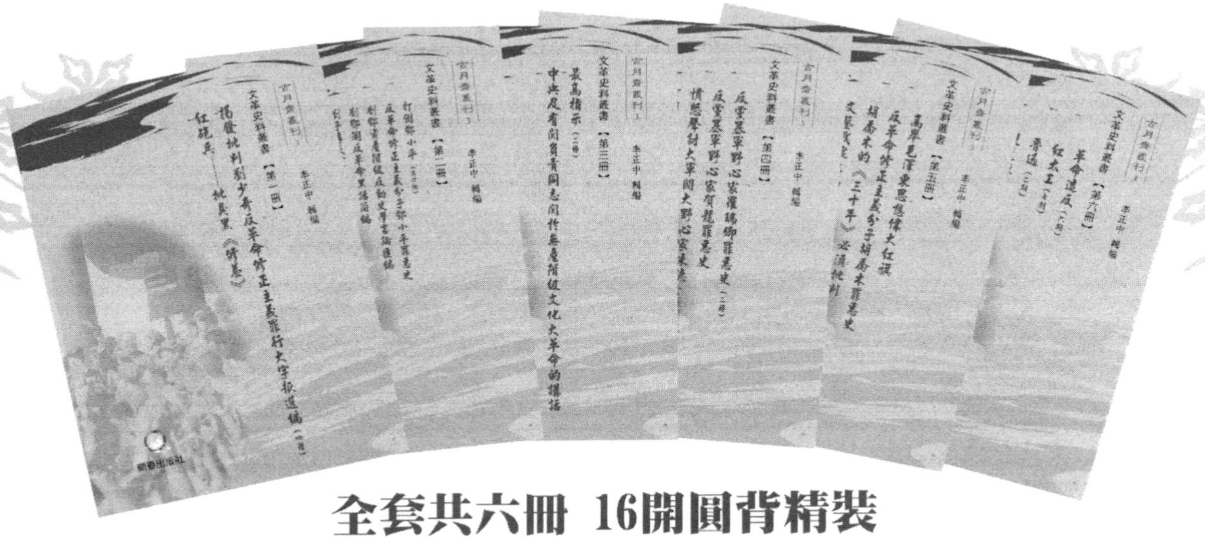

全套共六冊 16開圓背精裝

歷史可以被原諒，但不能被扭曲

文革期間，大字報充斥，紅衛兵出版的刊物極多，據已故史學家唐德剛先生言，僅他過目者即有二千萬言之數。然今日欲再尋覓當年的大字報或出版品，卻難得一二。距離文革結束已將近四十年，在大陸對於當年的史料與真相諱莫如深，雖然有許多傷痕文學的書寫，大多數人對於那段「史無前例」的年代仍是模糊與不解。

古月齋主李正中先生，文革時被打入「牛棚」，在牛棚歲月中，他暗地裡留下了許多當年的大字報與出版品。時隔數十年後，他將這批收藏交由蘭臺出版社出版，希冀還原當年的些許真相，並由衷的希望中國永遠不要再有類似的事件發生。

第一冊	揭發批判劉少奇反革命修正主義罪行大字報選編（四種） 紅砲兵——批臭黑《修養》
第二冊	打倒鄧小平（農村版） 反革命修正主義分子鄧小平罪惡史 劉鄧資產階級反動史學言論匯編 劉鄧陶反革命黑話簡編 劉子厚反黨反社會主義反毛澤東思想黑話集 任白戈三反言行五百例 安源工人運動的歷史不容顛倒 以革命大批判推動鬥批改
第三冊	最高指示 中央及有關負責同志關於無產階級文化大革命的講話（二種）
第四冊	反黨篡軍野心家羅瑞卿罪惡史 反黨篡軍野心家賀龍罪惡史（二種） 憤怒聲討大軍閥大野心家朱德（大字報選編） 打倒李井泉（二種） 李井泉鬼魂東行記
第五冊	高舉毛澤東思想偉大紅旗 反革命修正主義分子胡喬木罪惡史 胡喬木的《三十年》必須批判 文藝戰線上兩條路線鬥爭大事紀1949~1967 江青同志關於文藝工作的指示彙編 十七年來出版工作兩條路線鬥爭大事紀1948~1966 三反分子侯外廬材料選編 《高教六十條》的出籠
第六冊	革命造反（六期） 紅太工（七期） 魯迅（二期） 挺進報（四期） 文藝紅旗

國家圖書館出版品預行編目資料

中國大學名師講義(共四冊)／李正中 輯編 --初版--
臺北市：蘭臺出版 2014.1
ISBN 978-986-6231-07-0 (全套 : 精裝)

1.高等教育 2.教材
525.4 102021944

古月齋叢刊 1

中國大學名師講義(共四冊)

作　　者：李正中 輯編
編　　輯：郭鎧銘
美　　編：秦嘉欣
封面設計：鄭荷婷
出 版 者：蘭臺出版社
發　　行：博客思出版社
地　　址：台北市中正區重慶南路1段121號8樓之14
電　　話：(02)2331-1675或(02)2331-1691
傳　　真：(02)2382-6225
E—MAIL：books5w@gmail.com
網路書店：http://bookstv.com.tw/
http://store.pchome.com.tw/yesbooks/
博客來網路書店、博客思網路書店、華文網路書店、三民書局
總 經 銷：成信文化事業股份有限公司
劃撥戶名：蘭臺出版社　帳號：18995335
網路書店：博客來網路書店 http://www.books.com.tw
香港代理：香港聯合零售有限公司
地　　址：香港新界大蒲汀麗路36號中華商務印刷大樓
C&C Building, 36,Ting, Lai, Road, Tai,Po, New,Territories
電　　話：(852)2150-2100　　傳真：(852)2356-0735
總 經 銷：廈門外圖集團有限公司
地　　址：廈門市湖裡區悅華路8號4樓
電　　話：86-592-2230177
傳　　真：86-592-5365089
出版日期：2014年1月 初版
定　　價：新臺幣6800元整 (全套 : 精裝)
ISBN：978-986-6231-07-0